ATHÉNÉE DES TROUBADOURS

Trouvères
et
TROUBADOURS

CHANTS POÉTIQUES

*Publiés par les membres des quatre groupes de l'Athénée
sous la direction et collaboration de*

Victor LEVÈRE

PRÉSIDENT FONDATEUR

Avec Préface et Chapitre d'Isambart le Toqué

TOULOUSE	PARIS
Marqueste et Salis	Garnier Frères
ÉDITEURS	ÉDITEURS
8, Petite rue Saint-Rome, 8	6, Rue des Saints-Pères.

1889

Prix : 3 fr. 50 centimes

CONCOURS ANNUELS

DE

L'ATHÉNÉE DES TROUBADOURS

Société autorisée à Toulouse par arrêté préfectoral du 29 janvier 1889

POÉSIE OU PROSE FRANÇAISE

Du 1er Décembre au 10 Mars suivant

POÉSIE OU PROSE EN LANGUE ROMANE

OU LANGUE D'OC

Du 15 Mars au 15 Juillet suivant.
Dans cette même période s'ouvre aussi un grand concours spécial aux œuvres dramatiques.

CONCOURS TRIMESTRIELS

Dans les premières quinzaines de Janvier, Avril, Juillet et Octobre.

OUVRAGES PUBLIÉS

PAR

M. Victor LEVÈRE

ÉDITIONS DE LUXE

L'ÉCHO DES TROUVÈRES

Journal littéraire, fondé à Toulouse en 1866, toujours en cours de publication.

LE GUILLERET

Journal littéraire hebdomadaire illustré

LE ROMANCIER MÉRIDIONAL, revue mensuelle.

PENSÉES ET SENTIMENTS

Avec une préface de M. Paul Féval

Volume genre édition Charpentier, luxueusement typographié, comprenant huit chapitres traitant : des Hommes, des Femmes, de l'Amour, de la Morale, de la Conduite, de l'Esprit, de la Politique, de la Mort, terminé par un neuvième chapitre de Boutades, et un monologue intitulé : L'*Homme mystère*.

In-8º, 250 pages : 2 fr ; pour nos abonnés et nos lecteurs : 1 fr 25.

Deuxième édition, éditeur M. Didier, libraire-éditeur de l'Académie française, contient une préface écrite par M. Paul Féval.

TROUVÈRES

ET

TROUBADOURS

Toulouse, Imp Vialelle et Cie, rue Tripière, 9

Victor Levère

Président fondateur de l'Athénée des Troubadours
Rédacteur en chef de *l'Echo des Trouvères*, journal littéraire
créé par lui à Toulouse en 1866.

Sur la mer d'Apollon, si féconde en tempêtes,
Pilote audacieux, à travers les brisants,
Je guide mon esquif, surchargé de poètes,
A la garde de Dieu, maître des flots changeants.
Puisse-t-il de l'oubli, le pire des naufrages,
Sauver mes passagers et les conduire au port,
Où le succès rayonne, à l'abri des orages,
Au-dessus de la vie, au-delà de la mort !

V. L.

ATHÉNÉE DES TROUBADOURS

TROUVÈRES
ET
TROUBADOURS

CHANTS POÉTIQUES
DE

Adèle Chalendard, — Georges Bouret, — Edmond Maguier,
Cléontine Fitte, — Edmond Sivieude, — veuve Théry,
Albert Bureau, — Eugénie Desessard-Lemoine,
l'abbé de Tamisier, — Marie Largeteau, — Louis Martel,
Luigi Spes, — J.-H. Carrié, — Joséphine Régnier,
A. de Paleville, — Maria Vergé, — Aug. de Meunynck,
Aristide Estienne,—Contenet de Sapincourt,—Ollivier de la Tour
d'Aïgues, — Jean Labaig-Langlade, — F. Bailan, —
Samuel Noualy,—Joseph Delpla,—Paul Blanc,—Etienne Peyre,
Joseph David, — Léon Bertrand, — Louis Mesure,
Robert Poirier de Narçay, — Théodore Adeline,
Louis Martinet, — Casimir Morenas, — Louis Mestre,
Adolphe Faget, — Fernand Baldenweck, — François Escaich,
Jules Mousse, — A. Chambard, — Paul Bonnefoy,
Joseph Aybram, — Walter Goffin, — Lucien Rildés,
Gabriel Séguy

PUBLIÉS SOUS LA DIRECTION DE

Victor LEVÈRE

Président fondateur de l'Athénée des Troubadours

PRIX : 3 FR. 50

TOULOUSE	PARIS
Marqueste et Salis	Garnier Frères
ÉDITEURS	ÉDITEURS
8, Petite rue Saint-Rome, 8	6, Rue des Saints-Pères,

1889

LE RIDEAU EST LEVÉ !

Me voilà, moi Isambart le toqué, de par la volonté impérative du directeur de l'Athénée des Troubadours, obligé d'introduire un volume de poésies fraîchement écloses dans un monde exceptionnel, celui des rêveurs, le seul, du reste, de qui il puisse espérer un bon accueil, le seul aussi qui lise complaisamment ses propres œuvres à l'exclusion de presque toutes les autres.

Quel honneur pour un fou de ma trempe ! Une bonne place à prendre dans ce livre et rien à dire après le rapport de M. Levère, véritable queue de comète au noyau nébuleux.

Si le public, parfois bon enfant, voulait suivre mes conseils, il épuiserait en moins d'un mois vingt éditions de ce recueil ;

n'a-t-il pas, de tout temps, avalé bon nombre de pilules littéraires qui ne le valaient pas? mais j'aurais beau lui crier : « Ecoutez la voix d'un homme trop aliéné pour n'avoir pas le mensonge en horreur, il vous garantit par serment que ces nouvelles productions sont exquises, dégustez-les, savourez-les et bien que les vers s'y mêlent d'un bout à l'autre, il ose vous défier d'en trouver une de gâtée ! » Savez-vous ce qu'il me répondrait, ce bon public : « De la poésie ! allons donc ! j'en suis rassassié, j'ai relégué Corneille et Racine ; je laisse Lafontaine aux enfants, l'esprit de Molière, que l'on affirme être de toutes les époques, me charme médiocrement, j'oublie Béranger, je lis à peine Victor Hugo, plus du tout Lamartine et Alfred de Musset, ce sont là pourtant de sublimes maîtres, mais les échos les plus retentissants ne s'affaiblissent-ils pas en se répercutant? je ne perçois plus les accents de ces grandes voix du génie. Elles m'ont si bien assourdi, grisé, que je me suis éloigné d'elles afin d'échapper à leur domination, qui commande l'amour du beau que je ne sais plus voir, l'amour du bien que je ne sais plus pratiquer. »

Ici, je veux protester, le public me

ferme la bouche d'un geste brutal et continue : — « Ne compte pas, Isambart, sur ta littérature au jus de groseille, pour me guérir de mon atrophie cérébrale, je n'aime pas plus la phrase délayée dans les nobles sentiments que l'ivrogne n'aime l'orgeat. S'il faut à ce dernier le casse-poitrine, il me faut, à moi, tous les raffinements d'une sensualité crapuleuse ; il me faut des excitants que toi ni tes pareils ne sauriez me servir ; dois-je te l'avouer ? le genre pornographique de la littérature décadente me charme et me fait aimer la vie ; le réalisme de Zola, dans ce qu'il a de plus puant, me plonge dans un délire tel qu'il me semble, lorsque je coudoie une foule affairée de vidangeurs, avoir perdu le droit de me boucher le nez ; je vais plus loin ! si j'écrase sous mon pied une matière suspecte, j'en aspire le parfum jusqu'à en verser des larmes de joie afin de pouvoir, en pornographe convaincu, crier à tous ceux de nos partisans qui n'ont pu le sentir : oui, messieurs, c'en était ! »

Je te plains, ô Isambart, de ne pas être initié aux sublimes mystères de la décadence des grands esprits, tu t'imagines que les choses sont telles que tu les vois ? Erreur profonde. Si le soleil t'a veugle de ses rayons, si les étoiles te pa raissent scintillantes, si la nature printanière t'éblouit de ses prétendues beautés, c'est que la vue affaiblie de ton âme se laisse éclipser par les flamboyantes visions à travers lesquelles, plus heureux que toi, je sais distinguer toutes les saletés sur lesquelles s'appuie ma glorieuse dégénérescence.

Semblable à la courtisane décrépite qui ne saurait reconquérir sa beauté, les vieilles choses ayant fait leur temps, on doit au progrès qui éclaire les nouvelles de les voir toujours laides, même lorsqu'elles s'avisent de vouloir rester belles en dépit des années.

Ainsi moi, public qui te parle, je n'ai des yeux que pour voir du rosier les épines, des oiseaux le corbeau déchiquetant la charogne, de la mer les écueils, de l'avenir le néant, des corps la pourriture, de l'univers l'absence de Dieu ; je n'ai des oreilles que pour entendre les blasphémateurs, les doctrines désespérantes des désespérés, le tocsin des grandes alarmes sociales ; je n'ai un cœur que pour en répudier les nobles sentiments et n'aimer que moi-même, je n'ai une âme que pour la renier à toute heure à la face du ciel d'où l'on voudrait me faire croire qu'elle est descendue !

Va, mon pauvre Isambart, va présenter ailleurs tes fleurs dont l'odeur m'importune ; lorsque le *porc* qu'engraisse la littérature des décadents sera suffisamment bourré d'ordures, tourne tes regards inspirés vers la porcherie d'où le noble animal, notre idole à tous, doit sortir en titubant sous le poids de son lard, égorge-le, fais-en une série attrayante, harmonieuse et variée de pièces de charcuterie et je te promets d'en manger jusqu'à ce que mon *ventre en pète*.

Est-ce trop préjuger que de supposer qu'un tel langage puisse être expectoré à la face de la saine minorité par cette majorité gangrenée qui constitue l'esprit public ? Non. Autrefois on parquait les lépreux pour échapper à la contagion de la lèpre. De nos jours les rôles sont intervertis, la lèpre intellectuelle gagne insensiblement tous les cerveaux et se généralise à tel point que quiconque n'en est pas atteint est montré du doigt comme un contaminé de la morale et pris en pitié par la foule des pestiférés.

Ainsi donc, chers confrères, faites-en

votre deuil, car, malgré tout le mal qu'on se sera donné pour obtenir un résultat contraire, vos œuvres n'auront pas un grand retentissement.

Il est vrai que chacun de vous a déjà reçu de la muse qui lui est familière de bien douces satisfactions : on s'est lu, relu, longuement admiré aux plus beaux passages ; on s'est ensuite complimenté, comparé et trouvé supérieur à bien d'autres, puis on s'est séparé de son sujet vers lequel on est revenu trois fois dans la même journée, chaque entrevue a été marquée par de nouveaux éloges échangés avec effusion entre le cœur, l'esprit et l'âme !

Ces dédommagements devraient-ils être les derniers, n'auraient-ils pas leur prix ?

Rassurez-vous, chers poètes, car il vous reste encore avec l'espoir d'intéresser quelques âmes charitables, la certitude d'avoir été lus par un fou de première classe, avec une si consciencieuse attention qu'il lui est permis aujourd'hui de crier, sans mentir, aux rares amis de la poésie : — « Ouvrez ce livre, vous y découvrirez de bien belles choses ! »

En vous disant adieu ou plutôt au revoir, permettez, chers confrères, à un to qué qui connaît toutes les faiblesses des poètes pour les avoir éprouvées, de parodier à votre intention, que dis-je ! à notre intention, ces paroles évangéliques :

— « Lisons-nous les uns les autres, qui sait si jamais personne nous lira.

« Ne jouons pas cependant au poète méconnu, n'imitons pas le barde incompris duquel je disais l'an passé :

Un de ces jours derniers, jour serein, à la brune,
Longeant pédestrement un rivage fleuri,
Un poète incompris, en jetant sur la lune,
Des regards foudroyants, monologuait ainsi :

Bien que je sois plus clair que du cristal de roche,
On dédaigne mes vers, on ne me comprend pas.
L'intelligence, sourde aux traits que je décoche,
Me regarde passer, en se croisant les bras.

Plus grand que Juvénal, j'ai mis dans ma satire
Tout ce qu'un cœur haineux peut avoir de poison ;
J'attache les abus aux cordes de ma lyre
Pour les étrangler tous aux pieds de la raison.

Et quand de Némésis j'ose brandir les verges,
Je n'inspire pas plus de frayeur aux tyrans
Que si je secouais une botte d'asperges
Sous les regards distraits des plus indifférents.

Vous ne sentez donc rien dans le fond de vos âmes?
Et pour être compris, le barde infortuné
Devra-t-il, au contact de ses ardentes flammes,
Vous roussir la moustache en vous brûlant le nez?

Vous m'avez dit : « Sois clair autant que la nature !
Donnant la queue aux rats, les rêves au sommeil,
Que dirais-tu de Dieu, s'il eût, par aventure,
Dans son vaste programme oublié le soleil ? »

— « Est-ce ma faute à moi, race indigne de vivre,
Si, des antres profonds n'osant franchir le seuil,
Vous niez mon esprit pour n'avoir pu le suivre :
Vous niez le bonheur pour une larme à l'œil ?

A m'écouter chanter j'éprouve tant de charmes
Que si j'étais privé d'entendre mes accents,
Je mourrais submergé dans les flots de mes larmes :
Je sens ce que je vaux, je vaux ce que je sens.

Tout ce qui n'est pas moi prend des formes étranges ;
Mon cœur, par mon esprit, d'amour est possédé :
Tel un mortel en butte à ses propres louanges
Se gobe d'autant plus qu'il se sent moins gobé.

Lorsque je pince un air sur ma vieille guimbarde,
Les dieux prêtent l'oreille à mes chants incompris,
Il suffit qu'un instant Apollon me regarde
Pour me faire oublier de longs jours de mépris.

De cet excès d'esprit, dont je ne sais que faire,
Dois-je me lamenter ? dois-je me réjouir ?
S'il s'élève, il se perd bientôt dans l'atmosphère ;
S'il descend, on le voit soudain s'évanouir.

Créez de nouveaux yeux, de nouvelles oreilles,
Si vous voulez, Seigneur, qu'on puisse entendre et voir
Tout ce que mon génie enfante de merveilles,
En se battant les flancs du matin jusqu'au soir,

Si l'on vante parfois ma haute intelligence,
Entre l'obscur poète et le poète obscur,
Nul ne sait, dans mes vers, sentir la différence.
Aveugles, cherchez mieux, j'ai du talent, c'est sûr !

J'en ai, croyez-le bien, une si forte dose
De celui que le temps ne peut mettre en lambeaux
Que pour le saluer à mon apothéose
Les grands hommes voudront sortir de leurs tombeaux.

Ingrate humanité, le rimeur t'abandonne ;
Il va, par la pensée, à ton nez, aujourd'hui,
Sous son pied dédaigneux écraser la couronne
Que ton injuste main eût dû tresser pour lui.

Lorsqu'il succombera, poète incomparable,
Pour n'avoir pas été reconnu comme tel,
Toi seule de sa mort auras été coupable :
Tes sarcasmes l'auront frappé d'un coup mortel.

Et lorsque, du remords, l'implacable fantôme
Cherchera dans quel coin ta fureur l'exila,
Tu lui désigneras la tombe du grand homme
Avec ces mots navrants : Voyez ! son ombre est là!

Ces lamentations sont loin d'être celles d'un vrai philosophe moins avide de renommée ; moins désespérés, nous saurons, s'il le faut, n'est-ce pas, chers confrères, disparaître dans l'oubli sans que la destinée ait à nous reprocher de l'avoir maudite.

Isambart le Toqué.

L'Aigle et le Ver

FABLE

L'aigle orgueilleux, dans son nid solitaire
Trouvant un ver et ne pouvant songer
Qu'un parasite immonde ait osé se loger
Chez l'oiseau souverain qui porte le tonnerre,
Indigné, lui cria : « Qu'attends-tu, ver de terre ? »
— Que tu meures pour te ronger.

V. Levère

Le Vautour et la Fauvette

FABLE

— « Je te tiens, c'en est fait de toi,
Dit le vautour à la fauvette.
— Quel est mon crime, hélas ? soupire la pauvrette :
— « D'avoir des ailes comme moi.

V. Levère

DEVANT LA TOMBE [1]

ODE A VICTOR HUGO

Génie oblige

Sous le royal éclat de tes pompes funèbres,
As-tu vu des rayons au milieu des ténèbres
Où tout ce qui vécut demeure enseveli ?
Dis-nous si dans la nuit où ta cendre repose

---

[1] Nous avons toujours été et nous sommes encore un des plus fervents admirateurs du génie de l'illustre maître ; si notre muse indignée s'est élevée contre ses faiblesses, c'est-à-dire contre le mensonge, c'est que dans notre foi naïve dans les vastes conceptions du poète, nous n'avions pas pensé qu'il fût possible qu'une aussi belle âme pût le proférer.

Cette pièce, presque entièrement refondue, avait pris place au concours de l'Académie des Jeux-Floraux qui, s'excusant de n'avoir pu la couronner, lui a consacré les lignes suivantes dans le rapport qui fait suite à son recueil :

« M. Levère, un maître dans l'art de la poésie, oppose, dans son ode *devant la tombe de Victor Hugo*, remarquable par le mouvement et la vigueur de la pensée, les inspirations chrétiennes du début de sa carrière à la triste fin du poète de la *prière pour tous*. S'il se fût contenté de flétrir ces contradictions douloureuses, il eût rencontré parmi vous une adhésion unanime, car le poète appartient à l'histoire et la postérité a commencé pour lui. Mais l'homme appartient à Dieu. C'est devancer ses jugements que de rechercher si l'auteur des *Misérables* avait réellement un cœur compatissant pour les déshérités de ce monde, et s'il savait, comme il le disait un jour dans son magnifique langage, ensemencer les cœurs d'aumônes. L'indignation de M. Levère est peut-être légitime, mais l'Académie se rappelle que Victor Hugo dut à Clémence Isaure ses premiers succès et elle respecte sa tombe protégée par la croix, signe de pardon et d'espérance, qui étend encore ses bras sur le Panthéon profané.

« Certes, Victor Hugo, qui a écrit de si beaux vers sur l'enfant, âme et joie du foyer, n'aurait jamais dû oublier que faire épeler à cet ange, sur les genoux de l'aïeul, le nom de Dieu est le premier secret de l'art d'être grand-père. Il s'est fait trop souvent, c'est une douleur profonde pour les admirateurs de son génie, le complice des hommes qui, poursuivant de leur rage impie le divin crucifié, arrachent le signe de la rédemption du mur de l'école, comme ils voudraient le précipiter de la coupole de Sainte-Geneviève. »

Le ciel a fait planer devant l'apothéose
    Ton ombre au-dessus de l'oubli?

Dis-nous si pour avoir affirmé Dieu ton maître,
Soustrait ton agonie aux prières d'un prêtre,
Ton âme a survécu dans un monde nouveau?
Dis-nous si, lorsqu'elle a renié son baptême,
Elle vit de la mort l'insoluble problème
    Surpris par ton vaste cerveau?

Non, ton esprit géant, pour être un phénomène
Comme il en peut surgir de notre tourbe humaine,
N'errait pas moins captif dans l'orbe du ciel bleu;
Et tes rêves traduits dans un brillant langage
N'ont jamais de leur aile effleuré le nuage
    Qui voile les secrets de Dieu.

Par cette loi qui veut, dans sa rigueur fatale,
Que tout souffle mortel vers l'inconnu s'exhale,
Les plus beaux souvenirs tombent anéantis :
L'implacable faucheur, le Temps, que rien ne touche,
Dans l'éternelle nuit étend, couche par couche,
    Les grands hommes et les petits.

En vain le cèdre altier dresse son front superbe;
Il périt à son heure à côté du brin d'herbe;
L'ouragan ne grandit que pour s'évanouir,
Dans le nuage obscur s'éteint l'éclair livide,
Le moucheron léger et l'aigle au vol rapide
    Ferment leurs ailes pour mourir.

Le plus chétif insecte est fils de la nature ;
Assimilé par elle à toute créature,
De l'aurore il a droit d'espérer le réveil.
Comme le moucheron, issu de la lumière,
L'aigle roi doit-il moins se réduire en poussière
    Pour avoir fixé le soleil?

Poète! pour avoir longtemps suivi la trace
De l'aigle au vol puissant dans les champs de l'espace,
Pour avoir des rayons du céleste flambeau
Su faire à ton génie une immense auréole ;
As-tu moins exhalé ta dernière parole
    Dans le silence du tombeau ?

Dans ton étroit cercueil, ô cendre inanimée,
N'as-tu pas tressailli lorsque la Renommée,
Unissant ton talent à ta feinte vertu,
T'a montré sous l'aspect d'un glorieux prodige ;
Et que, sur la moitié de ce double prestige,
    Partout les échos se sont tu ?

Seule, une voix d'en haut des spectres entendue
Sur tes cendres, Hugo, doit être descendue
Dans la nuit qui suivit tes obsèques de roi ;
Et cette voix, écho plaintif de la misère,
De son souffle écartant les plis de ton suaire,
    T'a dit: Cadavre ! écoute-moi.

Qu'as-tu fait dans le cercle où s'écoula ta vie
Pour tant de parias dévorés par l'envie ?
Tu les peignis courbés sous le joug des tyrans ;
Tu pleuras sur leurs maux sans alléger leur chaîne ;
Le pain était trop cher, tu les nourris de haine
    Contre l'égoïsme des grands.

L'égoïsme des grands, qui d'une part restreinte
Nourrit les affamés ployant sous son étreinte,
L'égoïsme des grands, ce fléau redouté,
Si tu l'as combattu, l'orgueil fut ton mobile :
A cette part d'un seul partagée entre mille
    As-tu jamais rien ajouté ?

Non, tu vécus heureux, semblable au patriarche

Qui vit tous les maudits périr autour de l'arche
D'un œil tranquille et froid sans leur tendre la main.
Au rang des enrichis placé dès ta naissance,
Tu dévoras comme eux, au sein de l'opulence,
  La part disputée à la faim.

Pour les déshérités dont tu plaidais la cause,
Tu martelas ton vers, tu burinas la prose...
En souffrirent-ils moins? furent-ils moins nombreux ?
Non ; inutile écho de leur plainte importune,
Tu vis de jour en jour s'accroître ta fortune,
  En pleurant sur les malheureux.

Par ton mépris de l'or au milieu des richesses,
Pas plus que par ton cœur, si maigre de largesses,
Du commun des mortels tu n'as pas différé,
Et dans ta large part de gloire périssable,
Entre l'homme admiré, le poète admirable,
  Le dernier sera préféré.

Pourquoi, jetant les yeux sur ta tombe entr'ouverte,
Osas-tu mendier pour ta dépouille inerte
Le morne corbillard de la misère en deuil?
Quelle fut ta pensée en vouant ta mémoire
Au triste souvenir de ce vœu dérisoire
  Du délire de ton orgueil ?

En lançant d'une voix brillamment accusée
Un reflet de ta gloire à la plèbe abusée,
Tu pensais conquérir toute son amitié.
Pour attacher ton nom à sa reconnaissance
Tu crus qu'il suffisait de dire à l'indigence :
  Je t'honore de ma pitié.

Poète, la pitié doit toujours se traduire

Par le bien qu'elle fait au malheur qui l'inspire.
Pourquoi, frondant l'abus de l'inégalité
Qui des larmes des uns fait le rire des autres,
Osas-tu t'élever au niveau des apôtres
    Pour mentir à la charité?

Le mensonge tombé des lèvres du génie
N'est-il pas un forfait, presque une ignominie,
Lorsqu'il trompe l'espoir riant sous des haillons ?
Devais-tu, déplorant la misère sordide,
Etaler, sans pudeur, l'avarice homicide
    Qui veillait sur tes millions?

On ne s'enrichit pas en prodiguant l'aumône ;
Pour les ladres sans cœur il n'est pas de couronne.
De rester dans leur rang tu subiras l'affront;
La sagesse, opposée à toute vertu feinte,
N'ira pas arracher à la Charité sainte
    Une couronne pour ton front.

Poète agitateur des grandes multitudes,
Tu naquis affranchi des rudes servitudes
Qui font bondir l'esclave au cri de liberté.
Et quant à ton génie, éclatant météore,
S'il a rendu nos maux plus visibles encore,
    Que lui devra l'humanité ?

Rien ! Orgueilleux écho de ce qu'il eût pu taire,
Qu'avait-il donc à dire au peuple après Voltaire?
Révélateur des droits jusqu'alors méconnus,
Voltaire, en suggérant la haine aux misérables,
Montra l'iniquité des lois inexorables
    Qu'ils foulèrent sous leurs pieds nus.

Contre la foi ravie a-t-il fait un échange

Avec les malheureux piétinant dans la fange?
Oui ! depuis de longs jours aussi noirs qu'autrefois,
Jouant en leur enfer un air d'indépendance,
Le progrès musicien les invite à la danse
    Avec des larmes dans la voix.

Si, loin de ces forçats l'espérance s'exile,
C'est que de siècle en siècle à ce troupeau docile
On arracha la laine en l'abreuvant de fiel :
Rousseau, Voltaire, Hugo, grands fauteurs de scandales,
Ont fait, sans amoindrir les lèpres sociales,
    Douter qu'un Dieu régnât au ciel.

Des apôtres du bien, étoiles de l'histoire,
Hugo, ne viens donc pas solliciter la gloire :
Les hommes dévoués aux souffrances d'autrui
Se sont fait un honneur de leur propre ruine.
Toi, poète enrichi dont l'orgueil se devine,
    Repose où ton soleil a lui !

                        Victor LEVÈRE

LES TROIS MERLES

Deux merles affranchis, en rupture de cage,
　　Des bois avaient gagné l'ombrage,
Croyant pouvoir siffler en toute liberté
Les airs qu'on leur apprit dans la captivité.
L'un, vaillamment dressé par un socialiste,
Siffle la *Marseillaise* à gorge que veux-tu ;
L'autre, longtemps choyé par un légitimiste,
Du lys emblématique exalte la vertu.
Au chant de ce dernier survient un démagogue,
　　Chasseur à poigne, au maintien rogue,
A qui le chant royal de cet oiseau déplaît,
Et qui, d'un coup de feu, lui coupe le sifflet.
A quelques pas de là passe un aristocrate
Qui, n'applaudissant pas l'hymne national,
　　Non moins prompt que le démocrate,
Décharge son fusil sur le pauvre animal,
Le blesse à l'aile et lui casse une patte.
　　Les voilà donc, de bonne foi,
　　Victimes de la politique :
　　L'un, blessé pour la *République* ;
　　L'autre, fusillé pour le *Roi*.
. . . .
Un vieux merle, en voyant cette scène tragique,
Se dit : Le mieux encor est de se tenir coi.

ELEGIE

Dédiée a mon fils Emile

— Emile, où donc es-tu ? D'où vient ce vide immense
Où mon bonheur finit, où ma douleur commence ?
Emile, réponds-moi, si tu m'as entendu ;
Rends le calme, mon fils, à mon âme isolée :
C'est la première fois qu'à ma voix désolée
      La tienne n'a pas répondu.

— Père, console-toi : du séjour où j'arrive
Je vois ton désespoir ; j'entends ta voix plaintive,
Je parle à ta douleur au-delà du trépas ;
J'ai placé mes accents dans l'air où tout respire,
Dans le vent qui gémit, la brise qui soupire.
      Pourquoi ne les entends-tu pas ?

— Pardonne-moi, mon fils ! Oui, mon cœur te devine
Dans les rayonnements de la clarté divine,
Dans tout ce qui sourit au soleil du printemps ;
Dans le nuage blanc, reflet de ton image,

Dans le chant de l'oiseau, hôte ailé du bocage :
    Partout je te vois, je t'entends !

De l'éternelle mort la rigueur inflexible
A, sans pitié pour moi, de son souffle invisible
Anéanti ta vie, empoisonné mes jours.
Aux cuisantes douleurs dont mon âme s'abreuve
Il manquait donc encor cette cruelle épreuve
    De t'avoir perdu pour toujours ?

Pour toujours ? Non, mon fils ! le désespoir s'empare
De ma faible raison, qui se trouble et s'égare ;
La mort n'est pas la mort, c'est l'immortalité.
Le néant ne serait qu'un horrible blasphème ;
La résurrection touche à l'heure suprême
    Où commence l'éternité.

Arrache ma pensée à des songes funestes,
Laisse-moi t'entrevoir aux régions célestes
Où s'envolent, mon fils, tous ceux qui ne sont plus.
Lorsque le firmament a dépouillé ses voiles,
Fais que je puisse voir au milieu des étoiles
    L'œil de Dieu compter ses élus.

Fais qu'ayant vu la place où rayonne ton âme,
J'obtienne auprès de toi celle que je réclame ;
Qu'en songeant à ta mort j'apprenne à bien mourir
Et que ta vision, à mon heure dernière,
Vienne comme un rayon de céleste lumière
    Eclairer mon dernier soupir.

Et jusqu'à ce moment de suprême justice
Qui nous impose à tous un égal sacrifice,
Etre immatériel, tu vivras parmi nous,

De toutes les vertus d'un cœur exempt de haine,
De ce sourire empreint d'une bonté sereine
    Dont un ange eût été jaloux.

Mon esprit, assailli de souvenirs sans nombre,
Dans l'ombre de la nuit évoquera ton ombre
Qui, dans un songe heureux, bercera mon sommeil.
Dans les tièdes rayons de la naissante aurore
Ta douce vision viendra me suivre encore,
    Bien longtemps après mon réveil !

Vers l'humble tombe où gît ta cendre inanimée,
Elle doit me guider à l'heure accoutumée
Où je répands sur toi des larmes et des fleurs,
Pour entendre le bruit des rameaux funéraires,
Comme un écho plaintif répondre à mes prières :
    « Un ange a-t-il besoin de pleurs? »

Dors en paix, cher objet de ma vive tendresse,
Espoir trop tôt déçu de ma triste vieillesse,
Dans cet espace étroit que mesure un cercueil.
Je dépose à tes pieds ma lyre de poète
Pour laisser à l'écart, dans sa douleur muette,
    Pleurer sur toi ma muse en deuil.

VICTOR LEVÈRE

L'ADULTÈRE

En se plaçant entre elle et le flot populaire
Dont il vint conjurer l'idiote colère,
Le Christ, que les méchants mirent au pilori,
Le Christ, en pardonnant à la femme adultère,
Se dit, en la couvrant d'un regard attendri :
Que de maris trompeurs se comportent ainsi !
Des faiblesses du cœur dévoilant le mystère,
A la foule égarée il demandait merci,
Et devant les défauts qu'il ne pouvait se taire,
Chacun, les yeux baissés tristement vers la terre,
S'éloignait en disant : Je suis pécheur aussi !

. . . .

Cette époque est passée. Un progrès qui chancelle,
Sur les ailes du temps nous a portés loin d'elle,
Une à une laissant, hélas ! chaque vertu.
C'est en vain que le bien dans une ère nouvelle
A cherché des échos... les échos se sont tu.
De nos jours, en tous lieux le vice a ses élus ;
On ne lapide plus une épouse rebelle :
De son parjure affreux les motifs sont connus,
On l'absout, on l'excuse ; et l'indulgence est telle
Que le monde se dit, en montrant l'infidèle :
Le nombre en est si grand qu'il ne se compte plus.

L'égoïsme a du cœur fait un trafic infâme ;
Par des serments sacrés liant l'homme à la femme
Les vouant sans amour à la fidélité,
De deux êtres trompés, que fait-il ? Deux esclaves.

Mais le cœur qui ne peut supporter des entraves,
　Garde toujours sa liberté.

Vit-on jamais s'unir le tigre à la gazelle ?
Le milan saurait-il chérir la tourterelle ?
La rose se soumet, mais ne se livre pas
Au contact odieux du frelon qui bourdonne,
Et le premier baiser que l'insecte lui donne
　Marque l'heure de son trépas.

Voilà pourquoi je trouve étrange, inexorable,
L'indissoluble nœud qui peut d'un misérable
Faire un mari brutal, sans honneur et sans foi,
La morale qui crie à la victime en larmes
Qui tente d'affranchir sa jeunesse et ses charmes :
　Aimez-vous au nom de la loi.

Aussi, quand par hasard la clameur populaire
Me désigne en passant une femme adultère,
Des préceptes du Christ mon esprit est frappé.
Quand sa faute est partout criée à son de trompe,
Je me dis : Ce n'est pas une épouse qui trompe,
　C'est un mari qui s'est trompé

Victor Levère.

BÉZIERS

Jeune en dépit du temps, ta brune silhouette,
Comme un rocher géant défiant la tempête,
Sur les flancs d'un coteau dessine ses contours ;
Et pour tes descendants, ton église gothique
Garde le souvenir de ta gloire historique
      A l'ombre de ses vieilles tours.

De sites enchanteurs brillamment embellie,
Sous ton ciel aussi doux que le ciel d'Italie,
On croit ouïr, la nuit, le chant des colibris.
L'Orb déroule à tes pieds ses ondes transparentes ;
De la mer aux flots bleus, les vagues caressantes
      Effleurent tes sentiers fleuris.

Dans ton immense plaine où resplendit l'aurore,
L'astre aimé sous lequel l'oranger se colore
Marie à l'olivier la vigne au fruit vermeil,
Du midi de la France on te nomme la reine,
Et ta couronne est faite, aimable souveraine,
      D'azur, de brise et de soleil.

Contre l'invasion, sous tes hautes murailles,
Tes fils durent livrer de sanglantes batailles
Pour t'assurer la paix qu'ils surent conquérir.
Béziers ! lorsque tu vis au sein de l'abondance

Qui te fit surnommer le jardin de la France,
    Quel trésor pourrait t'acquérir ?

J'admire ton canal séculaire et tranquille
Qui serpente à travers une plaine fertile
Et qui, du sud au nord reliant les deux mers,
N'ayant pu, vétéran d'un passé plein de gloire,
A de nouveaux progrès disputer la victoire,
    Reste grand dans ses flots déserts.

Tu vis naître l'auteur de cette œuvre géante,
Ta fortune passée et ta gloire présente,
L'illustre Paul Riquet, dont tu gravas le nom
Sur le bronze et le marbre en traits ineffaçables ;
Riquet dont les travaux veillent, impérissables,
    De siècle en siècle au Panthéon !

Je te vois rajeunie, ô ma ville natale !
Eh ! bien, malgré tes airs singeant la capitale,
Les plaisirs en ton sein offriront moins d'attrait
Tant que tes habitants auront cette rudesse
Qui fait que l'étranger, qu'attire ta richesse,
    S'éloigne de toi sans regret.

Dans tes bosquets en fleurs pleins d'ombre et de
                                [mystère,
Le chant du rossignol est celui qu'on préfère,
Quand la brise du soir, sous ton ciel étoilé,
Agite le sommet de tes vertes ramures
Et quand le cœur bercé par d'étranges murmures,
    A tout autre bruit est voilé.

C'est pourquoi je voudrais que, faits à ton image,
  Tes fils eussent leurs mœurs, ainsi que leur langage,
  Aussi charmants que leur poétique berceau ;

C'est pourquoi je voudrais pour toi, ma ville aimée,
Pour mon pays, où tout parle à l'âme charmée,
    Un cadre digne du tableau.

Que dis-je ? Si tes fils ont une tête ardente,
Leur cœur est généreux et leur âme est aimante ;
Le ciel a des éclairs et la mer des récifs,
Le chêne est grand malgré son écorce rugueuse,
Et le marteau brutal, dans une main nerveuse,
    Fait tomber les fers des captifs.

Victor Levère

— XXX —

LE GUEUX [1]

SONGE ET RÉALITÉ

Le front ridé la bourse vide,
Chaussé de souliers éculés,
J'ai parcouru d'un pas rapide
Les sentiers les plus reculés :
Je fuis la foule indifférente ;
On se sent mal sous des haillons.
Pour éclairer ma vie errante,
Le soleil a trop de rayons.

Quand chaque jour mon cœur raconte
Ses erreurs à mes cheveux gris,
Je sens le rouge de la honte
Envahir mes traits amaigris ;
Mon chapeau crasseux, ma besace,
Mes loques, mon bâton noueux,
L'onde où je me vois, quand je passe,
Tout me reproche d'être gueux.

Un soir, près d'un bois solitaire,
Ayant pour toit le firmament,

[1] Extrait du *Recueil de l'Académie des Jeux-Floraux* année 1874.

Au pied d'un chêne séculaire,
Je m'endormis profondément :
Le cauchemar aux rêves sombres
Tenait mon esprit en éveil ;
Je vis alors trois grandes ombres
Se dresser devant mon sommeil.

La première me dit : Ecoute ;
Tu veux m'atteindre et je te fuis,
Je t'ai devancé sur la route,
Où vainement tu me poursuis ;
Tu livras les ans que je donne
Au cours des plaisirs inconstants :
Pauvre aujourd'hui, je t'abandonne ;
Regarde ! adieu ! je suis le Temps !

L'autre me dit : Je fus l'image
Que caressaient tes rêves d'or :
Tu m'as délaissée à cet âge
Où l'on doit m'appeler encor.
Ton cœur en proie à la souffrance,
Voudrait en vain me recevoir ;
Regarde ! je suis l'Espérance :
Je te laisse le désespoir.

La dernière, d'une voix creuse,
Me dit : Tu dois, près de ce lieu,
Finir ta vie aventureuse,
Je vais t'attendre à l'Hôtel-Dieu ;
C'est à moi qu'expire ton rêve,
Le ciel m'oppose aux coups du sort,
Je suis le terme où tout s'achève,
Ton dernier refuge, la Mort !

Je m'éveillai ; — grand Dieu, me dis-je,

M'auriez-vous aussi délaissé ?
Quand tous les maux dont je m'afflige
Sont dus aux fautes du passé ?
Le présent, qui me désespère,
L'avenir, qui ne m'attend plus,
Déroulent devant ma misère
Tous les beaux jours que j'ai perdus,

Dieu, qui punit moins qu'il n'exhorte,
Guida mon cœur, et dans la nuit
Je vins frapper à cette porte
Où le destin m'avait conduit ;
Sur les pas du temps inflexible
J'ai marché, j'eusse dû courir ;
Pour éviter le lieu pénible
Où je n'aurais pas dû mourir.

Victor Levère

RAPPORT

SUR LE

3ᵐᵉ CONCOURS ANNUEL

De Poésie et de Prose Françaises

DE L'ATHÉNÉE DES TROUBADOURS

1889

PREMIÈRE PARTIE

Notre jeune Académie peut à bon droit s'enorgueillir de ses succès ; trois grands concours ont suffi à lui acquérir cette réputation d'impartialité qui décuple le prix de ses tournois et les rend à la fois si brillants et si légitimes ; c'est surtout par l'exécution rigoureuse des statuts qui le régissent que l'Athénée des Troubadours a su mériter la confiance de ses confrères. Pour assurer dans l'avenir la prospérité de notre œuvre, nous nous sommes donné volontairement un maître absolu, un souverain qui rend des arrêts sans appel, et dont les appréciations ne se heurtent jamais à des influences contraires à la justice ; ce souverain se nomme *le comité d'examen,* ou si vous l'aimez mieux *le conseil des dix Troubadours suppléants*, composé d'hommes sérieux, instruits et compétents en matière littéraire.

Citons un fragment de l'allocution que nous leur adressâmes lorsqu'ils se réunirent pour la première fois sous la présidence de notre excellent ami et distingué poète M. Léon Valéry, maître ès-Jeux Floraux.

« Messieurs,

« Je vous remercie du fond du cœur du bienveillant empressement que vous avez mis à répondre à mon appel.

« J'aime ardemment la poésie ; j'ai réclamé votre concours, convaincu que vous lui êtes tous dévoués autant que moi. Lorsque je considère les précieuses qualités qui vous distinguent, je me félicite d'avoir su si bien choisir ; je m'efforcerai donc de reconnaître, autant qu'il sera en mon pouvoir, les témoignages de sympathie que vous m'accordez ; votre précieuse collaboration sera la sauvegarde de mon insuffisance. Avec vous, je me sens capable de conduire à bonne fin l'œuvre d'encouragement à la culture de la poésie, car je l'ai entreprise de bonne foi, heureux de contribuer ainsi, ne fût-ce que pour une part infime, à la réédification de ce monument abattu que l'on nomme la morale publique et que les gens de bien s'efforcent de rétablir sur les ruines du passé. Sans vous je serais contraint de renoncer à ma tâche, car la persévérance et la bonne volonté sont souvent réduites à l'inertie lorsque leur auxiliaire indispensable, la force, leur fait défaut ; or, la force c'est vous. »......

Que nos chers confrères, surtout ceux qui nous honorent de leur estime, se pénètrent bien de cette pensée qu'au sein de l'Athénée des Troubadours nous régnons et ne gouvernons pas ; qu'ils considèrent donc comme une récompense méritée les lauriers qu'ils y auront cueillis, notre voix compte pour une et rien de plus.

Notre troisième concours annuel ne se distingue seulement pas par le nombre des pièces (488), il est surtout favorisé par l'indiscutable valeur de la plupart d'entr'elles ; 255 concourants, parmi lesquels figurent des poètes d'un remarquable talent, sont venus se disputer les différents prix dont l'Athénée dispose.

Nous commencerons notre rapport par la mention des prix spéciaux.

Quant aux dames qui ont bien voulu rehausser par leur présence l'éclat de notre concours, elles sont conviées à un tournoi spécial qui doit le clore brillamment.

Prix Evelina (Muse de la Loire)

— COURONNE DE VERMEIL —

Plus de cinquante champions se sont vaillamment disputé ce prix, enviable à tous égards. Ce n'est pas une couronne qu'il eût fallu pour répondre à l'affluence invraisemblable de tant de magnifiques productions élégiaques ; il en eût fallu presque un nombre égal à celui des sujets traités ; nous avons dû nous résoudre à faire un choix ; ce n'est pas sans un serrement de cœur que nous avons écarté l'expression éloquente des sentiments si vrais, si touchants de la plupart des concourants.

Trois pièces : *la Veillée des morts*, de

M. l'abbé de Tamisier, *la Mort du Chat*, de M. Albert Bureau, et *Frisson d'hiver*, de M. Edmond Sivieude, sont restées en présence ; leur mérite respectif a été longuement discuté par le comité d'examen ; enfin, après bien des hésitations, d'appréciations contradictoires, le vote s'est prononcé en faveur de *M. Edmond Sivieude*. Nous ne commenterons pas cette décision, nous laisserons ce soin délicat à nos lecteurs juges en dernier ressort.

Quelques élégies nous étant parvenues après la clôture du concours, nous avons dû les réserver pour un examen ultérieur.

A côté des deux pièces que nous venons de citer ont brillamment figuré celles de MM. Louis Martel, A. de Paleville, Edmond Maguier, l'abbé Paul Blanc, Joseph David, Louis de la Vallée, Arsène Penot, F. Girerd, E. Lamourère, J. Mousse, Edmond Laubat et Jules Renaud.

Nous bornons nos citations à ces quelques auteurs dont les pièces seront rappelées dans la suite de notre rapport.

Le prix fondé par notre cher confrère et ami Etienne Peyre, c'est-à-dire le porte-plume et le porte-crayon en argent, dans son écrin, a été fort mollement disputé par quelques membres de l'Athénée ; il est vrai que le sujet imposé ; *De l'origine de l'Orfèvrerie en France*, devait se trouver fort gêné dans le cadre étroit du sonnet ; toutefois, si MM. Antonin Maffre et Joseph David ont tenté l'aventure avec plus de chances de succès que leurs concurrents, ils n'ont pas tout à fait atteint les limites qui eussent pu les justifier, tel a été du moins l'avis du comité d'examen qui a décidé que cette récompense entrerait dans la série de celles à distribuer ultérieurement.

La médaille en argent offerte par un anonyme à l'auteur de la meilleure composition, poésie ou prose, sur ce sujet : *Sanglots et Eclats de rire*, a groupé peu de concurrents.

M. Joseph David a su, dans une pièce patriotique qui rappelle les jours les plus néfastes de la guerre de 1870, tirer un excellent parti du sujet imposé. Sa poésie est poignante dans ses sanglots ; quant aux éclats de rire, il en fait la honte de nos ennemis.

M. Martial de Séré a, sur ce même sujet, broché une charmante nouvelle que nous insérons et qui, certainement, lui eût valu le prix si le comité d'examen n'eût cru devoir, en le décernant à

M. Joseph David, affirmer sa préférence pour la poésie. Toutefois, une mention très honorable a été accordée à l'unanimité à M. Martial de Séré.

Il est regrettable que la charmante poésie de Mme Emile Siédel ne nous soit parvenue qu'après la clôture du concours. Elle eût à coup sûr fixé l'attention du comité.

Une mention honorable avec certificat est accordée à titre d'encouragement à M. Albert Desmeaux, dont le talent littéraire naissant promet de se développer dans un avenir prochain.

C'est par une mention simple que le comité récompense les louables efforts de M. Emilien Cunnac, en attendant que, mieux servi par sa muse, il puisse prétendre à des succès plus sérieux.

DEUXIÈME PARTIE

Les pièces jugées inadmissibles ayant été écartées à la suite d'une lecture préalable il ne restait plus au comité d'examen qu'à se prononcer, en procédant par comparaison, sur la valeur de chacune des poésies sorties victorieuses de cette première épreuve.

C'est donc parmi de bonnes productions et au milieu de la confusion des genres que le comité a pu constater le mérite réel du plus grand nombre, tout en cherchant pour le récompenser le mérite supérieur de quelques-uns; cette supériorité, il l'a trouvée si brillamment affirmée dans la plupart des compositions, que, se demandant si elles auraient quelque chose à envier à la facture géniale de nos grands maîtres en poésie, il a dû se répondre négativement.

Comme la Fortune, La Renommée dispense trop souvent ses faveurs en aveugle; que de poètes sont en vue au premier rang pour avoir été plus favorisés par d'heureuses circonstances nées d'un hasard capricieux et fictif que par la réalité de leur talent, et par contre que de génies, victimes d'une coterie jalouse, restent dans l'ombre pour s'être laissé soupçonner capables de briller au soleil !

En présence de l'indifférence dont ils sont l'objet de la part des matérialistes qui représentent les neuf dixièmes de l'humaine société, les poètes doivent se glorifier d'appartenir à cette infime minorité d'étoiles scintillantes, qui dans le ciel littéraire se dégagent des sombres nuages du réalisme; ils doivent se grouper, s'encourager par des conseils réciproques, se donner fraternellement la main et obéir, comme disent les politiciens, à cet esprit de discipline et de solidarité qui prépare tous les succès.

Soyons unis pour le triomphe d'une cause qui nous est commune, celle de la poésie!... Voyons-la surtout dans les satisfactions intimes qu'elle peut nous procurer, dans les écueils qu'elle doit nous faire éviter; ne sacrifions pas à un sentiment de vanité personnelle cet esprit de modestie et de justice qui double le prix du talent; sachons l'envisager sans jalousie lorsqu'elle se montre au-dessus de nous; aidons-la, lorsqu'il le faut, à s'élever à notre niveau; montrons-nous dignes, en un mot, de ses inspirations, qui ne peuvent être que celles de la loyauté et des grands sentiments.

Notre rôle se borne, nul de nos concourants ne l'ignore, à publier sans les commenter les décisions du comité. Nous ne saurions donc trop répéter à nos chers confrères qu'elles ont été prises de *bonne foi, sans arrière-pensée, sans influences contraires comme sans parti pris et avec la plus scrupuleuse impartialité.*

Néanmoins, ce n'est pas sans une certaine appréhension que nous abordons le récit délicat de la répartition des récompenses entre les plus méritants ; nous redoutons, surtout, ces froissements d'amour-propre qui ne manquent jamais de se produire lorsque plusieurs poètes d'un égal mérite se disputent un prix unique ; il n'y a souvent entre le succès qui rit et l'insuccès qui pleure que la distance d'une appréciation risquée, car, il faut bien en convenir, nous apprécions trop souvent le mérite de toutes choses suivant nos vues, nos goûts et nos tendances.

En résumé, il n'est pas, en matière de concours poétique, de récompense si infime qui ne flatte celui à qui elle est décernée ; après tout, n'est pas poète qui voudrait l'être ; nous ne prenons guère en pitié que les auteurs malheureux, dont les plaintes s'élèvent du fond du panier où leurs tristes essais ont été enfouis.

Et maintenant, trompettes, sonnez !... le défilé commence !

LE GRAND PRIX, *médaille d'or*, est acquis à M. Georges Bouret, de Paris.

Ce lauréat avait concouru avec trois poésies : *le Lion, la Tour Eiffel* et *Fleurs des champs* ; chacune de ces pièces aurait suffi, d'après l'avis unanime du comité, à lui mériter cette distinction, si la première n'eût été jugée devoir l'emporter sur les deux autres.

M. Georges Bouret peut donc considérer comme un double triomphe les lauriers formant une triple couronne que l'Athénée des Troubadours est heureux de lui décerner.

C'est à M. Albert Bureau qu'a été décerné le premier prix, *médaille d'or,* pour ses deux poésies : *la Mort du Chat,* déjà publiée, et *Salut au Drapeau* ; le talent, si éloquemment affirmé de ce lauréat ne pouvait manquer de lui valoir cette juste récompense.

Le comité d'examen devait sinon une réparation du moins une compensation à M. l'abbé de Tamisier, l'auteur de la magnifique élégie : *la Veillée des Morts.* Nos lecteurs connaissent cette pièce et savent qu'elle a vaillamment disputé le prix *Evelina* à son heureux conquérant, M. Edmond Sivieude.

M. l'abbé de Tamisier a lutté contre son concurrent à armes égales, et s'il a succombé dans la lutte il doit moins l'attribuer à l'infériorité de ses forces poétiques qu'à l'aridité du sujet traité ; le comité, mal préparé aux émouvantes et fantastiques descriptions de *la Veillée des Morts*, lui a préféré les harmonieuses tristesses du *Frisson d'hiver*.

Toutefois, les examinateurs, jugeant qu'un premier prix est mérité par M. l'abbé de Tamisier, ont décidé, par un vote unanime, que le porte-plume et porte-crayon en argent massif, constituant le prix réservé Etienne Peyre, lui serait décerné.

M. Edmond Maguier a concouru avec trois poésies également remarquables : *Sonnets amoureux*, *Elégie sur la mort d'une jeune fille* et *Richard de Barbezieux*; le comité, estimant que le talent poétique qui se manifeste si brillamment *dans trois genres différents* mérite une haute récompense, a décerné un premier prix médaille d'or à M. Edmond Maguier.

M. Louis Martel, un maître en poésie, a présenté au concours quatre pièces habilement traitées : *l'Inconsolée, la Fille du Pêcheur, Une chasse du grand Condé*, et *Jeanne d'Arc*. C'est à cette dernière composition, qui révèle avec le plus d'ampleur l'indiscutable talent de son auteur, que le comité s'est longuement arrêté pour en admirer toutes les beautés et pour la couronner d'une médaille d'or.

Talent oblige ; nous n'étonnerons personne en affirmant que M. Edmond Sivieude, s'il n'eût été déjà couronné, n'eût pas manqué de l'être grâce à son magnifique poème : *Nuit d'Eté*, et à sa belle poésie *l'Eté de la Saint-Martin*.

Médailles d'Argent

Le comité a trouvé remarquable et pleine d'enthousiaste patriotisme la pièce : *A Guillaume II*, de M. Aristide Estienne ; il est regrettable que l'auteur, entraîné par la fougue de son tempérament hors des limites d'une modération imposée par la prudence, nous ait mis dans l'impossibilité de publier sa pièce.

Mais si elle ne peut jouir de ce bénéfice elle aura été du moins récompensée par un 2me prix, médaille d'argent.

M. Etienne Peyre, le fondateur du prix de ce nom, a des droits à notre reconnaissance, et si sa poésie satirique : *Les Deux incompris* avait eu l'envergure de l'*Ode*, elle eût infailliblement conquis une médaille d'or.

Mais notre cher confrère et ami, un homme de beaucoup d'esprit, il l'affirme dans sa pièce, acceptera la médaille d'argent qu'il mérite à tous égards.

Fleur du souvenir et les *Trois anges* de M. Auguste de Paleville sont particulièrement distinguées par le comité qui les couronne en décernant une médaille d'argent à leur auteur, un poète de tatent ; il est en outre décidé que la première de ces poésies jouira du bénéfice de l'insertion.

Une poésie palpitante comme son titre : *la Chair*, vaut à son auteur, M. Octave Sempé, une médaille simili-argent.

M. Joseph Delpla, qui a concouru sous le pseudonyme de Josèphe, obtient une médaille d'argent en échange d'une charmante poésie : *la Pureté !*

Trois poésies : *Souvenons-nous*, *Opulence et Misère* et *Nivôse* ont été présentées au concours par M. F. Bailan, un poète humanitaire qui a consacré de bien belles pages à la défense des déshérités de la fortune ; c'est avec des accents convaincus qu'il plaide leur intéressante cause. Son vers toujours harmonieux exprime de généreuses pensées avec précision, logique et clarté ; le comité devait une récompense à tant de qualités, aussi a-t-il accordé à M. Bailan une médaille d'argent.

Pris au piège, Une Lettre, Pourquoi et *La Première Aimée*, quatre charmantes poésies, ont été bien accueillies par le comité qui s'est laissé prendre volontiers au titre de la première qui a valu à son auteur, M. Edmond Laubat, une médaille simili-argent.

M. Robert Poirier de Narçay a adressé pour concourir une poésie : *la Nuit et les Revenants*, pleine d'humour, d'esprit et d'originalité, le comité, en décernant une médaille d'argent à son auteur, n'a pas eu la prétention de le récompenser aussi bien qu'il eût mérité de l'être, mais M. Robert Poirier de Narçay sera peut-être forcé de convenir qu'ayant aventuré son sujet trop avant dans la nuit, les beautés qu'il renferme n'ont pu être suffisamment distinguées.

M. Lucien Rildès obtient la médaille simili-argent que sollicite si gracieusement sa charmante poésie : *Souvenir*.

M. Louis Mesure, un poète qui donne

admirablement au diapason de la lyre la note du sentiment, a concouru avec six pièces admirablement traitées; il a fallu pourtant choisir entr'elles, et c'est à la plus jolie : *l'Enfant,* que le comité a gracieusement accordé une médaille simili-argent.

MENTIONS TRÈS HONORABLES

C'est M. Jean Labaig-Langlade qui ouvre brillamment la marche des mentions très honorables avec une charmante poésie intitulée : *Dans le chemin de la Vie.*

M. l'abbé Paul Blanc, pénétré des devoirs que lui impose son caractère de prêtre, fait vibrer harmonieusement les cordes de sa lyre sur des sujets religieux dont la morale, qui se meurt d'anémie, fera sans doute son profit ; plus heureux que les chantres sceptiques qui cherchent le ciel, M. Paul Blanc l'a trouvé et nous l'en félicitons. Six poésies, toutes fort bien traitées : *sonnet à Sainte Cécile,* le *Jeune Conscrit, sonnet à Notre-Dame du Rosaire Ode à l'Eucharistie, Aux morts* (Elégie) et *Sonnet à la Croix* valent à M. l'abbé Paul Blanc une mention très honorable.

Vient ensuite pour conquérir une égale

récompense M. Samuel Noualy, lauréat de l'académie des Jeux-Floraux, qui, avec six poésies d'un égal mérite, n'a pu atteindre cette fois le niveau des hautes récompenses. Le comité, en ne faisant pas mieux pour lui, a sans doute voulu lui donner à entendre qu'étant capable de très bien faire, il eût dû prendre plus au sérieux les concours de l'Athénée : *Tranquillité, Symphonie en Miaou mineur, Pages tristes, Prélude, Chanson du siècle, Variations sur la trompe de chasse*, désignaient M. Samuel Noualy à l'attention du jury ; c'est aux *Pages tristes* qu'il a donné la préférence.

Une délicieuse élégie : *Poète et Printemps,* de M. J. Mousse s'est imposée à l'admiration du comité, en dépit de huit autres pièces du même auteur, et lui a valu une mention très honorable.

Un poète pétillant d'esprit, c'est M. de Meuninck qui, dans un badinage intitulé : *A propos de rien*, a trouvé le moyen de dire beaucoup sur bien des choses ; une mention très honorable nous paraît constituer une récompense bien limitée, mais le mérite de l'auteur n'en sera pas amoindri... car une académie littéraire peut voir la fin de ses médailles avant d'avoir vu s'épuiser la liste des concourants les plus distingués.

M. Joseph Aybram a, dans un lugubre sujet : *la Mort*, déployé un véritable talent de poète. Il a décrit l'impitoyable faucheuse avec des couleurs d'un réalisme si émouvant que le néant des choses humaines apparaît après cette peinture pour nous rendre meilleurs, c'est là le côté moral de la pièce que le comité couronne par une mention très honorable.

M. Walter Goffin, notre troubadour correspondant de Belgique, a obtenu une mention très honorable pour sa jolie petite pièce : *En défense*, écrite avec beaucoup d'esprit, de sentiment, et sans nulle prétention de viser à l'effet.

M. Casimir Morenas a beau être notre intime ami, ses trois charmantes poésies : *la Voile discrète*, *Plaintes d'une mère au Tombeau de ses Enfants*, *et les Rois devant la crèche* n'obtiennent autre chose que ce que le comité veut bien leur accorder, c'est-à-dire une mention très honorable.

Toujours un ami ; dans notre dernier concours de langue romane, M. Léon Bertrand, un de nos maîtres en félibrige, obtenait une médaille d'argent ; désireux de prouver qu'il n'est pas déshérité des faveurs de la Muse française, il a composé une délicieuse poésie : *les Feuilles qui tombent,* pour laquelle il obtient une mention très honorable

Si M. Joseph Laffont, qui a pris part au concours *Evelina* avec une belle élégie : **A Marie-Amélie,** n'eût pas été distancé par de rudes joûteurs, il eût sans doute remporté la victoire ; mais, honorablement vaincu avec bien d'autres, il voit son mérite attesté par une mention très honorable.

L'inépuisable imagination d'un de nos premiers troubadours, M. Joseph David, lauréat déjà nommé, à qui a été décernée la médaille d'argent offerte *Aux Sanglots et Eclats de rire,* se traduit brillamment par les six poésies suivantes : *Souvenir patriotique, l'Orfévrerie, le Curé des Horties, Souvenir à Mlle L. M.,* imité de Goëthe *(Werther),* et *Douleur de Fatma.* Le comité, hésitant à faire un choix parmi ces fleurs également belles, les couronne toutes d'une mention très honorable.

M. Jules Renaud a trouvé pour son *Elégie sur la mort d'un adolescent* les larmes et les accents d'un vrai poète, nous l'en félicitons avec le comité qui lui décerne une mention très honorable.

Une récompense égale est accordée à M. Paul Bonnefoy, un jeune sergent-major qui, dans le cadre étroit du sonnet, peint délicieusement une petite scène intime de famille.

Une *Ode à Victor Hugo*, admirablement traitée en cinq strophes de quatre vers chacune, enlève d'emblée une mention très honorable en faveur de son intelligent auteur M. Adolphe-Louis Lagarde.

Coin de Forêt, de M. J.-B. Rouquet, un félibre militant, reçoit la même récompense.

Trois poésies : *Réflexions sur quelques folies humaines*, un *Bal à l'usine des Charbonniers* et *les Charmes de la Durolle,* de M. J.-H. Carrié, fixent l'attention du comité qui couronne leur auteur d'une mention très honorable en s'arrêtant plus particulièrement aux beautés de la dernière.

M. Jean l'Atacien présente une comédie en un acte et en vers : *l'Emberlucoqué ou le Crime aux Prunes,* le comité le paie du plaisir qu'il a éprouvé à la lire en lui décernant une mention très honorable.

De cette poésie : *Question à Mlle P....* de M. P.-P. Palut, se dégage un sentiment d'amour d'une délicatesse exquise, avec cela beaucoup de naturel, réagissant au milieu d'harmonieuses pensées. C'est par une mention très honorable que le comité rend hommage au tatent de M. Palut.

A la nouvelle année; tel est le titre d'une charmante poésie de M. Elisée Brunel; cette pièce constitue une apostrophe philosophique au Temps qui, tout en s'égarant un peu à travers de vieilles images, a trouvé le moyen de les rajeunir; une mention très honorable est accordée à M. Elisée Brunel.

Champs et Cités et *la Source*, deux poésies de M. Gustave Sauvage, s'imposent à l'attention du comité, la première par la moralité éloquemment exprimée qui en découle, par la comparaison de la vie champêtre à la vie des cités; la seconde, par un sentiment d'exquise tristesse, cherchant l'isolement au milieu du silence de la nature. Une mention très honorable est la récompense accordée à M. Gustave Sauvage.

M. Epin John est doué d'un vrai talent de poète, il nous est de plus fort sympathique ; mais de telles considérations, nous nous plaisons à le dire, n'ont aucun poids sur les décisions du comité, qui décerne une mention très honorable à M. Epin John pour sa jolie pièce : *Si j'avais vos ailes*.

Encore un bon poète, M. Arsène Penot, qui devra pour cette fois se contenter d'une mention très honorable, bien que ses deux élégies : *A ma fille absente* et *Petits Enfants !* soient l'une et l'autre fort belles.

M. Antonin Maffre, félibre militant, quelque peu oublieux des faveurs qu'il a obtenues de la Muse patoise, fait gentiment sa cour à la Muse française qui, cédant à ses désirs, lui a inspiré trois poésies également remarquables : *Première vision, la Légende du Mont-Caroux* et *l'Infidèle*, avec lesquelles il concourt, obtenant par la dernière une mention très honorable.

Encore un félibre infidèle, M. François Escaich, qui, pour faire diversion à ses bonnes inspirations en langue romane, aborde délibérément la poésie française, qui ne se montre pas trop rebelle, s'il faut en croire les accents harmonieux des trois pièces suivantes : *A la cité de Foix, A un Portrait* et *Consolation,* qui obtiennent une mention très honorable.

M. de La Vallée a disputé le prix Evelina avec une élégie fort belle, *le Baiser.* La défaite de cet excellent poète ne tire pas à conséquence, car il est, croyez-le bien, capable d'obtenir, à l'occasion, une éclatante revanche ; la mention très honorable qui lui est décernée ne vise nullement sa supériorité littéraire, c'est une simple constatation.

Mes vingt ans et *Épouvantail,* de M. Firmin Dupré, n'obtiennent cette fois qu'une mention très honorable ; nous disons cette fois, car nos lecteurs doivent se souvenir que ce lauréat obtint le grand prix de l'Athénée (médaille d'or), au dernier concours de langue romane.

Sous cette saisissante rubrique *la Guillotine,* M. Ollivier de la Tour-d'Aïgues, un de nos sincères amis, ce qui ne l'empêche pas de promener son réel talent de poète dans le cercle des mentions très honorables, fait en couleurs très vives la description d'une double exécution capitale.

M. Louis Martinet sera sans doute bien

étonné que le comité ait choisi entre ses trois poésies *Zénoa, le Livre d'heures d'un premier Amour* et *A la Gascogne,* cette dernière pour la couronner d'une mention très honorable ; c'est pourtant ainsi que la chose a été jugée ; inclinez-vous donc, charmant poète, et ne soufflez mot.

Mon porte-plume, poésie très originale et fort spirituelle de M. Hippolyte Denèchère, a été couronnée d'une mention très honorable.

M. J. Eirgen a également obtenu une mention très honorable; c'est *l'Art divin,* une poésie religieusement philosophique, qui lui a valu cette distinction dont il nous semble digne à tous égards.

Comment refuser une mention très honorable à un poète dont l'inépuisable fécondité s'affirme par la production de quatorze pièces de vers ; comment ne pas récompenser, sans faire injure aux Muses, un de leurs plus fervents adulateurs? Nous avons nommé M. Arnaud Philémon, dont nous ne citerons qu'une poésie : *Chantons,* la plus remarquable et la plus remarquée.

Beaucoup d'originalité, avec une somme d'esprit assez ronde constituent la fortune littéraire de M. Victor Ducassé, qui sait généreusement la dépenser. Notre concours a reçu de lui trois sémillantes poésies : *Fleur du souvenir*, *Charme rompu* et *le Nid*, qu'il couronne d'une mention très honorable.

M. Adolphe Faget est un poète très persévérant et dont le talent n'a jamais, que nous sachions, été contesté par personne. Aussi, l'Athénée des Troubadours, l'a-t-il accueilli comme une vieille connaissance et son comité s'est-il empressé de couronner par une mention très honorable trois de ses belles poésies, *Elvina* (étude basque), *A mon ami André* et *Juana* (étude andalouse).

Beaucoup produire paraît être le mot d'ordre que s'est donné M. E. Lamourère ; on le sent dans tout ce qu'il écrit, néanmoins ses trois poésies : *Persécution et Repentir*, l'*Oiseau d'Alsace* et *Pieux souvenir* lui méritent une mention très honorable.

M. Achille Videlier est un poète qui pousse le réalisme jusqu'à la licence, c'est sa manière à lui ! est-ce la bonne ? nous en doutons ; le genre décadent est à la morale poétique ce que le phylloxéra est à la vigne : il la tue. Toutefois comme il existe un bon côté en toute chose, le comité doit l'avoir découvert dans la pièce *Reviens*, de M. Videlier, puisqu'il lui a décerné une mention très honorable.

La même récompense est accordée à M. Théodore Adeline, un charmant poète qui dit les choses les plus spirituelles dans ses deux poésies : *Ce n'est pas pour rire* et *Victime du Divorce*. M. Paul Tarrandon est jugé digne d'une semblable distinction pour avoir produit trois jolies poésies : *Oh ! dis-le-moi, petite fleur, Salut, Printemps*, et *Vent d'Automne*.

M. F. Abadie est inspiré par un louable sentiment de charité dans sa poésie *Aux Riches*, pièce qu'il a habilement traitée, ainsi que son sonnet : *Feuilles d'Automne* (Mention très honorable).

Le Naufrage du ministre Abattucci est une poésie riche en émouvantes descriptions ; il est vrai que la tempête déchaînée au dessus de l'immensité courroucée de l'Océan forme un tableau qui devient, dans le cerveau d'un vrai poète tel que M. Victor Gresset, un puissant auxiliaire de la pensée (Mention très honorable).

Un sentiment d'exquise sensibilité se dégage de la poésie : *La Poitrinaire*, de

M. F. Girerd. Ce n'est pas avec moins de grâce que le même auteur a traité *Ne l'éveille pas,* poésie qui lui vaut une mention très honorable.

Respha, de M. Franc Vallet, est un petit poème élevé par la pensée jusqu'à la hauteur des plus beaux sentiments, la facture en est hardie, le vers nerveux et l'harmonie parfaite (Mention très honorable).

M. Théophile-Victor Lejeune nous donne à nouveau la mesure de son gracieux talent de poète, dans une poésie patriotique qu'il intitule : *Une Page d'Histoire* (Mention très honorable).

M. A. Caparroy-Dulord expose sa sensibilité de poète en six quatrains harmonieux qu'il intitule : *Premier Rayon.* Nous lui souhaitons de grand cœur que ce ne soit pas le dernier (Mention très honorable).

Le Pessimisme d'un Amoureux, de M. Eugène Lhescar, ne manque ni d'esprit ni d'originalité. Cette poésie accuse chez son auteur, très jeune encore, une précocité intellectuelle qui fait bien augurer de son avenir (Mention très honorable).

Le jeune félibre Marcel Jouffrau a voulu prendre part au concours de poésie française et s'y est présenté armé, non de quatre pièces de canon, mais de quatre poésies pleines d'imperfections, quant à la forme, mais délicieuses d'expression poétique et de sentiment (Mention très honorable).

L'Aumône, de M. Lépold Bayol, étant un éloquent encouragement au bien, mérite d'être encouragée à son tour (Mention très honorable).

Azella, de M. Siméon Marliac, est une élégie remplie de sentiment et d'harmonieuses pensées ; le côté émouvant y est aussi fort bien traité (Mention très honorable).

M. Antonin Arséguet est poignant dans la poésie qu'il intitule *Misère*; aussi parvient-il à émouvoir le comité qui lui décerne à titre d'encouragement une mention très honorable.

M. A. Chambard, dans sa poésie : *Une Jeune fille*, a fait, en couleurs très vives, une peinture originale de cet amour craintif que ressentent les jeunes cœurs à cet âge qui termine l'adolescence ; le comité, en lui décernant une mention très honorable, a dû se souvenir qu'il fut jadis hanté par les sentiments naïfs que dépeint si bien M. A. Chambard.

M. Louis Mestre est un jeune poète à qui l'avenir sourit le plus gracieusement du monde, s'il faut s'en rapporter à la délicieuse poésie : *La Fleur et nous* qui lui fait conquérir une mention très honorable.

Ennemi de la rage et des enragés, M. Fernand Baldenweck, dans une poésie : *Hommage à Pasteur*, trouve d'éloquentes paroles pour payer au médecin philanthrope son modeste tribut de reconnaissance (Mention très honorable).

M. Paul Kerlor, avec ses deux charmantes productions poétiques : *Lequel des deux* et *le Matin de la Vie*, remporte une mention très honorable; enfin, M. Emilien Cunnac clôture la série des mentions très honorables, par une poésie très expressive : *l'Enlizement*.

Mentions Honorables

L'Etoile, Duboc (Jules). *Naufrage*, Ernest Rivals. *Mon Singe*, Théodore Courneil. *Le Clocher*, Charles P... *Sonnet à la Vierge*, Benjamin Boireau. *Valse*, Bernard Guérin. *Le Jour de l'An*, Cyrille Bonzom. *Le Pilori*, Gustave Terrin. *Le Coursier*, Hippolyte Dubosc. *Médor*,

Guillaume Pech. *Le Mendiant,* Philippe Durand. *Roses et Chardons,* Edouard Lieux. *Vengeance,* Léopold Barric. *Larmes de Mère,* Eugène Pindel. *Le Vieux Cloître,* Raoul Delpech. *L'Echarpe,* Zéphirin M... *La Varlope,* Pierre de Ratier. *La Montagne,* Etienne Grangé. *Soupirs,* Ernest Villiard. *Le Chêne,* Victor Danguin. *Le Rosier,* Paul Chabot, *Le Phylloxéra,* Jean Ginier. *Le Vallon,* Georges Sahvut. *Remords,* Louis Evrard. *Moulin et Rivière,* Gaspard Dèmes. *Le Ramoneur,* Théophile Querlin. *Prenez mon ours,* Jacques Laffon. *Le Silence,* Eutrope Geslin. *La Nuit,* André Tessard. *Sa première aurore,* Albert Roques. *Le vieux Zouave,* Arthur de Granbois. *Tempête,* Justin Dodelle.

Usant d'indulgence envers les faibles, le comité n'a voulu écarter du concours de poésie que les pièces absolument mauvaises et pour lesquelles le moindre encouragement devenait impossible.

La plupart des poésies qui ont obtenu une mention honorable méritaient-elles cet honneur? — Non; mais il entre dans les vues moralisatrices des dix Troubadours d'encourager la poésie jusque dans ses moindres tendances, et c'est avec regret qu'il a dû laisser retomber dans les profondeurs oubliées de la corbeille fatale bien de bonnes intentions.

PROSE

Le 1er prix, médaille d'argent, est décerné à M. Maurice Pelloutier, dont le volumineux manuscrit avait tout d'abord été accueilli par une grimace ; si le *Secret professionnel*, tel est le titre de l'ouvrage, n'a pas le mérite de la sobriété il faut convenir que les situations y sont habilement distribuées et fort intéressantes pour la plupart ; de plus, l'intrigue de ce roman est bien conduite et le caractère de chacun de ses personnages exactement arrêté. Nous regrettons que les colonnes de notre feuille bi-mensuelle ne puissent s'accommoder d'une œuvre d'aussi longue haleine. Nos félicitations sincères à M. Maurice Pelloutier.

Une Nouvelle, empreinte de beaux sentiments patriotiques, *le Vieil Alsacien*, de M. Jules Sosthène, obtient une mention très honorable ; non moins intéressante est la Nouvelle qui, sous cette rubrique, *Déserteur*, vaut à son auteur, Em. Bonnet, la même distinction. Originalité, intérêt, enseignement et clarté, telles sont les qualités qui distinguent la fantaisie humouristique que M. Brieu est allé chercher dans la lune ; le comité, juste appréciateur de son talent, le récompense de cette charmante boutade par une mention très honorable.

Charmant paysage, ma foi, très coloré, très expressif et délicieusement encadré que cette peinture qui représente si bien, grâce au pinceau délicat de M. Chognot, *l'Histoire d'une fauvette et d'une rose églantine ;* aussi le comité lui a-t-il décerné une mention très honorable. Le manuscrit de M. Samuel Noualy reste au niveau atteint par ses confrères et obtient la même récompense. Ce niveau n'est pas dépassé non plus par M. Martial de Séré, dont les deux gracieuses Nouvelles, *Petit Ruisseau* et *l'Hirondelle du presbytère,* sont l'objet d'une égale distinction.

Le Merle à Treimet, de M. Achile Videlier, n'est pas une nouvelle sans intérêt, de bien s'en faut, mais elle nous semble par trop justifier « ce proverbe : *l'esprit qu'on veut avoir gâte celui qu'on a* ». On sent que M. Videlier cherche à ne pas écrire comme tout le monde. Or, ses prétentions à l'originalité détruisant l'effet de ses bonnes inspirations naturelles, le font sans qu'il s'en doute, rester au-dessous de lui-même (Mention très honorable).

La piquante nouvelle de notre excellent ami, M. Ollivier de la Tour d'Aigues : *A Travers un Mur*, entend le merle de M. Videlier lui siffler : « Tu m'égales, mais tu ne me dépasses pas, reçois comme moi une mention très honorable ».

La comtesse d'Avrancourt, de M. Hippolyte Denéchère, nouvelle écrite dans un fort joli style, vaut à son spirituel auteur une mention très honorable.

Précis historique sur l'hospitalité, de M. Louis Guiral, constitue un travail de recherches digne d'éloges et c'est avec plaisir que le comité d'examen lui décerne une mention très honorable.

Recherche ou Esquisse d'un Idéal, de M. Franc Vallet, est une nouvelle très intéressante, rehaussée par de délicieuses descriptions ; il serait trop long d'énumérer toutes les beautés que contient l'œuvre de M. Franc Vallet, nous nous bornerons à dire que le comité les a soulignées en les couronnant d'une mention très honorable.

M. Adolphe-Louis Lagarde fait avec beaucoup d'esprit le récit d'une *Aventure de Voyage* dont il a été le héros, et dont le fond très amusant est constitué par une série de déconvenues en chemin de fer plus drôles les unes que les autres. (Mention très honorable.)

Une mention honorable est accordée, à titre d'encouragement, à M. Albert Desmeaux pour ses deux nouvelles : *Mœurs du Mexique* et *Jalousie*. *Les Wagons*, de M. Léon Lataste, et *Rosa*, de M. Coumes, sont, au même titre, également mentionnées.

Mentions Simples.

Voyage en Suisse, Paul Astruc. *La Mer*, Jean Suau. *Une Aventure galante*, Narcisse G..... *Le Parricide*, Georges Bousquet. *En Tramway*, Isidore Lambert. *Rachel*, Denis Laboudie. *Le Guide*, Jules Forestié. *Les Miracles de Lourdes*, Joseph Desplan. *Le Fer et le Feu*, Dominique Bergant. *Histoire d'une Perruche*, Valentin Dinard. *Le Gendre*, Léon Choulés. *Chien et Chat*, Ernest Vincens.

Nous ne dirons rien des sacrifiés, ils

sont nombreux ; contrairement au proverbe : l'union fait la force, ils se sont unis pour atteindre les plus extrêmes limites de la faiblesse; ces constitutions littéraires sont d'une débilité telle qu'il devient impossible de les fortifier.

TROISIEME PARTIE

TOURNOI DES DAMES

Quarante-six concourantes ont été inscrites, dix-huit seulement ont été admises. En séparant le sexe faible du sexe fort nous avons voulu que l'on distinguât mieux l'expression si différente des sentiments poétiques de chacun d'eux ; l'imagination de la femme puise ses inspirations à des sources dont la pureté transparente réfléchit les plus délicates images ; sa poésie est la vraie, celle du cœur, elle chante comme la fauvette sans trop savoir pourquoi ; sans trop se préoccuper surtout de l'effet qu'elle doit produire, ce qui lui donne en poésie plus d'abandon et par conséquent plus de charmes ; l'homme au contraire écrit généralement avec de prétentieuses allures, se roidit contre les difficultés, cherche longuement ses phrases, prépare ses effets, prend ses fiévreuses exaltations pour des rêves divins et se montre tout heureux, lorsqu'à force de travail il est parvenu à dire : « *Je vous souhaite le bonjour,* » comme tout le monde ne le dit pas.

Ici, nous traçons une circonférence dont le comité d'examen occupe le centre ; nous prions les gracieuses amazones qui doivent prendre part à nos jeux poétiques de vouloir bien se placer indistinctement et à des distances égales sur la ligne circulaire qui figure la lice, et nous saluons d'abord en elles l'égalité du rang intellectuel qu'elles personnifient si brillamment ; puis nous les prions de vouloir bien, l'une après l'autre, décocher aux dix troubadours les traits qu'elles tiennent en réserve dans leur carquois littéraire ; ceux qui les auront pénétrés le plus profondément seront réputés les plus acérés et les mieux trempés.

Mais voilà qu'au lieu de flèches le comité reçoit, de toute part, des fleurs de poésie aux couleurs si éclatantes et si variées que, n'osant choisir les belles entre les belles, il se sent pris de l'envie de les déclarer toutes dignes de couronner le front d'une déesse.

Nous ne connaissons pas d'embarras qui donne plus de perplexité que celui du choix ; les troubadours modernes, tout aussi galants que ceux des anciens jours, le sentent bien, aussi se demandent-ils par quel moyen ils parviendront à nommer les dix-huit concourantes rivales sans commencer ouvertement par la première et finir piteusement par la dernière : — « Eh ! parbleu, s'écrie Isambart le Toqué : qui vous suggérera une combinaison raisonnable si ce n'est un fou ? Bandez-moi les yeux, je ferai trois tours sur moi-même et j'irai, à tâtons, chercher la première et toutes les autres de la même façon. Après tout, pour être de diverses grandeurs, les étoiles sont-elles moins des étoiles ? Les examinateurs, armés de leur télescope, les ont déjà classées, il ne reste donc plus qu'à leur donner un nom.» Isambart, avec l'assentiment de ses confrères, exécute alors sa petite manœuvre ; chaque fois que ses doigts effleurent discrètement une muse, il ôte son bandeau, lui offre galamment la main, la conduit devant le jury qui lui décerne la récompense qu'elle a méritée et recommence en procédant, ainsi qu'il l'avait dit, toujours de la même façon.

Premier Grand Prix : Palme d'Or.

C'est à Mme Adèle Chalendard, — que deux magnifiques poésies : *les Frimas* et *le Repentir du Forçat*, avaient tout particulièrement désignée à l'attention du groupe des dix troubadours suppléants,— qu'a été décernée la *palme d'or*, premier grand prix.

Cette muse sympathique qui aborde tous les genres avec un égal succès, a déjà cueilli bien des lauriers ; mais, si la poésie la traite en enfant gâtée, c'est qu'elle trouve en elle une interprète dont les suaves accents la font aimer de tous.

Que Mme Adèle Chalendard, dont nous ne sommes pas le dernier à admirer le beau talent, reçoive ici, au nom de la poésie qu'elle cultive si bien, l'expression de notre sincère admiration.

Le premier prix, *médaille de vermeil*, est acquis à Mme veuve Cléontine Fitte née Jaubert, qui dans une magnifique élégie : *La Canne de mon grand'père*, a su accumuler des trésors de tendresse filiale, puisés à la source des plus nobles sentiments ; nous avons personnellement appelé l'attention du comité sur cette belle poésie, œuvre doublement recommandable à nos yeux parce qu'elle nous vient d'une personne dont la situation pécuniaire est loin d'égaler les richesses intellectuelles et qu'il convient à une société de poètes de mettre à jour de préférence le talent modeste qui se dérobe sous le voile de la pauvreté. Mme veuve Cléontine Fitte voudra bien nous excuser de ne mentionner que pour mémoire sa fable : *Marquis et Grisette*, chat et chatte qui ont dû fuir à l'aspect de la Canne du grand'père.

Une délicieuse fantaisie poétique : *la Fleur et l'Oiseau, la Femme et l'Enfant* vaut à son auteur, Mme veuve Théry, une médaille d'argent ; lorsque nos lecteurs auront savouré les parfums délicats de cette poésie de l'âme, ils diront avec nous que jamais récompense n'a été mieux méritée.

Mme Louise Lecointre, si avantageusement connue dans le monde des lettres sous le pseudonyme de Luigi Spes, a pris part à notre concours avec deux poésies : *l'Absent* et *Alsace-et-Lorraine*. Si la première de ces pièces est un petit chef-d'œuvre d'amour divin, la seconde en est un de patriotisme ardent et convaincu ; dans l'une comme dans l'autre, les plus beaux sentiments sont éloquemment exprimés et le comité n'hésite pas à décerner une médaille d'argent à Mme Louise Lecointre.

Une lyre qui vibre toujours harmonieusement comme un suave écho des accents mélodieux du chantre de *Jocelyn*, c'est sans contredit celle de Mme Marie Largeteau. Ne chante-t-elle pas comme le titre de sa poésie : *le Rossignol* ? Ne se montre-t-elle pas pleine d'exquise sensibilité dans ses *Frissons de l'âme* ? Son beau poème : *Irène,* ne flétrit-il pas en termes éloquents le lâche séducteur qui cherche, pour la corrompre, la beauté aux prises avec la misère ? Ne relève-t-elle pas, à ses propres yeux, l'ange déchue ? Ne lui apprend-elle pas à chercher une expiation dans l'accomplissement de ses devoirs maternels ? Ne lui laisse-t-elle pas entrevoir comme suprême récompense de son dévouement la réhabilitation et le pardon ? Trois sonnets glorifiant, en termes non moins expressifs que vrais, Molière, Lamartine et Alfred de Musset, constituent les notes finales de cette musique rimée pour laquelle le comité d'examen cherche et trouve une médaille d'argent.

C'est parmi les fleurs les plus belles qu'il faut chercher celle qui sait si bien les chanter. Mlle Joséphine Régnier, jeune muse aux suaves accents, s'inspire des beautés de Flore et nous débite sur elles les plus jolies choses du monde ; quatre poésies : *Barcarolle, Son Nom, A une Feuille de Rose* et *Souhaits* sollicitent pour leur auteur, Mlle Joséphine Régnier, une médaille d'argent et plaident si éloquemment sa cause que le comité n'hésite pas à lui décerner cette récompense.

La Conquête du Gladiateur, tel est le titre de l'émouvant poème présenté au concours par Mme Eugénie Desessard-Lemoine et dont l'action palpitante d'intérêt se déroule, au nom du souvenir, dans l'enceinte du Colysée aux plus beaux jours de l'ère romaine ; il s'agit d'un héros de vingt ans dont l'amour vient cruellement éprouver le courage en l'obligeant à descendre dans l'arène pour y combattre la panthère qui doit le dévorer, mais il sort victorieux de la lutte et la main de Carmen, celle qu'il aime et dont il est aimé, est le prix de son triomphe.

Où trouverait-on de nos jours un héros capable de se frayer un passage à travers les griffes d'une panthère pour arriver à conquérir un cœur ? Hélas ! les victoires en amour sont devenues si faciles que Mme Desessard-Lemoine a dû remonter bien haut pour trouver l'exemple d'héroïsme qu'elle a si bien dépeint.

La *Conquête du Gladiateur*, traitée en cent vingt-cinq vers qui ont passé sous les yeux du comité rapides comme dix, obtient une médaille d'argent.

La gracieuse muse de l'Ariège, Mlle Maria Vergé, qui, on s'en souvient, obtint le premier prix dans notre dernier grand concours patois, et voulut bien se faire inscrire au nombre des membres de l'Athénée, a été amenée, un peu en dépit d'elle-même, sans s'y être préparée, à prendre part au tournoi de poésie française ; quatre pièces : *Tristesse d'hiver, l'Etoile, au Papillon* et *à l'Hirondelle*, improvisées pour la circonstance, ont été les gracieuses introductrices de Mlle Maria Vergé. Le comité d'examen, guidé par la clarté de celle qui a pris le nom d'étoile vers les qualités des trois autres, les a toutes couronnées d'une mention très honorable.

Si Mme Noémie Dondel, comtesse de Faouëdic, n'égale pas tout à fait en poétiques harmonies la plupart de ses concurrentes, il faut convenir qu'elle les dépasse de beaucoup par l'attrait des spirituels récits dont elle sait habilement assaisonner tous ses sujets ; pleine d'expressive gaieté dans *la Vieille Statue*, très entendue à dissimuler les mots de deux énigmes, surabondante de sifflants arguments pour donner encore plus d'autorité au *Pouvoir du Fouet,* elle se montre débordante de sentiment dans son *Elégie sur la Mort d'un petit Enfant;* aussi obtient-elle une mention très honorable.

Qui ne sut se borner ne sut jamais écrire,

a dit l'immortel auteur de *l'Art Poétique*. Cette vérité nous ne l'appliquerons pas à Mlle L. Ouradou qui, dans ses deux remarquables élégies : *Sous un Ciel gris* et *l'Enfant et l'Oiseau*, prouve surabondamment qu'elle pense aussi bien qu'elle écrit et qu'elle écrit aussi bien qu'elle pense ; cependant, nous ne pouvons laisser ignorer à Mlle L. Ouradou que la première de ses deux poésies lui eût valu une médaille d'argent si les magnifiques pensées qu'elle renferme eussent été, par exemple, exprimées en six ou sept strophes au lieu de treize ; toutefois, le comité d'examen rend un hommage mérité au talent de Mlle Ouradou en lui décernant une mention très honorable.

Neuf poésies : *Ballade*, à *Lamartine*, à *Victor Hugo*, à *Alfred de Musset*, les *Légendes*, le *Cimetière du village*, *Ode à Jeanne d'Arc*, *Fleurs d'hiver* et *Eloges des fleurs*, témoignent éloquemment de l'intarissable imagination de Mlle Elisabeth Ploux ; on sent que cette jeune muse a le vers aisé et que sa plume doit courir sur le papier, moins soumise à ses inspirations qu'à son ardent désir de beaucoup produire. Mlle Elisabeth Ploux a du naturel, sa manière est facile, trop facile peut-être, bien que toujours fort harmonieuse... Mais, s'écarte-t-elle assez des sentiers battus ? On a beau trouver ses pensées charmantes, on se dit involontairement : Où diable les avais-je déjà rencontrées ! (La Mention très honorable par laquelle le comité couronne une aussi louable persévérance sera bientôt suivie, nous l'espérons du moins, d'une distinction plus élevée.)

Mme Louise Contenet de Sapincourt, dont la réputation poétique n'est plus à faire, obtient sans le moindre effort, tant la poésie lui est naturelle, une mention très honorable avec une élégie pleine de larmes *(A la mémoire d'un petit voisin)* et un sonnet *Sur l'origine de l'orfèvrerie en France*, dédié à notre excellent ami M. Etienne Peyre.

Mme H. Lacoste, dont le talent poétique s'est toujours si brillamment affirmé, nous en donne une nouvelle preuve aujourd'hui dans deux ravissantes poésies : *Evocation à ma mère* et *la Foule des mortes*; c'est surtout cette dernière qui vaut à Mme H. Lacoste la mention très honorable que le comité d'examen est heureux de lui décerner.

Les poésies de Mme Emile Siédel nous

étant parvenues après la clôture du concours et la répartition des récompenses, nous n'avons pu les soumettre qu'officieusement à l'examen du comité. Constatons toutefois que la navrante *Elégie d'un jeune époux à sa femme morte en donnant le jour à son enfant* a conquis tous les suffrages, tant la peinture de cette douleur poignante est vive, naturelle et pleine de sanglots. Mme Emile Siédel a donc bien mérité la mention très honorable qui lui est accordée et dont la plus faible part revient à son autre poésie : *Sanglots et éclats de rire*.

Professeur de musique à vingt ans, Mlle Aimée Gabry ne pouvait séparer l'harmonie musicale de l'harmonie poétique, deux sœurs si étroitement unies qu'il devient impossible de courtiser la première sans conter un peu fleurette à la seconde ; Mlle Aimée Gabry a donc commencé par être poète, puis elle est devenue musicienne. Nous ignorons jusqu'à quel point elle excelle dans l'art dont elle a fait sa profession, mais nous pouvons affirmer, après lecture des deux ravissantes élégies *A Toi* et *Sonnet* qui lui valent une mention très honorable, qu'elle a reçu de la poésie les dons les plus enviables.

Mlle Marguerite Ginestier rend un éloquent hommage aux précieuses qualités de son sexe et pour cela il lui suffit d'un sonnet intitulé : *La Femme; l'Ange consolateur*, une poésie toute de sentiment, vient ensuite solliciter en termes délicieusement expressifs une mention très honorable en faveur de son auteur Mlle Marguerite Ginestier.

Une traduction de Roumanille : *Ma Voisine;* une *Elégie* et *Le Combat pour la Vie*, donnent au comité d'examen la mesure exacte du gracieux talent poétique de Mlle Sabine Mancel qui obtient une mention très honorable pour la dernière de ses trois poésies, dont les allures religieusement philosophiques plaisent par l'ampleur et la hardiesse des images.

PROSE

L'*Ombre cornue,* récit périgourdin, de Mme Sabine Mancel; *Les Maladies du siècle*, étude philosophique de Mme H. Lacoste, *Les Confidences d'une marguerite*, de Mme Noémie Dondel, comtesse de Faouëdic, et *De l'Imagination*, étude pédagogique de Mme Léonie Richard, ont été les seules, entre quatorze, déclarées admissibles par le comité d'examen, qui les couronne en décernant à chacune une mention très honorable.

Notre tâche est enfin terminée, M. Léon Valéry, a qui elle eût dû incomber, a mieux aimé priver nos lecteurs de sa prose savante en se privant lui-même des félicitations qu'elle lui eût values, que d'assumer sur lui la responsabilité d'un long rapport. Nous n'avons pas, de bien s'en faut, la prétention d'avoir satisfait tous nos concourants ; les deux premières parties de notre rapport ont déjà soulevé quelques protestations, et Dieu sait à quelles récriminations va se trouver en butte la troisième... pourquoi ceci ?... pourquoi cela ?... nous a-t-on crié et nous criera-t-on encore... Nous avons répondu et nous répondrons encore à ces interpellations de façon à ne laisser planer aucun doute sur l'impartialité du comité.

Quant à son infaillibilité, nous l'abandonnons tout entière à la discussion des mécontents et aux ongles roses des mécontentes.

Lorsque nos yeux s'arrêtent complaisamment sur les *quatre cent quatre-vingt-huit* manuscrits du concours que nous avons eu l'héroïque courage de lire, lorsque nous voyons les 45,000 vers qui les dévorent s'animer, se dresser, les uns caressants, les autres menaçants, devant notre sommeil et que nous sommes, de rêve en rêve, conduit jusqu'à la monstrueuse invraisemblance du nombre de vers absents dont nous entrevoyons l'éclosion passée, présente et future dans les mêmes cerveaux, nous sommes contraint de nous dire : — « décidément il y a eu, il y a et il y aura encore et toujours de bonnes heures pour la poésie !... ».

Chers confrères, qu'en pensez-vous ?...

Victor Levère,
Fondateur, Président de l'*Athénée
des Troubadours*.

PRÉFACE POÉTIQUE

Le Troubadour

Richard de Barbezieux

1191 à 1194

RICHARD DE BARBEZIEUX

(1491 à 1194)

Pièce qui a obtenu une **médaille d'or** au concours
de l'Athénée des Troubadours.

I

Jadis un troubadour adorait une dame :
Il avait nom Richard, seigneur de Barbezieux.
Celle qui dans son cœur avait mis cette flamme,
Hélas, était cruelle et rebelle à ses vœux.

Elle écoutait ses chants d'une oreille attentive,
Lui souriait parfois pour le récompenser ;
Mais, malgré sa prière incessante et plaintive,
Jamais cet amoureux n'obtenait un baiser.

Il suppliait la dame, ainsi qu'une madone ;
Afin de l'attendrir composait maint tenson,
Mais elle, sans lui faire amour de sa personne,
Toujours pour résister trouvait quelque raison.

Une femme à ce point peut-elle être insensible ?
Peut-elle repousser des soins aussi pressants ?
Le fait doit, de nos jours, paraître inadmissible,
Mais l'histoire remonte à près de sept cents ans !

D'un amour dédaigné le martyre est bien rude.
Mieux vaut cent fois mourir, mieux vaut perdre le
Pour ses amers soucis cherchant la solitude, [jour]
Au fond des bois s'enfuit le pauvre troubadour.

De rameaux et de mousse il fait une cabane,
De son mal, dans l'oubli, cherchant l'apaisement.

Mais aux constants chagrins le destin le condamne.
Il vécut là deux ans, dans son affreux tourment.

Aux arbres, aux rochers, il contait sa souffrance.
En discours notre ennui veut toujours s'exhaler.
C'est ainsi qu'on acquiert la douce indifférence :
Le troubadour pourtant ne put se consoler.

Il ne put oublier : tout ravivait sa peine.
Malgré lui de sa dame il subissait les lois :
La brise rappelait sa fraîche et pure haleine ;
Le babil des oiseaux ressemblait à sa voix.

De Richard, avant peu, la mort était certaine...
Lors ses amis, voulant d'un tel sort l'affranchir,
Se rendirent auprès de l'amante hautaine,
La priant humblement de se laisser fléchir.

« Il n'obtiendra ma foi, dit-elle, grave et fière,
Pour l'accueil qu'il voudrait mes bras ne s'ouvriront
Que lorsque, agenouillés, devant moi, sur la pierre,
Cent couples amoureux me le demanderont. »

Dames et chevaliers furent bientôt en nombre.
Le fidèle Richard, de son mal allégé,
Pour son brillant castel quitta la forêt sombre
Et connut la douceur d'un amour partagé.

Près de sa belle il fit des rimes par centaines...
Peut-on imaginer un destin plus heureux ?
Mais les félicités sont toujours incertaines ;
Le sort, parfois clément, est souvent rigoureux.

Le cruel épervier égorge la colombe...
Ainsi la Mort soudain surprit la dame un jour.
Il fallut mettre, hélas, son beau corps dans la tombe :
Avec lui s'enferma le cœur du troubadour.

La douleur, malgré nous, partout nous accompagne.
Fuyant le sol natal qui l'enchantait jadis,
Richard quitta la France et s'en fut en Espagne. —
Dieu l'appela bientôt dans son saint Paradis.

II

Je vous l'ai déjà dit, la chose est très ancienne :
Autrement on pourrait vraiment s'en étonner.
La mode change en tout ; chaque époque a la sienne.
L'amoureux à présent ne sait plus s'obstiner.

Il a subi des temps la mauvaise influence.
Gâté par la vapeur et l'électricité,
Au plus petit refus, à la moindre défense,
Il tourne les talons avec rapidité.

D'une étrange façon le monde se transforme.
La foi des anciens jours ne se retrouve point.
On ne meurt qu'en paroles ; on maigrit pour la forme :
Au bout d'un mois ou deux on reprend l'embonpoint.

On ne se donne plus, il semble qu'on se prête.
L'argent est aujourd'hui le seul bien recherché.
Dans sa poursuite rien ne trouble ni n'arrête.
L'hymen n'est qu'un contrat ; l'amour n'est qu'un
[marché.]

Richard, le troubadour, tout à l'heure a fait rire.
Pourtant ses gros soupirs et ses chagrins naïfs,
Son désespoir profond, son long et dur martyre,
Valent bien nos calculs et nos goûts positifs.

Au temps dont nous parlons on avait l'âme fière.
Nos pères, certe, étaient trop ardents quelquefois.
Leur main trop prestement allait à la rapière
Pour un mot un peu vif, pour un regard narquois.

Mais du moins ils avaient le mépris du mensonge,
L'orgueil du vieux blason et l'horreur du péché.
Ils ne connaissaient pas la haine qui nous ronge.
A ce qu'on vénérait on restait attaché.

Tantôt pour leur drapeau, tantôt pour leur amante,
Ils bravaient sans trembler la souffrance et la mort.
Ils supportaient gaîment la fortune inclémente,
Prêts à tout sacrifice et prêts à tout effort.

Eh bien, ce temps lointain, sous les rides de l'âge,
Garde encor sa noblesse et montre sa grandeur.
C'est pourquoi nous aimons à revoir son image
Dans l'histoire où soudain reparaît sa splendeur. —

Du mal qui nous étreint doit-on chercher la cause ?
Nous sommes trop savants, nous sommes trop adroits
Rien n'est pour le réel et tout est pour la pose...
On ne peut le nier, les amoureux sont froids.

La grâce de la femme est pourtant éternelle ;
Ses attraits ont gardé leur doux et clair rayon ;
La rose sur sa tige est toujours aussi belle.
Il nous faut donc blâmer l'inconstant papillon.

Quoi qu'il en soit, l'époque est sceptique et morose :
On ne sait plus aimer comme on faisait jadis ;
On dit encor le mot, mais on n'a plus la chose ;
La flamme baisse et meurt en nos cœurs attiédis.

Le lieu qui de Richard a vu l'acte héroïque
A conservé, dit-on, les vertus des aïeux...
Est-ce vrai ? L'amour pur, en ce temps prosaïque,
Peut-il même fleurir encore à Barbezieux ?...

EDMOND MAGUIER
Officier d'Académie.

LE TROUBADOUR

A MONSIEUR VICTOR LEVÈRE
Directeur de l'Athénée des Troubadours

Gardien vigilant et fidèle
Du charmant castel des neuf sœurs,
Vous, qui toujours en sentinelle,
Repoussez les envahisseurs :

Ouvrez la porte, je vous prie,
A l'infortuné Troubadour
Qui, sur le chemin de la vie,
Cherche un hospitalier séjour.

Il n'a pour tout bien que sa lyre,
Compagne de ses pas errants.
Et quand il chante, elle soupire
En accords tendres ou vibrants.

Ensemble ils ont vu bien des choses
Et se lever bien des soleils ;
Ils ont chanté l'amour, les roses,
Les froids hivers, les jours vermeils.

Ils ont chanté le gai murmure
Du ruisseau courant sous les fleurs,
Et les doux nids dans la ramure,
Et les cyprès versant des pleurs.

Ils ont vu l'ardente mêlée
Où luttaient Français et Germains ;
Et dans la bataille affolée
Ils jetaient leurs vaillants refrains.

Ils ont vu la France meurtrie
Pleurer sur ses enfants perdus ;
A tes sanglots, sainte Patrie,
Ils mêlaient leurs chants éperdus !

Mais le Temps, sur ses fortes ailes,
Emporte aussi les lourds passés ;
Dans les profondeurs éternelles,
Gloire et revers sont entassés.

La paix, source toujours féconde,
Répand sur nous ses biens divers ;
Paris, la merveille du monde,
Ouvre ses bras à l'univers.

Et bravant un regard acerbe,
Dans les airs flotte avec fierté
Sur notre Tour, hampe superbe,
Le Drapeau de la liberte !...

Vve THÉRY

TROUVÈRES

ET

TROUBADOURS

LE LION

Poésie qui a remporté le **1er grand prix** avec la
Tour Eiffel et *Fleurs des Champs*.

Dans les forêts d'Afrique, au coucher du soleil,
    Le lion sort de sa tannière ;
Il annonce aux grands bois son terrible réveil
    Par un secoûment de crinière.

Il aspire, d'un trait, de l'air plein ses poumons,
    Pour rugir de toute sa force ;
A sa voix, en tremblant, répond l'écho des monts
    Et l'arbre a peur sous son écorce.

Il flaire autour de lui : son œil rouge de sang
    Paraît chercher un autre fauve ;
De sa queue énervée, il se fouette le flanc,
    Le ciel frémit, le jour se sauve :

Il marche lentement, reconnaissant le sol,
    Comme un bandit qui s'aventure ;
Il écoute un oiseau qui, troublé, prend son vol
    Et porte plainte à la nature.

Seule, sa patte énorme et lourde, en se posant,
    Fait craquer quelque branche morte :
Rien ne l'arrête, il va, majestueux, pesant,
    Avec son ombre pour escorte.

La tête haute et fière, abîmé dans la nuit,
    Ce géant, d'allure superbe,
Embrasse d'un regard la ravine qu'il suit
    Et la sonde jusqu'au brin d'herbe.

Si le chasseur le guette, il le guette à son tour,
    Le crin dressé, la gueule ouverte ;
La faim le presse, et c'est le jeûne d'un long jour
    Qui le pousse à la découverte.

N'atteignant pas sous bois le festin convoité,
    En grondant, il court vers la plaine,
Où, tombant au milieu du troupeau dérouté,
    Il le déchire à perdre haleine.

Et pendant qu'il bondit, prodiguant les assauts,
    Pendant qu'il tue et qu'il éventre,
A l'abri du danger, lionne et lionceaux
    Se promènent autour de l'antre.

C'est pour eux qu'il combat, insouciant et fort,
    Comme un soldat dans la mêlée ;
C'est pour eux qu'il descend, au mépris de la mort,
    De la montagne à la vallée.

Car la bête féroce a, comme l'être humain,
    L'amour de sa progéniture ;
Pour chérir les petits, le cœur n'a qu'un chemin
    Quelle que soit la créature.

Enfin, le roi Lion, au lever du soleil,
    Le désordre dans la crinière,
Regagne, fatigué, les yeux gros de sommeil,
    Le bois qui cache sa tannière.

GEORGE BOURET
Membre du 1er groupe des dix troubadours.

LA TOUR EIFFEL

Haute, pointue et tout en fer,
La tour Eiffel monte dans l'air
    Avec audace ;
A travers ses flancs on voit clair,
Si Paris était port de mer,
D'un phare elle tiendrait la place.

Babel d'un siècle qui finit,
Elle se moque du granit
    De l'obélisque.
Tout patriote la bénit,
Et la paix y fera son nid
En dépit du Teuton qui bisque.

Aiguille immense du progrès
Dont la tête est géante, exprès,
    Elle démontre
Qu'à nous battre nous sommes prêts,
Si quelqu'un venait voir trop près
L'heure qu'il est à notre montre.

Entre Vincennes et Saint-Cloud,
Elle se dresse comme un clou
    D'énorme taille,
Et le profil de son long cou
Fait, dans le ciel, quand il est flou,
Une large et profonde entaille.

La Seine baigne avec fierté
Cet arbre de la liberté,
    Que, sur sa rive,
La main d'un savant a planté,

Pour prouver au monde entêté,
La force de sa tentative.

O toi ! la plus haute des tours,
Monte encore, monte toujours,
  Jusqu'aux nuages !
Donne le signal des grands jours,
Sois le guide de nos amours,
Brave la guerre et ses orages !

GEORGES BOURET
Membre du 1er groupe des dix troubadours.

FLEURS DES CHAMPS

Filles du hasard qui les sème,
Fraîches dans leur simplicité,
Sans parfum, presque sans beauté,
Il est aux champs trois fleurs que j'aime.

Elles naissent d'un coup de vent,
D'un caprice de l'atmosphère,
Et, pour cela, je les préfère
Aux fleurs dont la graine se vend.

Pendant que l'une, en roi, courtise
La blanche reine des vallons,
Très douce, avec les épis blonds,
L'autre, modeste, sympathise.

C'est un trio qui flatte l'œil
Par sa grâce toute rustique,
Et son langage emblématique
Parle de vie et de cercueil.

Le coquelicot, sur sa tige
Un peu grêle, n'est pas banal :
Il a des airs de Cardinal
Et sa tournure a du prestige.

Qui donc eut la pensée, un jour,
De chercher dans la collerette
De l'innocente pâquerette
Une sybille de l'amour ?

Interrogez-la, que dit-elle ?
« Passionnément... pas du tout...
Ne m'effeuillez pas jusqu'au bout ;
Pourquoi déchirer ma dentelle ? »

Le bluet, plus timide encor,
Sombre au milieu de la prairie,
Sait abriter sa rêverie
Contre le ciel de messidor.

Si j'ai jeté sur la corolle
De ce petit monde émaillé
Plus d'un regard émerveillé,
C'est en songeant à mon idole.

Bien mieux que l'écrin le plus beau,
Mes fleurs ont un charme suprême,
Elles ont les couleurs que j'aime,
Les couleurs de notre drapeau.

GEORGES BOURET
Membre du 1er groupe des dix troubadours.

FRISSON D'HIVER

ÉLÉGIE

Qui a remporté le prix **Evelina Muse de la Loire**
par décision du comité d'examen de l'Athénée des
Troubadours, dans sa séance du 10 mars 1889.

Sunt lacrymæ rerum.

La feuille tombe dans les bois
  Sous les tonnelles,
 Plus de joyeuses ritournelles ;
 Adieu la danse et le hautbois !
Au fond du ciel passent les hirondelles...
 La feuille tombe dans les bois.

 Le deuil s'étend sur la campagne ;
  Les goëlands
 Près des marais forment des clans ;
 Sur le front noir de la montagne
La neige vient de poser ses pieds blancs...
 Le deuil s'étend sur la campagne.

 Il semble qu'on ait froid au cœur ;
  On est morose.
 Le vent sous la porte mal close
 Passe en sifflant d'un air vainqueur.
On est pensif, et nul n'en sait la cause...
 Il semble qu'on ait froid au cœur.

Un air glacé descend dans l'âtre.
  On sent venir,
Au coin du feu, le souvenir
Des nuits d'amour, du bal folâtre ;
Frisson d'hiver ! l'automne va finir...
  Un air glacé descend dans l'âtre.

On songe à ces amis perdus
  Que les orages
Jettent sur de lointaines plages :
Hélas ! ils ne reviennent plus !
Frissons d'hiver, seriez-vous leurs messages?
  Où sont tous ces amis perdus ?

Pourquoi cette tristesse immense ?
  Sur les galets,
Les ifs pleurent échevelés ;
Le vent se tait, puis recommence,
Sur les tisons soufflant des feux follets...
  Pourquoi cette tristesse immense ?

Pourtant, ces jours ont leur douceur :
  Jours de paresse ?
Cherchant la main qui nous caresse,
Près d'une mère et d'une sœur
Nous épanchons des trésors de tendresse...
  Les jours d'automne ont leur douceur.

Voici le temps cher aux fileuses !
  Tournez, fuseaux,
Pour les blonds enfants des berceaux,
Pour que les morts, ombres heureuses,
Aient un suaire au fond de leurs tombeaux...
  Voici le temps cher aux fileuses !

Voici le temps des longs regrets,
Des rêveries,
Des soupirs, des roses flétries
Qu'on retrouve dans les coffrets ;
Voici le temps des bonnes causeries...
Voici le temps des longs regrets !

O ma Muse, ô belle frileuse !
Ma Cendrillon !
Ecoute chanter le grillon !
Voici la saison rigoureuse ;
Ferme ton aile, amoureux papillon...
Viens près de moi, belle frileuse !

La feuille tombe dans les bois,
Sous les tonnelles,
Plus de joyeuses ritournelles ;
Adieu la danse et le hautbois !
Au fond du ciel passent les hirondelles...
Hélas ! voici les premiers froids !

Edmond Sivieude,

Membre du 1er groupe des dix troubadours.

SALUT AU DRAPEAU

Pièce qui a remporté le 1ᵉʳ prix **(Médaille d'or)**

Devant toi, cher drapeau, le régiment défile,
Le fusil sur l'épaule et cadençant le pas,
Ils ont vraiment bon air ces superbes soldats ;
Le regard assuré, l'attitude virile,
Ce sont bien les héros de nos futurs combats.

Un allegro joyeux comme un chant de conquête
Accélère leur marche ainsi qu'un aiguillon ;
Un bataillon succède à l'autre bataillon,
Et comme le soleil est aussi de la fête,
Sur l'acier des fusils court toujours un rayon.

Alors que de tableaux grandioses évoque
Un cœur vraiment français qui sait se souvenir !
Combien autour de toi surent lutter, mourir !
Ils furent, ces grands cœurs, l'honneur de leur époque
Et serviront d'exemple à ceux de l'avenir.

Ils se précipitaient dans l'ardente mêlée,
Ne détachant jamais du drapeau leurs regards.
Or, l'ennemi visant surtout les étendards,
Ceux-ci n'étaient bientôt qu'une loque criblée
De balles qui sifflaient, pleuvaient de toutes parts.

Qu'importe ? Ce chiffon autour duquel on crie,
On s'agite, on se bat, furieux, corps à corps,

Ce chiffon, glorieux but de tous les efforts,
Symbolise pour tous l'Honneur et la Patrie,
Et pour le dégager il n'est pas trop de morts.

Celui-ci tombe ; un autre aussitôt le remplace ;
Jaloux de conserver l'âme du régiment,
Pour sauver l'étendard, il lutte vaillamment ;
Et le sang dont le sol garde longtemps la trace,
Des assauts soutenus prouve l'acharnement.

Et voilà qu'aujourd'hui, le Français patriote
Tout à coup se reporte à ces jours glorieux
Où furent à l'honneur, drapeau, tes plis soyeux :
Jemmapes, Austerlitz, Marengo, Montenotte,
D'où tes fils revenaient, grandis, victorieux.

Le régiment entier te présente les armes,
Les chefs lèvent l'épée et l'on sonne : Au drapeau !
Un fier refrain éveille au cœur un doux écho ;
Et plus d'un se surprend à verser quelques larmes
A ce majestueux et consolant tableau.

L'âme de la Patrie alors semble descendre,
Puis planer au-dessus des rangs bien alignés ;
Et l'on sent à les voir fiers et disciplinés
Que ces mâles soldats, un jour, pour te défendre,
Sauront mourir ainsi que sont morts leurs aînés.

ALBERT BUREAU
Membre du 1er groupe des dix troubadours.

JEANNE D'ARC

Poésie qui a remporté un 1ᵉʳ prix (**Médaille d'or**).

        Gloire à qui meurt pour la patrie
        En chassant ses envahisseurs.

Te chanter ? Jeanne d'Arc ! — En notre siècle athée,
Où trouver un Homère ? Où trouver un Tyrtée ?
Oh ! si les grandes voix au son large et vibrant
Se taisent, laisse au moins, quand toute foi s'écroule,
    Laisse d'humbles voix dans la foule
    Balbutier ton nom si grand !

I

Page de notre histoire émouvante entre toutes !
De durs combats partout se changeaient en déroutes,
Notre sol envahi s'enfonçait au tombeau,
Laissant l'Anglais vainqueur et la guerre civile
    Le déchirer ville par ville,
    L'arracher lambeau par lambeau.

Le roi Charles, vaincu, fuyait de chaume en chaume.
Déjà chef sans soldats, bientôt roi sans royaume ;
Sourd à l'espoir de voir la fortune changer,
Il détournait les yeux de la patrie en larmes,
    Et, vaincu par le sort des armes,
    Il fuyait devant l'étranger.

Plus d'armée : Un troupeau que la peste extermine !
Plus de vivres ! Trahi, livré par la famine,
Paris, de l'ennemi subissait le pouvoir.
Quelques villes à peine osaient ne pas se rendre ;
    Quelques soldats, sans rien entendre,
    Osaient seuls faire leur devoir.

Résister? — Vains efforts ! Espérer ? — Tâche ardue !
Une défaite encor..... La France était perdue.
C'est alors qu'une voix dit à Jeanne : Obéis !
Et que, Dieu la faisant soudain sa messagère,
    Elle accourut, l'humble bergère,
    Sauver l'honneur de son pays.

II

Jeanne d'Arc : O figure idéalement belle !
Est-il donc un seul cœur à ton charme rebelle ?
Vierge à qui fut remis un sublime mandat !
O guerrière sans tache et sans peur ! Femme étrange,
    Joignant à la pudeur de l'ange
    L'intrépidité du soldat !

Elle a seize ans. Sa vie est celle d'une sainte.
— «Pars!» — avait dit la voix céleste, — « Pars sans crainte !
« Toi seule peux sauver ta patrie et ton roi
« Et chasser l'ennemi de la France asservie ;
    « Pars ! Mais, c'est au prix de ta vie ! » —
    Et Jeanne d'Arc part sans effroi.

Il le faut. Dieu l'appelle et le danger l'attire.
Qu'importe donc la mort ? Qu'importe le martyre ?
Nul obstacle ne peut entraver son devoir.
Elle part. Dans ses yeux éclate la bravoure ;
    Aussi la foule qui l'entoure
    Reprend-elle bien vite espoir !

Dieu la guide. Elle arrive à Chinon par miracle.
Le roi l'entend : Le roi croit entendre un oracle.
Il l'écoute, étonné, ravi de ses discours,
Et comprend, rougissant de sa propre conduite,
    Que Dieu, pour arrêter sa fuite,
    Envoie un ange à son secours.

Voyez-la s'élancer la sublime guerrière !
Des ennemis surpris renversant la barrière,
Elle court : Les vaincus redeviennent vainqueurs,
Car elle fait passer comme une ardente flamme
      Dans toutes les âmes, son âme
      Et son grand cœur dans tous les cœurs.

Que de sanglants combats ! que de brillants faits d'armes !
Son étendard, toujours aux plus chaudes alarmes,
Flotte héroïque et fier, stimulant les efforts.
Avec un pareil chef, nul soldat n'est un lâche,
      Il lui faut, ô la noble tâche !
      Vaincre ou rester parmi les morts.

Et chaque jour l'Anglais essuie une défaite.
Le conquérant se voit arracher sa conquête,
Et recule en désordre et reperd Orléans.
L'ardeur de Jeanne enfin gagne son entourage ;
      Electrisés, pleins de courage,
      Les nains deviennent des géants.

La victoire partout d'un nimbe l'environne.
Charles sept — malgré lui, reconquiert sa couronne.
Les Anglais écrasés partent en désarroi.
De tous les cœurs s'échappe un cri de délivrance ;
      Les Français retrouvent la France ;
      La France retrouve son roi.

III

Jusqu'où donc peut aller l'ingratitude humaine ?
Pour tant de dévoûment, récolter tant de haine !
Ame si tendre, aimer tant d'âmes de rocher !
Après de tels exploits, après tant de courage,
      Recevoir comme prix, l'outrage !
      Pour pavois, monter au bûcher !

Brûlée ! — O mort infâme ! En te l'imposant telle
L'Anglais du moins rendit ta mémoire immortelle,
Noble fille ! L'oubli corrode en vain les cœurs !
Tu restes, en dépit du venin de Voltaire,
    Le remords des fils d'Angleterre,
    Tes bourreaux, mais non tes vainqueurs !

Les siècles ont passé ; mais ta gloire demeure.
A peine si le temps dans sa course l'effleure ;
Toujours pure et sereine, elle grandit toujours.
Et pourtant depuis lors, sur ce sol, que d'alarmes !
    Combien se sont rués en armes,
    D'autres reîtres, d'autres vautours !

Que d'orages sanglants déchaînés par caprice,
Dont ton pays conserve encor la cicatrice !
Que d'épreuves sans nom ! Que de pleurs ! Que de deuils !
Mais rien n'a pu ternir l'éclat de ta couronne,
    O toi qui restes la patronne
    Des vaillants bravant les écueils !

Jeanne d'Arc, sois toujours l'âme de notre France !
S'il lui faut voir encor demain fuir l'espérance,
Sous les chocs répétés d'ennemis triomphants,
Si son astre pâlit, si sa grandeur décline,
    Inspire-là, chaste héroïne,
    Change en héros tous ses enfants.

La revanche du droit sur la force brutale
Viendra. Nous l'attendons. Mais, ô fière vestale !
O Jeanne ! Que ton nom, toujours cher aux penseurs,
Ranime le courage en nos cœurs et nous crie :
    Gloire à qui meurt pour la patrie
    En chassant ses envahisseurs !

Louis Martel.

La Veillée des Morts

ELÉGIE

Qui a réuni le plus grand nombre de points après la
pièce couronnée et qui a obtenu un 1ᵉʳ prix.

      C'est la fête des Trépassés,
Que triste en est le soir !...De ses plus sombres voiles
Sur les champs d'alentour par les frimas glacés
      La nuit recouvre un ciel vide d'étoiles.
      Effaré par le vent qui bruit,
Un reste de lueur de l'horizon s'enfuit.

      La tempête gronde à ma porte ;
      De spectres toute une cohorte
      Hante le seuil de ma maison.
      Entendez-les dans les ténèbres
      Jeter sans fin leurs cris funèbres
A travers le châssis de la vieille cloison.
Du creux noir des vallons aux rives de la plaine,
Pêle-mêle accourus pour faire leur sabbat,
Une troupe d'esprits errants, d'âmes en peine,
A l'envi dans l'espace en tourbillon s'ébat.

Ecoutez leur concert étrange, fantastique,
Des tons les plus heurtés hybride rendez-vous,
Là partent cent clameurs d'un accent pathétique,
Cris de suppliciés que la douleur rend fous.
      Tantôt stridente et fugitive
En bref soupir s'exhale une note plaintive ;
Et tantôt un son sourd, concentré, grave, lent,
Succède au son narquois, saccadé, violent.

Mais, silence ! une voix solennelle domine
Tout ce vacarme, et rend impuissants ces efforts :
C'est du haut du beffroi le bourdon qui s'obstine
A tinter lentement le sombre glas des morts.
   Au loin l'airain qui vocifère
   Rompt cette fois le lourd sommeil
Des pauvres Trépassés, hôtes du cimetière,
   Pour qui ne luit plus le soleil.
   Ils tressaillent dans la poussière
   Où reposent leurs ossements :
Quel affreux cliquetis !...Quels longs gémissements
Quand la cloche, incessant appel à la prière,
Dit, redit les sanglots de ce lugubre lieu
Que du fond de la tombe elle reporte à Dieu !
Mais quel est ce murmure ? Il a pour moi des charmes.
Non, il ne saurait être un messager d'alarmes,
Ce souffle bienveillant. Salut au visiteur
Qui caresse ma vitre, en l'inondant de larmes.
   Mystérieux solliciteur,
Je lui dois la pitié que révéille en mon âme
Quelque parent ; que sais-je ? un ami qui réclame
   Une prière, un pieux souvenir.
Ah ! je veux l'apaiser, adoucir sa souffrance,
   Et, s'il se peut, la voir finir.
Le ciel m'exaucera, j'en ai la confiance,
   Il ne trompe point l'espérance
   Lui qui se plait à la bénir.
Je sens en l'invoquant renaître mon courage ;
   Déjà le temps ne fait plus rage,
Rien n'offusque l'oreille ou n'attriste les yeux ;
La paix est en mon cœur, le calme règne aux cieux.
     Eug. de TAMISIER, prêtre.

Membre du 3me groupe des troubadours,
protecteur et ami des lettres.

L'INCONSOLÉE

ELÉGIE

Peines, tourments, chagrins, larmes, regrets sans
    Cruels ennuis, désespoirs sombres, [nombres,
Tout passe. — L'oubli berce et calme nos douleurs.
Il n'est que vos longs deuils qui ne soient éphémères,
Tendres cœurs maternels ! Il n'est que vous, ô mères!
Dont le temps impuissant ne peut tarir les pleurs.

Les mères ! — J'en sais une, une âme inconsolée,
    Qui, sur un humble mausolée
Où repose un soldat, victime du devoir,
Vient, chaque soir, à l'heure où brillent les étoiles,
Morne, le cœur brisé, blême sous ses longs voiles,
Prier, pleurer depuis la guerre, — o désespoir !

C'était à l'heure sombre où fuyait la victoire.
    Le sort livrait le territoire
A l'envahissement des hordes d'Attila.
Pour chasser l'ennemi qui foulait la frontière,
Notre France appelait la nation entière,
A cet appel pressant, son fils dit : Me voilà !

Il avait dix-sept ans lorsque éclata l'orage ;
    Mais aux grands cœurs, qu'importe l'âge !
Le devoir ordonnait aux grands cœurs de partir,
Il partit.—Quels durs chocs! Oh! l'héroïque armée!—
A Vissembourg, tombeau des aigles de Crimée,
L'enfant devint soldat et le soldat, martyr.

Pauvre mère ! Sur elle, en vain la neige tombe ;
    En vain son pauvre corps succombe

Sous le poids des hivers, sous l'effort des sanglots ;
Rien ne peut apaiser sa douleur maternelle,
Depuis que l'ange noir le toucha de son aile
Ce fils, dont elle voit toujours les chers yeux clos.

Si vous passez le soir, près du champ solitaire
      Où les morts dorment sous la terre
Avant l'appel divin du grand Justicier,
Devant l'affliction de cette âme qui prie
Pour l'âme d'un héros tombé pour la patrie,
Faites silence, en grâce, oh ! laissez-la prier !

L. MARTEL.

Ecully (Rhône).

A PROPOS DE RIEN
BADINAGE

On a parlé de toute chose,
On a tout écrit, tout chanté,
Tantôt en vers, tantôt en prose,
Immense est la variété.
Je fouille au fond de ma cervelle
Pour trouver un sujet nouveau,
Mais, hélas ! aucune étincelle
Ne vient allumer mon flambeau.
Où chercher ? au ciel ou sur terre,
Chez les anges ou les démons ?
Au sein du bruit ou du mystère,
Dans la vallée ou sur les monts ?
N'a-t-on point tout dit sur la muse
Et quel poète de vingt ans
De la pauvre rime n'abuse

Envers l'automne ou le printemps ?
Les bois, les champs et la verdure,
L'oiseau, le papillon, la fleur,
Le vent, la chaleur, la froidure,
Et le plaisir et la douleur,
Plus de cent sujets sous ma plume
Semblent se grouper pour le mieux,
Mais je vois avec amertume
Que tous, hélas ! ils sont trop vieux !
Pensez-vous qu'il soit bien facile,
Pour parler comme Bartholo,
De se lancer dans une idylle
En cotoyant le bord de l'eau ?
Ou de conter une aventure
Dans laquelle, pendant un jour,
Deux cœurs à l'ardente nature
Brûlent des feux d'un même amour ?
Non ! Tout est possible sans doute,
Mais croyez-vous, en vérité,
Que je puisse dans cette route
Rencontrer quelque nouveauté ?
Il m'est bien permis, je suppose,
D'essayer un autre moyen,
On a parlé de toute chose,
Moi, je vais vous parler de rien.

Rien, direz-vous, c'est incroyable !
C'est ce qui me plaît justement,
C'est peut-être un mot misérable,
Sans charme, sans nul agrément ;
Rien, c'est-à-dire nulle chose,
C'est l'inconnu, c'est le néant,
C'est le mot sinistre et morose,
Apanage du fainéant ;

C'est à peine une bagatelle,
Une vétille sans valeur
Qui semble ne porter en elle
Que le chagrin et la douleur.
Rien, c'est presque une maladie,
Quand on n'a rien, quel triste sort !
Rien ne compte pas dans la vie,
C'est la fin de tout, c'est la mort !

C'est un mot souvent qu'on rejette,
Rien est le contraire de tout,
Il vous déplaît, je le regrette,
Moi, je le trouve de mon goût.
Il est gentil, court, il s'énonce
Avec grâce et facilité,
Mais à le vanter je renonce
Par devoir ou par charité.

Lorsque le poète s'escrime
Pour aligner ses pauvres vers,
Il s'acharne après une rime
Qui se présente de travers ;
Mais si l'horizon devient rose,
Pour le poète tout va bien,
Une rime c'est peu de chose,
Et c'est beaucoup quand on n'a rien !

Passant, tu refuses l'aumône
Au pauvre qui te tend la main ;
Quand l'abondance t'environne,
Tu ne comprends pas qu'on ait faim ;
Devant toi la douleur s'expose,
Il est doux de faire le bien,
Un petit sou c'est peu de chose,
Et c'est beaucoup quand on n'a rien !

Parfois, pour un simple malaise
Va-t-on consulter son docteur,
On lui fait la mine mauvaise
S'il rend un verdict peu flatteur ;
Mais n'a-t-on pas l'âme ravie
Quand il dit : « Je vous trouve bien ! »
C'est le seul cas où, dans la vie,
On soit heureux de n'avoir rien !

Tout ou rien, c'est une devise
Que l'on pratique fort souvent,
Et lorsque rien ne nous divise
C'est que tout nous porte agrément.
N'a-t-on rien, vive le partage !
A-t-on tout, l'on garde son bien !
Faut-il en dire davantage
Pour faire accorder tout et rien ?

Grâce à sa vive intelligence,
Ainsi qu'à son bras courageux,
L'homme s'arrache à l'indigence
Par un travail avantageux ;
Nuit et jour il cherche lui-même
De réussir le bon moyen,
Mais résoudra-t-il ce problème :
Faire quelque chose de rien ?

Dieu seul a su par sa puissance
Du néant tirer l'univers
Et peupler cette terre immense
De cent mille sujets divers ;
Le vaste ciel, la mer profonde,
Tout ce qu'il fit il le fit bien,
D'un mot il sut créer le monde,
Dieu seul peut tout faire de rien !

Sur rien que vous dirai-je encore ?
Rien n'est impossible ici-bas ;
L'espoir, personne ne l'ignore,
Soutient et n'abandonne pas.
En finissant, je dois le dire,
Si mon travail n'est pas fort bien,
Pardon de vous avoir fait lire
Cent vingt vers à propos de rien.

A. DE MEUNYNCK
Homme de lettres,
Membre de l'Athenée des Troubadours

LA FLEUR DU SOUVENIR

ELEGIE

Le souvenir ! divine étoile !
Du passé magique miroir !
Où le cœur contemple sans voile
L'être aimé, que l'absence voile
Quand notre ciel ne peut le voir !

Ne touchez pas à cette fleur
Que, depuis bien longtemps fanée,
Vous voyez, sur ma cheminée,
Occuper la place d'honneur.
Je comprends qu'à cette ruine,
Objet de mon constant amour,
Vous préfériez, à votre tour,
La fleur nouvelle, sa voisine.

Celle-ci, riche de couleurs,
Attire et charme votre vue ;
Quand l'autre, d'éclat dépourvue,
Ne compte plus parmi les fleurs.
Mais, c'est en vain que sa rivale
L'éclipse, à vos yeux fascinés...
J'aime mieux les restes fanés
De ma fleur si triste et si pâle !

Non que je blâme votre choix ;
A vingt ans, j'aurais fait de même ;
Vous êtes à l'âge où l'on aime !
J'aimai comme vous... autrefois !
Et ma fleur, aujourd'hui fanée,
Mais qui fut si belle en son jour...
Est un cher souvenir d'amour
De celle qui me l'a donnée !

L'une vous parle d'avenir ;
Car c'est la fleur de l'espérance...
L'autre, triste comme l'absence,
N'est que la fleur du souvenir...
Mais son mystérieux langage,
Que seul je comprends, est si doux !...
Laissez-la-moi... Gardez pour vous
La fleur emblème de votre âge.

A. DE PALEVILLE

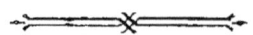

LA MORT DU CHAT

ÉLÉGIE

A Evelina, Muse de la Loire.

Au troisième, un matou jouait sur la fenêtre,
Faisant de petits bonds gracieux, sans paraître
Du danger qu'il courait se douter seulement.
Tout à coup, dans ses jeux, terrible dénoûment !
Il bondit au-delà de la limite extrême,
Et tombe, en tournoyant plusieurs fois sur lui-même,
Sur le trottoir aux pieds des promeneurs surpris
Qui laissent échapper d'involontaires cris.
Au même instant, là-haut, une tête effarée,
Par la fenêtre ouverte aussitôt s'est montrée.
Mais un méchant gamin qui passait a bondi
Vers le chat, de sa chute encor tout étourdi ;
Comme de tout, hélas ! cet âge-là se joue.
Violemment, du pied il lance sous la roue
D'un char qui, par malheur, lourdement cheminait
Tout juste à cet endroit l'infortuné minet ;
Et puis ayant commis cette action mauvaise,
Il s'enfuit, éclairant sa figure niaise
D'un rire épouvantable et qui serrait le cœur.
Les traits portant l'empreinte encor de la terreur,
Une vieille sortit de la maison en face,
Criant : « Mon pauvre chat ! Vite faites-moi place ! »
Au moment où le sol de sang s'éclaboussait,
Et sans dire un seul mot, brusquement se baissait
Emportant dans ses bras, comme eût fait une mère,
Le mort, elle alla choir sous la porte cochère,
Et puis tout doucement le mit sur ses genoux,

Lui tenant l'œil en pleurs les propos les plus doux,
Quelques passants, touchés d'une douleur pareille,
S'approchèrent bientôt de cette pauvre vieille,
Montrant à tout le monde un visage ridé.
Et qui, toute tremblante, et d'un ton saccadé,
Aux badauds amassés racontant sa misère,
S'écriait : — « Qu'est-ce que cela pouvait lui faire,
« Dites-moi, braves gens, à ce méchant gamin,
« De laisser là mon chat et d'aller son chemin ?
« Le garnement ! c'était bien simple je suppose ?
« Mais voyons ! vous étiez présents à cette chose !
« Répondez-moi comment cela s'est-il passé ?
« Il jouait tout à l'heure ! Et le voilà glacé !
« Ah ! mon Dieu ; j'y perdrai, j'en ai bien peur, la tête !
« Je comprends on me dit : ce n'était qu'une bête.
« Mais vous ne savez pas que cet enfant trouvé
« (Nous l'avions ramassé, le soir, sur le pavé)
« Etait pour moi, l'aïeule infirme et sans famille,
« Tout ce qui me restait de ma petite-fille
« Qui suivit au tombeau sa mère de bien près !
« Mais vous ne savez pas qu'elle faisait, exprès
« Pour lui, de petits plats exquis que la pauvrette,
« Heureuse, lui portait elle-même en cachette !
« Je me fâchais alors ; mais elle m'embrassait,
« Et puis, le lendemain, elle recommençait.
« Ma foi, que voulez-vous ? Je n'osais plus rien dire,
« Lorsque je la voyais gentiment me sourire.
« J'en avais pris d'ailleurs bravement mon parti.
« Nous vivions donc heureux tous trois. L'ange parti
« Le vide fut affreux, terrible pour l'aïeule.
« Pourtant je n'étais pas encor tout à fait seule :
« Il me restait ce brave et fidèle animal,
« Qui lui, du moins, semblait prendre en pitié mon mal.
« Lorsque je prononçais le cher nom de la morte,

« Il tournait son regard du côté de la porte,
« Comme s'il allait voir entrer la pauvre enfant.
« Ah ! contre le malheur heureux qui se défend !
« Pour souffrir jusqu'au bout, j'étais née il faut croire ;
« Voilà qu'autour de moi la nuit devient plus noire ;
« L'impitoyable sort m'accable de ses coups,
« Et plus rien ne me reste ! Oh ! comment voulez-vous
« Que je n'éprouve pas une peine cruelle !
« Avec qui, désormais, pourrai-je parler d'elle ? »

Albert Bureau
Membre du 1er groupe de l'Athénée.

Dans le Chemin de la Vie

A travers ses soupirs, poussant des cris dolents,
Le regard langoureux, la tristesse au visage,
Epuisé de fatigue, il s'avance à pas lents.
Il a fait du malheur le rude apprentissage !

Son front par les chagrins est resté labouré
Comme un champ où passa la pesante charrue ;
Et couvert à moitié d'un habit déchiré,
Pour mendier son pain il passe dans la rue

De combien de douleurs l'exil nous fait cadeau !
Et qui racontera les maux inénarrables
Qui chaque jour, au cœur, apportent leur fardeau ?
Seules, nos peines sont des conquêtes durables !

Tout le butin qui nous demeure acquis est là !
En vain l'âme, fuyant les coups de la tempête,

Cherche un peu de répit ! L'orage l'enrôla ;
Et l'ouragan toujours sonne de la trompette !

Dans notre dénûment, pas un petit morceau
De vrai bonheur ! La vie, autrefois si riante,
Si pleine de chansons au sortir du berceau,
Vers l'espérance encore à peine s'oriente !

Beaux jours qui n'êtes plus, bonheur parfait, exquis,
Dont l'homme put goûter quelques moments l'ivresse,
Vous fûtes sur l'amour par la haine conquis,
Et notre cœur resta le navire en détresse !

Nous avions fait tomber les célestes remparts
Qui contre Lucifer un jour nous protégèrent ;
Et la honte et la mort vinrent de toutes parts :
Et le monde et l'enfer contre nous se rangèrent !

Et la race d'Adam, par suite du combat,
Sous le terrible joug de l'épreuve asservie,
Exhale sa douleur, contre elle se débat,
Mariant aux tombeaux les plaintes de la vie !

Désert toujours hanté par l'indicible horreur
Que la mort y laissa, notre sombre vallée
Dans la nuit qui l'étreint nous jette sa terreur !
Partout le fiel remplace une joie envolée !

Quels cantiques de deuil entonnés forcément !
Quel effrayant trésor de pleurs pour héritage !
Quels heurts ! quels chocs ! quels bris ! quelles croix ! quel tourment !
Le ciel vaut bien ce prix ! vaut encor davantage.

L'abbé Jean Labaig-Langlade

Membre du 3ᵉ groupe des protecteurs et amis
des lettres.

21 Février 1889.

Opulence et Misère

On était en hiver, la saison triste, morne,
Où le pauvre, le soir, assis près d'une borne,
Engourdi par le froid, torturé par la faim,
Humblement aux passants, tend sa tremblante main !
Le vent du nord soufflait et déjà l'âpre bise
Avait durci le sol. — La journée était grise....
— Dans un pauvre logis... une femme pleurait.
Veuve depuis six mois, hélas ! tout lui manquait !...
Quand son Pierre était mort, elle allait être mère —
— L'enfant était venu... mais aussi la misère !
Le fruit de son travail bientôt ne suffit plus ;
Elle engagea d'abord les objets superflus,
Elle ne vendrait rien ! Elle allait pouvoir coudre :
Et malgré sa douleur il fallut s'y résoudre !...
Tout, hélas ! fut vendu : linge, habits, mobilier,
Tout ? même le portrait du défunt ouvrier....
Oh ! comme elle pleura quand la sainte relique
Fut, par elle, envoyée à la vente publique :
Mais sa fille avait froid, elle mourait de faim !
Le pain manquait déjà comme le lait au sein ?
Et, pour comble d'horreur, son vieux propriétaire,
Osait parler d'amour !... que devait-elle faire !...
Accepter d'être heureuse en signant un marché
Qui vendait son honneur au vieillard débauché,
Et conserver ainsi cette image si chère ?...
Elle n'hésita pas elle vendit son Pierre !

— Mais le délai fut court.... l'hiver trop rigoureux ?
L'argent disparut vite... et l'abject amoureux

Sut alors, tout-à-fait, se révéler sans âme,
Abusant du malheur pour un trafic infâme..,
— Laissez-moi, lui dit-il, vous faire un meilleur sort !
Chassez de votre esprit ce souvenir d'un mort
Qui, depuis quelque temps, vous rend si malheureuse !
Est-il donc défendu de se montrer joyeuse
Quand on est sans mari ?... Ne peut-on plus choisir
De vivre dans la gêne ou d'avoir à loisir
Tout ce qu'on peut rêver ? — Mais quand on est jolie
Se condamner ainsi serait de la folie !...
N'avez-vous pas assez souffert depuis six mois
Pour désirer goûter le bonheur d'autrefois ?...
Persister, croyez-moi, serait de la démence,
Quand vous pouvez, si bien, accepter l'opulence,
Que je viens vous offrir. — Songez à votre enfant !
Rien ne lui manquera !... Cela dit, triomphant,
Le vautour attendit... — Que va-t-elle répondre ?...
Pensait-il : s'indigner tout d'abord, me confondre !
Et, petit à petit, s'adoucir... se calmer...
Pour consentir enfin à se laisser aimer...
Ses yeux étincelaient à cette ignoble joie
Que bientôt, dans ses bras, allait tomber sa proie !
Il était convaincu d'un doux et tendre aveu,
Quand soudain frémissante, en courroux, l'œil en feu :
— Sortez ! Mais sortez donc ! monstre ! s'écria-t-elle,
Et d'un geste imposant..... d'une pâleur mortelle,
Elle indiqua la porte à l'obscène insulteur !
— Il sortit en mimant un baiser protecteur...
La pauvre femme, alors, sentit à cet outrage
La rougeur de la honte envahir son visage...
Et c'est près d'un berceau qu'elle vint, à genoux,
Tomber en sanglotant : « Mon Dieu, protégez-nous ! »
— Qu'ai-je donc fait, Seigneur, pour que votre colère
Retombe ainsi sur nous, si grande, si sévère ?

Je suis veuve, ô mon Dieu ! malheureuse et sans pain,
Oh ! ne permettez pas qu'on me chasse demain !
Oui, demain, jour du terme, un cœur de glace, un riche !
Me chassera d'ici comme un chien de sa niche...
Mes pleurs sont impuissants, rien ne peut l'attendrir ;
Il voudrait... infamie ! Oh ! non, mieux vaut mourir !
La honte ne vient pas de tomber dans la rue,
Mais d'être, en un palais, par elle secourue !...

— Des pas !... Reviendrait-il ? O mon Dieu ! Le voici !
— Quoi ! vous osez encor vous présenter ici ?
La fortune et le vice ont donc eu même sève
Pour donner à vos goûts un si monstrueux rêve ?...
Vous ne savez donc pas que les pauvres ont foi
Et tiennent à l'honneur ! qu'ils en savent l'emploi !
Ils étaient ignorants, jadis, quand leurs ancêtres
Subissaient les affronts des seigneurs, ces vieux reîtres !
Ils étaient fustigés s'ils n'obéissaient pas
A d'ignobles désirs. Il fallait les appas
Des filles des valets à d'aussi nobles maîtres,
Qui pendaient les Vilains comme on pendait les traitres !
Est-ce donc en vertu de ce honteux passé
Que vous daignez m'offrir votre amour ?... Insensé !
— Il écoutait, surpris, ce vigoureux langage,
Stupide, anéanti par ce mâle courage,
L'audacieux projet qu'il avait cru tenter,
Une mère indigente osait le rejeter...
Il ne pouvait entrer dans son âme avilie
Qu'une femme ayant faim, jeune encore et jolie,
Pût ainsi repousser les séduisants propos
Qui mettraient à l'abri sa vie et son repos...
Il ne pouvait y croire, il en était tout blême...
Il s'efforça d'en rire et... vomit un blasphème !

— Vous riez, reprit-elle, et ne croyez à rien,

Vous dont l'âme de boue a l'horreur de tout bien !
Une femme, à vos yeux, est une marchandise
Qui, pour plus ou moins d'or, peut toujours être acquise,
Un être corrompu simulant la candeur,
Qui feint la modestie et n'a plus de pudeur ;
Qui, sans souci du monde ou du nom qu'elle porte,
Se livre effrontément pourvu que ça rapporte !
Ah ! ne blasphémez pas, dans votre orgueil maudit
Le Dieu qui nous entend, nous juge et nous punit !
— Un affreux avenir, dites-vous, me menace !
Mais où puisez-vous donc une aussi rare audace ?...
Non, non, gardez votre or, le repos et la paix
Ne sauraient à ce prix me tenter ; non, jamais !...
Je suis mère avant tout, je me dois à ma fille,
Et veux garder intact l'honneur de sa famille...
— Je partirai, Monsieur, — je ne crains pas la nuit, —
Celui seul que la honte ou le remords poursuit
Redoute son silence et fuit sa solitude !.....
Je trouverai quelqu'un, j'en ai la certitude,
Qui n'exigera pas, en retour d'un bienfait,
Qu'une femme ait un jour à rougir d'un méfait :
Le peuple a des grandeurs qui ne sont pas les vôtres,
Gardez vos sentiments ! Nous garderons les nôtres !...

Elle prit son enfant et..... sublime dédain,
Partit en ajoutant : « Je vais gagner son pain ! »

Elle fuit, haletante, éperdue, épuisée,
Ne pouvant pas pleurer, tant son âme est brisée !...
Sous ses pieds, presque nus, un givre épais criait...
La rue était déserte et le froid redoublait...
Un froid terrible !...
       — Au jour... sur le seuil d'une porte,
La mère était glacée et... l'enfant était morte !...

F. BAILAN
Membre du 2e groupe des Troubadours
de l'Athénée,

A VICTOR HUGO

ODE

La gloire l'a ravi, la terre entière pleure
Ce poète inspiré dont la mâle grandeur
Comme un astre brillait au fond de ma demeure,
    Hôte inséparable du cœur !

Intrépide héros, dont la muse féconde
Eclaire le chemin de notre humanité,
Gigantesque génie, aussi grand que le monde,
    Justice, Amour et Liberté !

Tu n'es pas descendu dans la nuit froide et noire,
La gloire ne meurt pas, Hugo ne peut mourir ;
Et le temple où tu dors, temple de la victoire,
    Resplendit à ton souvenir !

Sur ton front lumineux, la mort sombre et cruelle
Au dernier de tes jours pose ses doigts tremblants ;
Mais le monde à venir, de ta lèvre immortelle
    Entendra toujours les accents !

Que ton nom soit gravé sur le bronze et le marbre,
La France dans son cœur hâtera ton réveil.
Le monde fécondé grandira comme l'arbre
    Aux purs rayons de ton soleil !

ADOLPHE-LOUIS LAGARDE

Membre du 2e groupe des Troubadours
de l'Athénée

VICTIME DU DIVORCE

A Paris, un docteur près d'un riche Suédois
Venait d'être appelé. D'une voix frêle, émue :
« Vous me voyez, docteur, sous le chagrin qui tue:
J'ai divorcé, quitté mon pays à la fois.

Honte et malheur, hélas ! m'écrasent de leur poids !
L'infidèle, qu'un jour j'ai surprise, battue,
De par ma trahison c'est moi qui l'ai perdue.
Cruel remords, comment me soustraire à tes lois ?

— Devant tel cri du cœur se dresse le remède,
Le seul, dit le docteur. Retournez vite en Suède !
A ses pieds prosterné, peut-être qu'un pardon...

—Pitié, docteur !—Eh quoi ! j'aggrave votre peine !»
— D'une voix qui s'éteint, alors le moribond :
« Elle est remariée et son âme est sereine. »

Th. ADELINE.

Sonnet a Notre-Dame du Rosaire

C'est toi que nous chantons, dans le doux sanctuaire,
Toi, tressaillant de joie, en proie à la douleur,
Ou régnant dans la gloire, ô Reine du Rosaire !
Tout retentit ici d'hymnes en ton honneur.

Salut, Mère de Dieu, toi qui fus la première
A goûter de Jésus le tendre cœur à cœur !
Jadis, tu le suivais, de la crèche au Calvaire ;
Tu le vois à présent dans toute sa splendeur.

Salut, rose mystique ! Admire la couronne
Que l'amour a tressé et que la foi te donne.
Reçois-la : son parfum s'exhale avec nos vœux ;

Chaque fleur est éclose à l'ombre d'un mystère ;
Pour trouver la pareille, il faut monter aux cieux ;
Plus d'épines là-haut, tout te bénit, ô Mère !

L'abbé Paul Blanc
Membre du 3e groupe des Troubadours
protecteurs et amis des lettres.

LES DEUX INCOMPRIS
APOSTROPHE A LA MÉTROMANIE

Lucas, ancien greffier, prenait pour locataire
Un certain Fortuné, se disant ex-notaire,
Homme dont le budget était fort limité.
Un soir sous une douce et tendre intimité
Un manuscrit nourri de trois cents grandes pages,
Confiait à Lucas — *La vie et les orages*
De Fortuné, nouveau réformateur du vers.
«Eh mais,» lui dit Lucas, «ce sont là mes revers !
«Votre déception, dont j'ai suivi la trame,
Est un doux lien que cimentera notre âme ;
Béni soit le hasard qui vous amène ici,
Vous êtes vrai poète et je crois l'être aussi.
Comme vous maintenant le monde m'importune,
Je vis avec ma muse, et je n'ai pour fortune
Que mon comptoir de grains géré par Marolet,
Mais cela me suffit. Je donne autant de lait
A ma vile enveloppe, à mon corps frêle et maigre,

Comme mon corps a bu de fiel et de vinaigre
Au temps où les corbeaux, dans de lugubres cris,
Déchiquetaient, hélas ! tous mes meilleurs écrits.
Malheur, malheur, à qui commet la faute énorme
De hâter le progrès ; parlez donc de réforme
Et d'éviter l'ornière, à ces esprits auxquels
La poésie en vain demande des autels.
Pourtant du grand Hugo j'avais suivi la trace ;
Mais est-il aujourd'hui des poètes de race ?
S'il ne faut que rimeurs bouffis de vanité,
Prenez donc la moitié de notre humanité ;
De ces inspirés-là trop grande est la famille,
Partout elle pullule et le monde en fourmille.
L'écolier d'aujourd'hui pose en littérateur,
L'artiste voit son titre usurpé par l'acteur ;
Rien qu'acteur ? Ah ! fi donc ! quand les poings sur les hanches
Du pied on fait jaillir la poussière des planches,
L'orgueil avilit tout, mérite, sens, raison,
A tout être qui pense il faut titre ou blason,
Et pourvu qu'en cadence un âne sache braire,
Il court avec son bât chez l'éditeur-libraire,
On ne voit que rêveurs de leur pensée épris
En champions aller disputer de vains prix
Sur ces Hélicons à crémaillère, à coulisse,
Où le plus éclopé, sans grands efforts se hisse
Avec son sac de plomb jusqu'au plus haut sommet,
Pourvu qu'il donne au sac la forme d'un sonnet.
Pour tous ces lauriers-là j'ai méprisé la lutte,
Comme j'ai dédaigné les sots pour parachute.
Aussi, Monsieur, jamais n'ai-je rien publié ;
Je n'ai qu'un seul désir, celui d'être oublié.
Mes œuvres n'étant pas chose qui se prodigue.
Je veux à mes élans opposer une digue.
Si prenant quelque jour dans le creux de ma main

La pelote de terre, avec ce genre humain
Vers lequel parfois plein de pitié je me courbe,
Je laissais descendre au milieu de cette tourbe
Mes accents inconnus: « O strophes ! chants sacrés !
N'éclateriez-vous que de degrés en degrés,
Vous verriez soulever cette poussière humaine ;
Tel l'atome se meut, s'effare et se démène,
Quand soudain à travers les barreaux d'un réduit
Un rayon de soleil le surprend dans sa nuit. — »
Les Icares diraient : « Quel est ce nouvel aigle?
Où prétend il monter, le ventre plein de seigle?
Cet illuminé-là ne peut-être qu'un fou,
Qu'on l'enferme ! ou plutôt qu'on lui torde le cou! »
Ce siècle étant pour moi celui de Galilée,
Devant mes pareils, seuls, je prendrai ma volée.
Mais revenons à vous : Qu'avez-vous donc produit?
«Beaucoup,» dit Fortuné, «mais me voilà réduit
A replier mon aile à la vaste envergure,
Sa grande ombre a paru d'un trop mauvais augure;
Je n'ai rien publié, ni je n'en ferai rien,
De mes œuvres je suis le fidèle gardien.
Je m'inspire souvent de ce grand Lamartine
Qui remplissait sa coupe à la source divine
Mon cœur répond toujours aux battements du sien,
Mais je sais mieux que lui faire parler le mien.
C'est dans le pur éther que mon âme s'enivre ;
Je lis le firmament dans ce sublime livre
Où chaque mot scintille et me fait tressaillir
Jusqu'à ce que je sens autour de moi jaillir
D'éblouissants rayons, je deviens astre, étoile,
Et tandis qu'à mes pieds s'étend le sombre voile,
Je plane, aigle puissant, sur l'Océan des airs.
Mais pour les astres seuls, je donne des concerts,
Je suis un sanctuaire, à l'abri du profane,

Sous l'œil glacé duquel tout flétrit et se fane
Comme la violette en un coin ignoré,
Je garde mon parfum et je vis retiré. »

Ah! Messieurs, c'est en vain que dans vos diatribes,
J'attends de la raison tout au moins quelques bribes»
Cria Marolet qui, soudain sortant d'un coin,
Apparut souriant comme un heureux témoin.
« Quand vous planiez là-haut sous le ciel de l'Aulide,
Vous vous serez heurtés contre quelque bolide
Qui sans nul doute aura brûlé votre cerveau,
Car vous avez des fous l'auréole et le sceau.
Rien ne manque, démence, orgueil, folle manie,
Tous vos défauts sont peints par vous sans calomnie.
Pourtant vous oubliez encore quelque trait
De ces rimeurs qui sont votre vivant portrait.
J'ai fouillé vos écrits. Eh bien, je m'en régale ;
La pie a quelque fois amusé la cigale,
Et j'en suis une. Ah mais! je fais aussi des vers,
Oui des vers, il est vrai qu'ils sont parfois trop verts.
Mais du moins quand chez moi cet appétit s'allume,
Je mange de mon miel, j'écris avec ma plume,
Faudrait-il vous rimer? Sans chercher d'autres mots
Je commencerais par vous dire :

« Allez grands sots,
Pédants, qui pétrissez dans un affreux mélange
Vos larcins azurés, roulez-les dans la fange.
Aux abois sur les mots, pour vous rien n'est sacré,
Vous vilipendez tout, larrons. Bon gré malgré,
L'aile du papillon dans vos mains se déflore,
Vous parlez de profane et profanez la flore,
Car lorsque vous allez picorer sur les fleurs,
Vous souillez tout, langage, et parfums, et couleurs
Vous vous dites, — Hugo veut que tout fraternise,

Cette loi qu'il créa son nom seul l'éternise—
Et vous voilà, brûlant pour l'Olympe, en tous lieux,
Un encens âcre, impur, qui fait tousser les dieux.
Vos hymnes ne sont qu'une étrange mosaïque
De mots parlant entr'eux une langue hébraïque,
Les uns, féroces, qui viennent on ne sait d'où,
Hurlent sous le carcan qui leur étreint le cou,
Tandis qu'effarouché, le mot timide et tendre
S'efface, et tout tremblant, n'ose se faire entendre
Vous insultez au jour, hiboux, chauve-souris,
Car il vous fait rentrer éperdus, ahuris,
Dans vos trous ténébreux. Vous dites «Je l'abhorre!
C'est votre droit, craignez la poétique aurore.
Mais vous dire hués, ô stupides grillons,
Quand votre voix se perd dans le creux des sillons !
Et que dans vos transports (des bonds de sauterelle)
Votre dos seul palpite et sert de chanterelle !
Morbleu! si comme vous j'étais aigre rimeur
Ce mot-là me mettrait en exécrable humeur,
Et vos divins rayons ! ô noirs culs de bouteilles,
Qui n'avez qu'un reflet du quinquet de vos veilles !
Ne dédaignez donc plus les muses en sabots,
Il en est dont les chants sont si purs et si beaux.
En simples rossignols, semez en l'air des perles,
Ou mieux, sifflons ensemble et nous serons trois merles
                                        E. PEŸRE

SUR UN TABLEAU

Représentant une Chasse du Grand Condé

C'est par un beau matin d'une fin de Septembre.
L'horizon vaguement s'éclaire. Pâle encor,
Le soleil perce l'ombre et met un cadre d'or
Au castel où le prince en chasse vient se rendre.

Quatre heures sonnent : Honte au dormeur attardé !
Le cor, pour le réveil, rompt soudain le silence.
En selle vivement, chaque chasseur s'élance,
Fringant, fier de former escorte au grand Condé.

Les pourpoints éclatants et les feutres à plume
Des invités, qui tous sont des seigneurs de choix,
Trouant de leurs tons clairs le fond sombre des bois,
Scintillent aux lueurs douces que l'aube allume.

Un groupe étincelant d'amazones les suit :
C'est merveille de voir galoper dans la brume
Ces fines fleurs de cour dont les «cols», blancs d'écume,
Font sonner haut le mors, ivres d'air et de bruit.

Les chiens sont accouplés. La trompe vibre : En chasse
On part. Le rendez-vous est près de Montluel.
C'est dans le bois, là-bas, qu'aura lieu le duel
Des chasseurs et du cerf dont ils cherchent la trace.

Le vieux piqueur aidé de son plus fin limier
Prend les devants. A lui de débucher la bête !
Il court, entre sous bois, cherche, se met en quête,
Sonde chaque ravin, fouille chaque sentier.

Rien. Il explore en vain le taillis sombre, immense.
Il contourne en tous sens les coins, les recoins. Rien.

Il va, revient, se perd, quand tout à coup le chien.
Flaire.... Victoire ! Alors la poursuite commence.

L'appel du « vol-ce-l'est » éclate, impératif,
Réveillant mille échos dans la forêt profonde ;
Vite, on met sur le pied ; sans perdre une seconde,
Les chiens désaccouplés lancent le fugitif.

Taïaut ! Taïaut ! — La meute, à travers l'étendue,
Dans un steeple infernal fait contours sur contours,
Traverse comme un trait fourrés et carrefours,
Et, sans forces, sans voix, s'arrête enfin, rendue.

On la relaie.—Hourra! — Cinquante chiens nouveaux,
Se lancent pleins d'ardeur et reprennent la piste.
Mais le cerf vigoureux à leur chasse résiste
Et, pour les essouffler, fuit par monts et par vaux.

Endiablé, fantastique, il ne court pas, il vole !
Il comprend qu'un repos d'un instant, c'est la mort.
Soudain, la soif l'étreint, l'aiguillonne et le mord ;
Il voit un lac, s'y plonge et repart. Course folle !

Mais cet arrêt suffit pour le perdre. La peur
Le gagne ; il voit bientôt sur lui, comme une trombe
Fondre la meute horrible... Alors son œil se plombe;
Il s'arrête, effaré, d'angoisse et de stupeur.

Il tombe. C'en est fait. Il sent sa fin prochaine ;
Il gémit ; mais en vain. Le farouche piqueur,
Dur, insensible, arrive et lui perce le cœur,
Puis sonne, glorieux, l'hallali sous un chêne.

Le cerf mourant, on fait les « honneurs du couteau »
Au plus noble invité du prince, — un privilège ! —
Et, mis en appétit, l'éblouissant cortège
Se reforme et reprend la route du château.

L. MARTEL

LA PURETÉ

Poésie qui a obtenu une médaille d'argent.

A Mlle Marie L.

Il existe une fleur que tout le monde envie,
Elle grandit à l'ombre au bord des ruisseaux bleus,
Elle est, n'en doute pas, bien rare dans la vie,
    Ses parfums lui viennent des cieux.

Elle sait les garder pour celui qui la touche,
Et qui la fait frémir en un premier baiser,
Qui la mouille de pleurs, la presse sur sa bouche,
    Sans la faner ni la briser.

Mais s'il arrive, hélas ! qu'une main trop impure,
Qu'une lèvre trompeuse altère sa couleur,
Cette fleur se flétrit et subit la souillure,
    Sans pousser un cri de douleur.

Quand sa dernière feuille a blanchi la fougère,
Le vent passe dessus pour la dernière fois,
Et prenant ces parfums sur son aile légère,
    Va les répandre au fond des bois.

J'ai cru voir cette fleur, Enfant, sous ton sourire,
Je la crois dans ton cœur et ma lyre a chanté,
Devines-tu son nom ?... ce nom je puis le dire,
    On la nomme la pureté.

Conserve-la toujours, prends garde, jeune femme,
Car nul, si ce n'est Dieu, ne connaît l'avenir,
C'est une de ces fleurs qui laisse dans une âme
    Amour, amitié, souvenir.

                        Joseph DELPLA.
Membre du 1er groupe des Dix Troubadours suppléants.

A LA CITÉ DE FOIX

Juin 86

« O bardes ! qui dormez sur vos muses fécondes,
« Accordez votre lyre à l'appel de ma voix,
« Dissipez de mon cœur les ténèbres profondes,
« En donnant à mon luth vos accents d'autrefois.

« Vos chants retentissaient jusques au bout du monde,
« Alors que vos pipeaux résonnaient dans les bois ;
« A leurs justes accords que ma muse réponde :
« Chantons dans ces vieux murs les hymnes des Gaulois. »

A ce sublime appel, les bardes d'Aquitaine,
Par Pégase emportés des sources d'Hippocrène,
Sont venus dans les flancs de la vieille cité.

Cité, réjouis-toi, car leurs voix poétiques,
Sur les pieds de granit de tes roches antiques,
Ont consacré tes murs à l'immortalité !

F. ESCAICH
Sergent de recrutement à Foix,
Membre du 2me groupe
de l'Athénée des Troubadours.

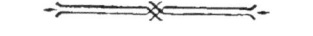

LES FEUILLES QUI PASSENT

Je suivais de l'œil sur la plage
Les flots que la brise agitait ;
Naïf comme on l'est à cet âge,
Un pauvre enfant me regardait.
Tout à coup me montrant l'espace,
En s'éloignant, il me sourit :

Quelle est cette feuille qui passe,
Qui passe, passe et s'engloutit ?

— C'est celle que le froid arrache
A ces arbres, prêts d'être morts,
Celle qu'un moindre vent détache
Sans résistance et sans efforts ;
Ainsi sur notre pauvre race
Le froid des ans s'appesantit.
— Nous sommes la feuille qui passe,
Qui passe, passe et s'engloutit.

— Celle-là couvrait une rose,
La rose d'un éclat si beau !
Sur le flot où le vent la pose
Elle trouvera son tombeau.
De même, brillante de grâce,
La beauté meurt, s'anéantit. —
— Encore une feuille qui passe,
Qui passe, passe et s'engloutit.

— Elle appartenait au grand chêne
Dont la tête domine au loin ;
Il perd avec son ombre vaine,
Les jeux dont il était témoin ;
Ainsi le grand dans la disgrâce,
Recule petit à petit...
— Encore une feuille qui passe,
Qui passe, passe et s'engloutit.

— C'est, mon fils, l'aigrette qui brille
Au bout d'un rameau toujours vert ;
D'autres de la même famille
Braveront l'autan et l'hiver.
C'est le paysan, dont la race
Toujours nous nourrit, nous vêtit...

— Encore une feuille qui passe,
Qui passe, passe et s'engloutit.

Les feuilles ne sont qu'un mélange
De débris sens dessus dessous,
Liées par l'ordure et la fange,
Tels que plus tard nous serons tous
Heureux qui laisse sur sa trace
Un nom dont le bien retentit ;
La vertu vit, le reste passe
Et dans le néant s'engloutit.

Léon Bertrand
Membre du 1er groupe des Dix Troubadours.

L'ENFANT

Avez-vous regardé s'endormir un enfant
Quand sur ses yeux fermés son bon ange repose ?
Avez-vous embrassé sa lèvre fraîche et rose,
Son front candide et pur qu'aucun souffle méchant
Jamais n'a sillonné de ses rides amères ?

Il ne connait, l'enfant, ni chagrins, ni misères ;
Sa vie est au plaisir, sa pensée à l'amour ;
Il repose la nuit et s'agite le jour ;
Autour de lui, du monde, il n'a que le sourire
Et n'entend point la voix du malheur qui soupire.

Ah ! quand vous sentirez votre cœur s'endurcir,
Lorsque vous n'aurez plus espoir en l'avenir,
Veillez, le soir, auprès de l'enfant qui sommeille,
Embrassez, le matin, un enfant qui s'éveille.

L. Mesure.
Membre du 2me groupe de l'Athénée des Troubadours.

PENSÉE

Courbé sur le sillon, que sa sueur arrose,
Lorsque le laboureur, dans les beaux jours d'été,
Sans penser un instant à la douleur qu'il cause,
Fauche d'un bras nerveux le frêle épi de blé,
Du brin d'herbe qu'il tue écoute-t-il la plainte ?
La vie est sous ses pieds, et de sa rude étreinte,
Sans qu'il sente trembler un muscle de sa main,
Il arrache la vie et poursuit son chemin.
Autour du travailleur, les oiseaux sur la branche
Exhalent vers le ciel un hymne radieux,
Et la nature entière, en chants mélodieux,
Bénit son Dieu. Mais lui, vers la terre se penche,
Insensible au soleil, à la soif, à la faim :
Il fauche, dominé par son amour du gain.
Là-bàs, dans le vallon, le ruisseau qui murmure

Adoucirait son cœur, s'il écoutait sa voix ;
Et toutes les beautés qui parent la nature
Semblent le conjurer d'obéir à leurs lois.
Il fauche, et sous sa faux le grain de blé qui tombe
Emporte en périssant un épi dans la tombe
C'est ainsi qu'au trépas tout étant destiné,
On doit compter pour peu le bonheur d'être né.
S'il écoutait, pourtant, il entendrait la plante
Soupirer au ciel bleu sa prière touchante,
Echanger un baiser dans ce dernier soupir ;
S'il entendait sa voix, la ferait-il mourir ?

Louis MESURE
Membre du 2me groupe de l'Athénée des Troubadours.

LA ROSEILLE

(PETITE RIVIÈRE DE L'ARRONDISSEMENT D'AUBUSSON)

La Roseille, est-ce un fleuve au cours majestueux
Portant de fiers vaisseaux sur ses flots orgueilleux?
Non, mais un frais ruisseau transparent et limpide.
La neige des hivers le gonfle en un torrent
Qui brise les rochers dans sa course rapide.
En été, deux pieds d'eau pour baigner un enfant;
Un homme peut passer de l'une à l'autre rive
Sans mouiller ses genoux au cristal de l'eau vive.
J'aime son humble lit creusé dans les rochers.
Son onde qui bondit en mille ricochets.
Ah! sans m'ennuyer, seul, je passerais ma vie,
Nonchalamment bercé par la douce harmonie
De son eau murmurante et, pauvre voyageur,
Sur ses rives, toujours, je sens battre mon cœur.
Un peintre peut chercher, surprenant la nature,
A fixer de tes bords le charme en sa peinture.
Je ne veux pas tenter une description.
Des œuvres du Seigneur la reproduction
Est un pâle reflet. J'admire son ouvrage;
Je tends mon front rêveur à la brise du soir;
Epouvanté, je tremble aux éclats de l'orage,
Et pour moi l'arc-en-ciel est un signe d'espoir.
Oh! oui, j'irai souvent sur tes bords solitaires,
Rêver de liberté, de bonheur et d'amour;
J'irai, dès le matin, aux premiers feux du jour
Demander à tes flots l'oubli de nos misères.

L. MESURE

Membre du 2me groupe de l'Athénée des Troubadours.

A LA GASCOGNE

Dédicace d'un manuscrit de vers.

A la Gascogne, au doux pays
Des minois chiffonnés, brunis
Par le soleil, aux chauds amis,
    Aux treilles,
A la Gascogne au ciel riant,
Où les fleurs naissent, mariant
Leurs couleurs comme en Orient
    Vermeilles !

A la Gascogne, à ses cours d'eaux
Qui vont à l'ombre des roseaux
Chercher, en déroulant leurs flots,
    Fortune,
Au feuillage adorable et vert
Des forêts, où, malgré l'hiver
Les rossignols chantent au clair
    De lune !

A la Gascogne, au gai printemps,
Aux vaillants chênes de cent ans,
Aux belles filles, aux charmants
    Visages,
A mon beau pays diapré
Moi, son enfant, tout enivré,
De ses parfums, j'ai consacré
    Ces pages !

Et j'ai dit, moi l'enfant rêveur,
O Gascogne, veux-tu mon cœur,
Il est à toi, pays vainqueur,
    Je t'aime !

Et dans notre siècle énervé
Où les dieux mordent le pavé,
Pour toi seule j'aurai rêvé,
Quand même !...

Louis MARTINET.

LES TROIS ANGES

Quand l'astre radieux qui dora notre aurore
Décline et voile ses rayons ;
Malgré nos cheveux blancs quand le cœur jeune encore
Pleure son dernier rêve et ses illusions ;
Quand il va succomber à cette défaillance,
Deux anges tour à tour s'empressent d'accourir :
L'un est l'ange du souvenir ;
L'autre, l'ange de l'Espérance !

Gardien mystérieux de nos rêves secrets,
L'ange du souvenir, comme un ami qui veille,
S'approche en murmurant des mots, à notre oreille,
Qui, sans les effacer, endorment nos regrets.
Des temps qui ne sont plus il soulève le voile,
Et soudain, comme au jour pâle et mystérieux,
Que jette avant l'aurore une mourante étoile,
Le passé revit à nos yeux !

Fleurs de notre printemps, depuis longtemps fanées !
Illusions du cœur ! Rêves d'azur et d'or !
Amours chastes et purs de nos jeunes années !
Jours du lointain bonheur !... je vous retrouve encor !
Et, lorsque pour nos yeux, déjà voilés par l'âge,
Le livre de la vie est prêt à se fermer,

Vous le rouvrez encor à sa plus belle page,
      Pour nous ravir et nous charmer !
Mais, hélas ! quel que soit ton charme et ton prestige,
O souvenir ! tu n'es qu'un mirage trompeur !
Telle, de jour privée, une fleur sur sa tige,
      Nous plaît encor par sa pâleur ;
Mais, pour elle longtemps si le soleil se voile
Et, si les froids rayons de quelque pâle étoile
      Visitent seuls la pauvre fleur,
Elle végète encor... mais la sève appauvrie
Cessant de ciculer dans sa tige flétrie,
      La fleur languit, se fane... et meurt !

Ainsi, sous les rayons de ta pâle auréole,
Ange du souvenir, nous languirons en vain,
Si cet autre soleil, qui réchauffe et console,
L'espérance, éclairant un avenir sans fin,
Ne nous montrait au loin, dans l'éternelle aurore,
Rajeuni par l'éclat des célestes splendeurs,
Ce passé tant rêvé, que tout à l'heure encore
      J'ai vu si pâle à tes lueurs !

      Il est encor, notre vivante image,
Un autre ange charmant, mais cruel et volage ;
      Mieux que nous, vous le connaissez ;
      Car, sur ses traces, sans murmures,
      Vous allez, pansant les blessures,
Des cœurs endoloris, que ses traits ont blessés.

Un jour..... qui n'a pas eu son heure de mirage ?
Son apparition, aux jours de son jeune âge ?
      Et son rêve mystérieux ?
Un jour..... c'était à l'heure où la première étoile
Se lève à l'orient quand le soleil se voile,
Cet ange m'apparut..... plus beau, plus radieux,

Plus séduisant que vous..... je crois le voir encore !
Il enivra mon cœur, il éblouit mes yeux !
Puis il passa, rapide ainsi qu'un météore
Dorant de sa splendeur et la terre et les cieux ;
Mais, le jour de bonheur, qu'il avait fait éclore,
   Fut suivi du jour des adieux !
   Meurtri par cette rude atteinte,
Qui n'a pas à pleurer quelque affection sainte ?
Quelques liens chéris, qui furent tour à tour
Cruellement brisés ?..... mais, pour revivre un jour !
   Car, le cœur a besoin de croire
    A l'éternité de l'amour !
   Quand on aime... on ne veut pas boire
Au fleuve qui ferait oublier sans retour !

O beaux anges ! restez chacun dans votre rôle ;
Mais, souvent inconstant, si l'un de vous s'envole,
   Hélas ! pour ne plus revenir ;
Vous, fidèles, veillez près de nous à toute heure ;
Et désormais l'amour ne sera plus un leurre ;
Car, vous êtes l'amour aussi..... Se souvenir.....
N'est-ce donc pas aimer dans le passé qu'on pleure ?
Espérer..... n'est-ce pas aimer dans l'avenir ?...
Oui, veillez..... et qu'au terme où finit l'existence,
Après un long exil, je puisse m'endormir,
   Aux chants heureux de l'espérance,
   Aux murmures du souvenir !

        A. DE PALEVILLE.

NIVOSE

A obtenu une médaille d'argent.

Tout est triste et confus... la campagne est déserte ;
Sur les toits enfumés se groupent les moineaux...
La terre est engourdie et l'herbe seule est verte ;
Tout est gris, morne et froid comme au fond des
[tombeaux !

C'est la dure saison pour tout ce qui gravite
Plus ou moins affamé vers le doux germinal...
Ce mois où tout renaît, où le soleil invite
    A fêter floréal !
C'est surtout l'heure atroce où le pauvre agonise
Couché sur un grabat sans secours et sans feu,
Couvert de ses haillons, raidi par l'âpre bise,
Seul et sans un espoir, comme un maudit de Dieu !

Oh ! vous qui possédez des fortunes princières,
Pensez aux indigents ! l'hiver ils sont nombreux !
Ils seront pour le Ciel de puissants mandataires....
    Donnez aux malheureux !

                      F. BAILAN.
    Membre du 2ᵐᵉ groupe des Troubadours.

LA FLEUR ET NOUS

C'est bien peu qu'une ou plusieurs roses,
Se dit l'homme, dans son orgueil,
Sans trop songer qu'en toutes choses
La vie est bien près du cercueil.

Avons-nous plus de privilège
Que la fleur qui brille un moment ?

Que le léger flocon de neige
Qui se fond sous le firmament ?

La fleur a sur nous l'avantage
D'offrir ses parfums et son miel,
Tandis que notre cœur volage
Est plein de mensonge et de fiel.

Nous sommes donc moins que ces plantes,
Qui, végétant sous le ciel bleu,
S'élèvent, pauvres innocentes,
Comme une prière vers Dieu.

De la vallée à la montagne,
Le moindre insecte a sa valeur ;
Lorsque la vanité nous gagne,
Disons-nous en voyant la fleur.

Le rayon qui la vit éclore,
Le même jour la vit finir ;
C'est ainsi que le temps dévore
Notre passé, notre avenir !

Louis MESTRE.

Poète et Printemps

ELEGIE

Le soleil s'est couché sur le vaste Océan ;
La sombre nuit s'étend sur la terre endormie :
Par les vapeurs du soir la lune encor pâlie,
Dans un ciel azuré se lève à l'Orient.

Puis la nuit se grandit ; les étoiles tremblantes,
Comme autant de flambeaux qu'allume l'Eternel,
A mes yeux éblouis scintillent dans le ciel,
Dans l'ombre élargissant leurs clartés vacillantes.

Projetant sur le sol ses arbres imprimés,
La forêt devant moi, calme et silencieuse,
Etend du nord à l'est sa masse noire, ombreuse,
Cachant ses longs ravins que l'hiver a formés.

Un limpide ruisseau serpente à la lisière ;
Il coule en murmurant sur un lit de gazon,
Et de l'astre des nuits qui brille à l'horizon,
Dans son flot argenté reflète la lumière.

Son murmure se mêle au bruit léger du vent,
Au souffle de la brise ailée et caressante
Qui mollement agite en la forêt dormante
Des larges peupliers le feuillage tremblant.

Et laissant bourdonner, sur sa rive fleurie,
Les noirâtres grillons sous les herbes cachés,
Et dormir les oiseaux dans les buissons perchés,
Il va se perdre au loin dans la verte prairie.

Dans une douce paix, dans un calme enchanteur,
C'est ainsi qu'ont coulé les jours de mon enfance ;
C'est ainsi que, trompant ma tranquille espérance,
Comme un rêve brillant a fini mon bonheur.

Et c'est ainsi qu'hélas ! ma jeunesse craintive,
Dans la sombre vieillesse à jamais se perdra ;
C'est ainsi que ma vie un jour se finira,
Ma malheureuse vie, inquiète et plaintive.

Et comme ce ruisseau, dans ce site enchanté,
Laisse couler ses eaux ; laissant couler mon âge,
M'éteignant inconnu dans mon humble village,
Mourrai-je comme lui, sans être regretté ?

Jules Mousse

HOMMAGE A PASTEUR

Bienfaiteur de l'humanité,
En quelques vers je viens te dire
Ce que ta grande charité
De reconnaissance m'inspire.

La rage, entre tous les fléaux
Hideuse autant qu'opiniâtre,
Etait le pire de nos maux,
Et rien ne pouvait la combattre.

Lorsque le ciel, toujours clément,
Toujours plein de sollicitudes,
Fit, qu'après de longues études,
Tu le réduisis à néant.

Il n'est plus de fatale issue
Pour la rage qui se débat
Sous ta science qui la tue,
Après quelques jours de combat.

Je vois en toi plus qu'un grand homme,
J'y vois un vrai libérateur,
Qui produit plus de bien, en somme,
Que le plus célèbre inventeur.

Gloire à Pasteur ! Rendez hommage
A ce grand docteur, et songez
Qu'il nous a guéris de la rage,
En attendant qu'un homme sage
Nous guérisse des enragés.

FERNAND BALDENWECK
Membre du 2e groupe de l'Athénée des Troubadours.

Les Charmes de la Durolle

Dédiés aux très honorables dames et demoiselles composant
le comité d'examen de l'Athénée des Troubadours

Salut, ô Charbonniers ! imposants et rustiques,
Vous, dont le souvenir fait palpiter mon cœur,
Salut, humble réduit aux structures antiques,
Où jeune, encor joyeux, je rêvais au bonheur.

Tout souriait alors à mon âme enfantine ;
Propice à mes désirs, le destin se montrait,
Et mes jours s'écoulaient comme l'onde argentine
Qu'une force inconnue en ces lieux attirait.

> J'aime à voir ton onde, ô Durolle !
> Serpenter tout en gazouillant.
> Dans tes prés fleurit la corolle
> Du bouton d'or émerveillant.

> J'aime à revoir tes pâquerettes
> Mélanger leur blanche couleurs
> Aux autres fleurs si mignonnettes,
> Cherchant du soleil la chaleur.

> Et j'entends ton joyeux murmure
> Près de la chute d'un ravin ;
> Ce léger bruit par sa nature
> A quelque chose de divin.

Si celui de tes eaux tombant de la cascade,
Electrisant mes sens, m'invite à sommeiller,
Auprès de moi, venez, ma divine naïade,
Dans ces lieux enchanteurs sur mon repos veiller.

> A mes côtés, ô ma Suzette !
> Par les accords harmonieux

De ta petite chansonnette,
Viens me faire rêver des cieux !

J'aime à voir ton sourire
Qu'enfanta la gaîté ;
Ce qui vers toi m'attire :
C'est la simplicité.

Oh ! dans cette apothéose,
Fille, ange aux regards baissés,
Ta beauté m'est peu de chose,
Ta candeur en dit assez.

Par sa distinction la vierge fait qu'on l'aime.
Gentille, je voudrais qu'elle eût un diadème,
Et que mon œil lassé des travaux bien souvent,
Auprès d'elle trouvât son seul délassement.
Sur ce rude chemin Dieu veut qu'Eve se dresse
En laissant à l'artiste un moment de tendresse ;
Mais la nature a dit : tu mettras tout ton goût
Pour le papier de forme,
D'envergure conforme.
Dès lors l'attention se maintient jusqu'au bout.

Si dans la forme humaine, alors ton œil se baigne
Comme en flots de bonheur !
De ce bien c'est l'honneur.
Fallait-il la créer pour que je la dédaigne ?

Mais pour mieux supporter ce bien léger fardeau,
Il me revient ici quelques vers de Boileau :
« A ces petits défauts marqués dans sa peinture,
« L'esprit avec plaisir reconnaît la nature.
« Et pour bien exprimer ces caprices heureux,
« C'est peu d'être poète, il faut être amoureux. »

La nature est en nous si diverse et si sage ;

Chaque passion parle un semblable langage.
Que m'importe après tout d'apprendre que mes vers
N'ont pas le don de plaire aux esprits de travers.

Comme le firmament, la nymphe la plus pure
Est celle qui ravit sans tache et sans parure ;
Elle élève notre âme à de beaux sentiments,
S'adonne au meilleur livre, évite les romans.

Dans toute région, elle a toujours sa place :
Au centre de l'Asie aussi bien qu'en Alsace.
C'est celle qui, souvent, fréquentant les saints lieux,
Aime l'honnête femme, imitant nos aïeux.
Le sujet intéresse ; un cœur en est l'emblème ;
La censure est pour ceux qui forment le poème.

J.-H. CARRIÉ,
Membre du 2e groupe de l'Athénée des Troubadours.

REPENTIR

Lasciate ogni speranza voi ch'intrate...
(Dante Alighieri. *Divina Comédia. Inferno.*)

Ah ! maudite soit l'heure où mon âme abattue
    Succomba sous l'adversité !
Maudite soit la faim, bien longtemps combattue,
    Qui triompha de ma fierté !

Ma mère était infirme; elle avait un grand âge
    Et mon père, hélas, était mort !
Tout se vendait très cher, je n'avais pas d'ouvrage
    Et la misère a toujours tort.

Déjà l'on m'avait dit, souvent, que j'étais belle,
  Et la beauté ne vit qu'un jour :
Plus d'un m'avait offert bijoux, soie et dentelle,
  En échange de mon amour.

C'est que l'abîme est là qui tourne et nous attire
  Avec son bruit et ses chansons ;
Et le cœur confiant ne connaît son empire
  Qu'en se mourant sous ses glaçons.

Gracieux rêves d'or que forme la jeunesse,
  Rêves aux prismes enchanteurs,
Désirs inconscients, pleins d'une folle ivresse,
  Qui couvrent le front de rougeur ;

Quand aux illusions sans cesse renaissantes
  Vient se joindre la pauvreté
Et que l'âme, essayant ses ailes impuissantes,
  Se heurte à la réalité ;

Quand le cœur, au ciel bleu, cherchant la poésie,
  S'entr'ouvre à l'espoir des amours,
La faim l'arrête et dit, sombre de jalousie,
  « Ton corps jeûne depuis deux jours. »

Le premier pas, sur terre, est le seul qui nous coûte
  Et de lui dépend l'avenir !
Le pied qui s'est posé sur la mauvaise route
  Pourra-t-il jamais revenir ?

Ce soir-là, je sortis, de fatigue brisée,
  Marchant sans savoir où j'allais ;
Les veilles, le chagrin, tout m'avait épuisée ;
  O ma mère ! je m'immolais.

Comme une folle en pleurs qui court droit devant elle,
  Incertaine de son chemin,

Qui ne vous connaît pas et pourtant vous appelle
 Et dont vous repoussez la main.

Ainsi, folle à mon tour, et lasse ds la lutte,
 Je courus le cœur énervé ;
J'allai jusqu'à ce que. ... mais dirais-je ma chute ?
 Non : je cherchais et je trouvai.

Et quand, baissant le front comme une criminelle,
 Pâle de honte et de douleur,
N'osant lever les yeux de peur qu'en ma prunelle
 On pût lire mon déshonneur ;

Quand à notre logis, pour prix de mes caresses,
 En tremblant j'apportai du pain,
Ma mère, à bout de force et prise de faiblesse,
 Ma mère était morte de faim !

. . . .

Dès que l'on a glissé sur la pente fatale,
 On voudrait en vain s'arrêter :
Le destin vous y pousse et de sa main brutale
 Vous empêche de remonter.

J'étais seule ici-bas, seule avec ma misère,
 Personne qui pût me guider ;
J'avais un pied déjà sur le bord du cratère
 Et j'y plongeai sans regarder.

Comme le papillon qui voltige et caresse
 Toutes les fleurs en badinant,
Telle au plaisir j'allai, prodiguant ma jeunesse
 Au premier venu la donnant.

Marchés honteux et bas, corps livré, vie infâme,
 Allant du palais au trottoir,
Corruption savante et gangrène de l'âme
 Qui la conduit au dépotoir.

O pauvre cœur flétri, pudeur, belle innocence,
　　Premiers bégaiements ingénus,
Chastes amusements, amis de mon enfance,
　　Hélas, qu'êtes-vous devenus ?

Et vous, doux souvenirs, moments si pleins de charmes,
　　Vous que je croyais éternels,
Regards affectueux, main qui séchait mes larmes,
　　Suaves baisers maternels.

Ma mère. nom chéri dont ma bouche est indigne,
　　Jusqu'à toi puis-je m'élever ?
Suis-je ton enfant ? Oui, du doigt tu me fais signe ;
　　Je pars et te vais retrouver.

Vite, un dernier effort, rassemble ton courage,
　　Pour mourir il en est besoin ;
Si tu sais, prie encor, pleure, cela soulage
　　Et puis... la Seine n'est pas loin.

Aristide Estienne

Membre du 2ᵐᵉ groupe des Troubadours de l'Athénée.

EN DÉFENSE

D'UN AMI ABSENT APPRÉCIÉ SUR UN RAPPORT FAUX

Que je dois vous sembler désormais bien morose !
Puisqu'on l'affirme ainsi, dite (s), en douteriez-vous ?
Vous avez entendu conclure presque tous
　A la plus aigre humeur, que sais-je ?... à la névrose ?
Oui, je dois vous sembler désormais bien morose.

C'est que, Mademoiselle, on ne me connait guère,
Et l'on juge de moi simplement sur l'aspect ;
Or, pour l'avis d'autrui, bien que plein de respect,
J'observe que l'on charge un peu mon caractère :
C'est que, Mademoiselle, on ne me connait guère.

Le monde est ainsi fait : il voit, puis... il décide :
Il ne regarde pas, mais base son arrêt,
Sans rien approfondir, sur ce que l'on paraît,
Et, dans ses jugements, le plus souvent perfide,
Le monde est ainsi fait : il voit, puis... il décide.

Il prononce et dès lors une cause est jugée :
Au gré de son caprice, il décerne un brevet,
De sagesse ou folie à son aise il revêt ;
Toujours à son avis l'opinion s'est rangée,
Il prononce et dès lors une cause est jugée.

A mon tour aujourd'hui ; demain, celui d'un autre :
On entend chaque jour absoudre ou condamner ;
C'est de règle et, partant, pourquoi récriminer ?...
Ce cas n'est plus le mien, on peut dire : il est nôtre,
A mon tour aujourd'hui ; demain celui d'un autre.

Je ne veux qu'une fois enfreindre le silence
Et vous dire bien haut. — Si, votre tour venu,
Sur vous un propos faux, le moindre était tenu, —
Je dirais : Pour punir une telle insolence
Oui, je veux cette fois enfreindre le silence.

WALTER GOFFIN
Membre de l'Athénée des Troubadours.

Le convoi du Pauvre

La mort libératrice, enfin,
A ce corps a fait une bière
De quatre planches de sapin
Qui vont pourrir au cimetière.

Deux chevaux, aux harnais jaunis,
Au cocher crasseux qui les guide
Livrant leurs pas appesantis,
Traînent le corbillard sordide.

Un prêtre libre, il n'en faut qu'un,
Et la place est bien occupée,
D'un surplis digne du défunt
A couvert sa robe râpée.

Son escorte il va dirigeant,
Avec des prières distraites,
Comme si pour cet indigent
Tout exprès le ciel les eût faites.

Le cadavre du malheureux,
Issu de l'engeance en guenille,
Traîne à sa suite quelques gueux
Qui lui tiennent lieu de famille.

Puis son chien, qui le vit souffrir,
Le suit, hurlant, tête baissée,
Jusqu'à la tombe délaissée
Où peut-être il viendra mourir.

De cette terre abominable,
Qui pour lui n'eut que des revers,
Qu'obtient-il ! le droit immuable
D'être dévoré par les vers.

Il rend à la mère commune,
De la vie hôte inaperçu,
Son corps, martyr de l'infortune,
Le seul bien qu'il en ait reçu,

Si c'en est un que d'être au monde,
Après un pénible réveil,
Dans cette misère profonde
Qui fait maudire le soleil.

Qu'est-ce ?... Un obstacle se présente,
Le cortège s'est arrêté
Devant la foule indifférente :
Il rougit de sa pauvreté.

Rien, un riche en grand équipage,
Froid cadavre aux mains de l'orgueil,
Qui vient de barrer le passage
Au mort cloué dans son cercueil.

Place, place aux clinquants funèbres
De l'égoïste trépassé,
Traînant jusques dans les ténèbres
Les oripeaux de son passé.

Ce fils gorgé de la nature,
Qui nous voue au même fumier,
Pour marcher vers sa pourriture
Veut encor être le premier.

Va ! de ce monument superbe,
De ta puanteur tout rempli,
Tes vieux os tomberont dans l'herbe
Qui croît sous le vent de l'oubli.

Alors le corps du pauvre hère,
A tous les mépris désigné,

Suivit passif et résigné
Le cadavre opulent son frère !

Et frondant l'inégalité
Qu'accusait sa pompeuse escorte,
Ensemble ils franchirent la porte
Qui s'ouvre dans l'éternité !

....

Là, ces deux âmes, immortelles,
Ont franchi l'azur ébloui :
L'une a souffert, l'autre a joui,
Seigneur ! qu'avez-vous fait pour elles

Sans doute au séjour des élus
Vous n'aviez marqué qu'une place,
Mais le pauvre a demandé grâce :
Sa prière a tant de vertus !

Seigneur ! quand la douleur s'empare
D'un cœur trop abreuve de fiel,
Montrez-lui ce qu'elle prépare
De félicité dans le ciel !

    Victor LEVÈRE

SONNET

A mon Père.

C'est un matin d'hiver, et l'aube éclaire à peine
L'alcôve aux longs rideaux où sont les deux époux ;
Auprès d'eux, leur bébé, d'une main incertaine,
Sur les draps blancs du lit aligne ses joujoux.

Il joue, il est heureux ! L'étroite chambre est pleine
Des éclats de son rire au timbre frais et doux,

Quand son babil charmant, mais tapageur, amène
Dans l'œil grave du père un éclair de courroux.

Jour de Dieu, quel marmot bruyant et volontaire !
On ne peut plus dormir. Femme, fais-le donc taire,
Gronde tout à coup l'homme, agacé, mécontent !

Et la maman, soumise, au bel espiègle rose,
Pareil à quelque fleur au grand soleil éclose,
Tend les bras, puis embrasse et le père et l'enfant.

PAUL BONNEFOY
Sergent-major au 146me.

La Chanson du Soldat

Sous le sarrau de toile grise,
Comme sous l'habit de gala,
Il en est qu'un mot électrise,
Et moi je suis un de ceux-là !
Je ne suis qu'un conscrit timide,
Mais vienne l'heure du combat,
Le devoir me rend intrépide,
Je marche au feu comme un sodat.

Aux champs, j'ai laissé ma charrue,
Là-bas, j'ai laisse mon amour,
Et me voici, jeune recrue,
Tenant un fusil à mon tour.
J'ai l'air gauche, plus d'un me raille;
Mais vienne l'heure du combat,
Soldats, je suis de votre taille,
Et je me bats comme un soldat.

J'ai fait le rude apprentissage
Qu'exige mon noble métier ;
Le hâle a bruni mon visage,
J'ai l'allure du vieux troupier.
Que du clairon la voix sonore
Quelque jour m'appelle au combat,
L'œil sûr, la main plus sûre encore,
J'y cours et me bats en soldat.

Je me souviens, j'ai vu naguère
Le Hun farouche et triomphant
Se ruer sur notre frontière
Qu'il poussa de son pied sanglant.
Hélas ! j'en vois encor la trace !
Vienne la revanche, au combat
Je vole, tout bouillant d'audace,
Et, s'il le faut, meurs en soldat.

PAUL BONNEFOY

UNE JEUNE FILLE

A peine arrivé de Chablis,
Du collège où l'on m'avait mis,
Voici ce que me dit mon père,
Dans sa chambre, un matin : Hilaire ?
Tu n'es plus, n'est-ce pas, gamin ?
Alors ne deviens pas jonquille.
Nous aurons à dîner demain
Une superbe jeune fille.

Certes, je sais ce que je vaux...
Pourtant je sentis à ces mots
Battre mon cœur sous ma jaquette.

C'est si mignon une fillette !
Malgré moi je rougis un peu.
Tu ne tiens pas de la famille,
S'écria père, sacrebleu !
Tu crains donc une jeune fille !

Je me souviens qu'à dix-sept ans
Rival terreur des paysans
De ce joli petit village.
On est amoureux à ton âge !
Que de baisers en tapinois
Reçus auprès d'une charmille,
De la femme d'un villageois,
Ou de la sœur, ou de la fille.

Allons, je verrai si demain
Tu cesseras d'être gamin.
Si tu te sortiras d'affaire
Au contentement de ton père.
Maintenant, va te promener :
Sur les coteaux le soleil brille,
La vigne en France va donner,
Avoir peur d'une jeune fille !

De la plaine au vallon je fus.
Sous de vieux marronniers touffus
Je m'endormis ; je vis en rêve
Une adorable fille d'Eve.
Je déposais sur ses yeux bleus,
Sur ses deux lèvres cochenille,
Des baisers tendres et nombreux
Que me rendait la jeune fille.

Dans ma chambre, en rentrant le soir,
Disparate avec le dortoir.
Où je couchais étant en classe ;

Je me regardai dans la glace.
Je me trouvai vilain garçon
Du front jusques à la cheville,
Dépourvu de tout hameçon
Pour le cœur de la jeune fille.

Ma foi, tant pis ! de grand matin
J'irai, dis-je, au fond du jardin
Cueillir la plus superbe rose
Avant qu'elle ne soit éclose.
En lui présentant une fleur,
En lui disant qu'elle est gentille,
Peut-être malgré ma laideur
Plairai-je à cette jeune fille !

Bientôt tout dormit au château.
Le lendemain je me fis beau,
Mais beau, des pieds jusqu'à la tête !
Car c'était pour moi jour de fête.
N'ayant, demeurant à Chablis,
Causé qu'à mère Pétronille,
Qui n'était pas à mon avis
Tout à fait une jeune fille...

Vers dix heures, dans le salon,
J'entendis prononcer son nom
Par notre bonne, Marguerite,
Qui nous annonçait sa visite
Mon pauvre cœur fit tic, tac, toc,
J'appris qu'on la nommait Camille,
De marbre, ah ! que n'étais-je bloc :
Je saluai la jeune fille.

Elle était mise simplement,
Quoique cela coquettement,
Elle avait autour de la taille

Une ceinture bleue en faille
Et sur la tête elle portait,
Comme en Espagne, une mantille;
Car près de chez nous demeurait
Cette charmante jeune fille.

Après de nombreux compliments,
Après avoir de ses parents
Appris d'excellentes nouvelles;
Appris que son frère à Bruxelles
Etait allé passer un mois,
Sur un bel ouvrage à l'aiguille
Œuvre de ses dix petits doigts
On loua fort la jeune fille.

A midi, chacun est servi,
Dit ma mère, d'un air ravi,
Enfants, ajouta père à table,
N'oublions pas le confortable,
Après vous pourrez mieux jaser,
Ralliez-vous à ma béquille,
Avec les mets allons causer,
Veuillez me suivre jeune fille ?

A son côté l'on me plaça,
Un carafon elle cassa
Tant elle était tremblante, émue
D'être par tous si bien reçue.
Je ne goûtai de ce repas
Que des gâteaux à la vanille.
Monsieur, vous ne mangez donc pas ?
Me demanda la jeune fille.

Si, non, je n'ai pas d'appétit,
Mon estomac est si petit
Que peu lui suffit d'ordinaire,

Demandez plutôt à ma mère ?
Et puis, je ne sais trop l'endroit
Où quelque chose se tortille...
Est-ce au flanc gauche, au côté droit,
Tiens ! s'écria la jeune fille :

Monsieur, vous êtes comme moi,
Je ne puis rien prendre, ma foi.
Pourtant la faim, cette coquine,
Souvent dans le jour me taquine,
Mais je sens je ne sais pas où
Comme un insecte qui fourmille...
Est-ce à la tête, est-ce au genou,
Je ne sais, dit la jeune fille.

Mes enfants, allons au jardin,
Il faut vous promener un brin .
Le grand air dissipera vite
Cette douleur chez vous subite.
Croyez, cela ne sera rien,
Partagez-vous cette pastille.
Sur mon bras j'appuyai le sien,
Je vis rougir la jeune fille.

Les jolis yeux que vous avez,
Quand vers le ciel vous les levez,
Aimable et douce demoiselle !
Ah ! croyez-moi, vous êtes belle !
Voilà ce que, tenant sa main,
J'osais dire sous la charmille
De vigne vierge et de jasmin
A cette blanche jeune fille.

Deux ans plus tard, non sans avoir
Trouvé tous deux par un beau soir
La cause de notre malaise,

Ici, faut-il que je me taise !
J'avais cessé d'être garçon.
Ma femme se nommait Camille.
Nous nous disions tu sans façon,
Elle n'était plus jeune fille.

A CHAMBARD.

Voici l'hiver, donnez !...

D'où vient cette loi, sans pudeur,
Qui, révoltant la conscience,
A fait pour les uns le bonheur
Et pour les autres la souffrance ?

Du ciel ? Non ! plutôt de l'enfer.
Suscitant l'envie et la haine,
C'est par elle qu'ont tant souffert
Les lépreux de l'espèce humaine.

Ces lépreux sont les pauvres gens
Que, d'instinct, l'égoïsme évite ;
Cette foule des indigents
Devant laquelle on passe vite.

Par le Progrès ils sont instruits
Que pour tous le soleil scintille
Et que la nature a des fruits
Pour nourrir sa grande famille.

Riche, ne brave pas la faim,
De peur que la faim ne te brave ;
Le planteur doit jusqu'à la fin
Donner sa pâture à l'esclave.

Tu vois, dans ton luxe drapé,
L'indigent, tête découverte.
A ta porte s'il a frappé,
Que ta porte lui soit ouverte.

Ses haillons, objets de dégoût,
Considère-les sans colère ;
Fixe le ciel ! — Dis, qu'après tout,
Ce déguenillé c'est ton frère.

Secourez les infortunés ;
Ouvrez vos cœurs, ouvrez vos bourses,
L'hiver est rigoureux ; donnez,
Sur le trop-plein de vos ressources.

Donnez, c'est par la charité
Qu'on atteint les hauteurs sublimes,
Repus de la félicité,
Les mendiants sont vos victimes !

A ces parias dévolus,
A tant de misère obstinée,
Rendez ce que la destinée
Vous donna de biens superflus.

Les débiteurs du pauvre diable
C'est vous, riches au cœur d'acier,
Il veut s'entendre à l'amiable :
Payez vite ce créancier.

Doux aujourd'hui, mais demain rogue,
Dans l'émeute aux sanglants accrocs
Nourrissez bien le boule-dogue,
Il ne montrera pas ses crocs.

Elle est dure, allez, la misère ;

On conçoit ses emportements :
La secourir, c'est la distraire
De ses fauves égarements.

Riches, l'accent qui vous supplie
Ne doit pas être méprisé :
Sous le vent le roseau se plie,
Mais le chêne tombe brisé.

Vous êtes ce chêne superbe
Que le temps voit s'évanouir ;
Prêtez votre ombrage au brin d'herbe
Qui naît, comme vous, pour mourir.

Vous qui, grâce à votre opulence,
Des vaincus êtes les vainqueurs,
Pour affermir votre puissance
Régnez avant tout sur les cœurs.

De l'égoïsme qui l'outrage,
Tempérant les tristes effets,
Le bien nous lègue d'âge en âge
Le souvenir de ses bienfaits.

Le vent gémit, la neige tombe.
O grands ! secourez les petits.
S'il est des souvenirs bénis,
Songez qu'au-delà de la tombe
Il en est aussi de maudits.

Victor Levère

LE CURÉ DES HORTIES

Pièce patriotique en trois actes.

URBAIN, orphelin, frère adoptif de Lise.
RAMEAU, fiancé de Lise.
LISE, fiancée de Rameau.
LE CURÉ des Horties.
GARANT, métayer, veuf, père de cinq enfants.
UN OFFICIER prussien.
UN GÉNÉRAL wurtembergeois.

PAYSANS, PAYSANNES, SOLDATS ALLEMANDS

ACTE PREMIER

Intérieur d'une caverne

SCÈNE I

RAMEAU, URBAIN

RAMEAU seul, astiquant son fusil. (Il fredonne)

  A toi, France chérie,
  A toi mon cœur, ma vie.
  Et sus à l'Allemand,
  Œil pour œil, dent pour dent.

Dix heures ont sonné, son absence m'étonne

Ecoutant.

Urbain... c'est lui... j'entends sa botte qui résonne

URBAIN entrant

Ami, préparons-nous ! Voici ce que l'on dit :
A la Ferme-du-Bas, un Prussien maudit

A voulu s'emparer de la jeune Lisette,
Il l'étreignait déjà quand la pauvre fillette
Poussa des cris aigus, entendus de Merton,
Son père, qui s'avance armé d'un gros bâton
Il en assène un coup sur la tête du drôle.
Le voyant étendu, le vieux change de rôle,
Il panse le gredin.

RAMEAU
Que ne l'a-t-il tué !

URBAIN
A son bon cœur, Rameau, tu t'es habitué ;
Incapable de faire aucun mal à personne,
Même à son ennemi, tant sa nature est bonne,
Il embrasse sa fille et va jusqu'au quartier
Demander du secours au féroce officier.

RAMEAU
Après, mon sang bouillonne... ô ma chère Lisette,

URBAIN
Le major furieux envoie une estafette
Ramener le soldat, puis d'un air effrayant
Fait signe à deux bourreaux d'un aspect malveillant
De s'emparer du père... Ils lui passent la corde
Au cou, puis, à la branche.

RAMEAU
Ah ! Dieu ! miséricorde !

URBAIN
Tout en haut de ce chêne, ils l'élèvent en l'air
Et mon père adoptif, Merton qui m'est si cher !

RAMEAU
Frère, prends ton fusil, courons près de ma Lise,
Volons, ah ! que le ciel veille sur ma promise.

URBAIN
Mais avant de sortir je vais sur le rocher

Voir si la sente est libre ou s'il faut nous cacher.
J'aperçois l'ennemi, rampons à l'embuscade,
Il doit passer tout près.
(Ils sortent sur les genoux, le fusil allongé;
Dieu quelle fusillade !
As-tu ton revolver ?
RAMEAU, bas
Oui, silence en ce lieu !
Durant quelques minutes on entend plusieurs coups de fusil
(Ils rentrent,)
Quelle bonne besogne et comme notre feu
A très bien réussi, quatre morts, quatre en fuite.
Ah, bourreaux, attendez encor un peu la suite !

URBAIN

Le vieux père est vengé ; mais, nous devons aussi
Songer à l'orpheline, au plus tôt, car ici
La place n'est plus sûre,

RAMEAU

Allons, quittons nos vestes ;
Cachons notre attirail. Tiens, prends ces quelques restes
Du dîner ; descendons par un autre chemin,
Le havre-sac au dos, la houlette à la main
Comme de vrais bergers.

URBAIN

C'est bien, fermons la porte.
Que tous les Prussiens soient traités de la sorte !

DEUXIÈME ACTE

La ferme du bas, grande salle donnant sur une cour. Lise seule et pleurant.

LISETTE

Mon père assassiné... je suis donc orpheline !
Dieu je remets ma vie en ta bonté divine,

Daigne écouter ma voix... si mon cher fiancé
Doit faire mon bonheur, ah ! qu'il soit avancé,
Ce moment où je dois devenir sa compagne.
Mais, qui vois-je, là-bas, venant de la montagne,
Urbain, Rameau, tous deux... auraient-ils donc appris
Ou bien ignorent-ils ! — Vont-ils être surpris !
Accours, mon fiancé, viens consoler ta Lise,
Toi, si noble et si fier, oh, viens que je te dise
Ce que ces Allemands font souffrir à mon cœur ;
Et toi mon cher Urbain, viens embrasser ta sœur.
Patriotes aimés, pourquoi loin de la ferme
Allez-vous si souvent ?

(Se tournant du côté du camp ennemi, le menaçant du geste.)

      Chaque chose a son terme
Et Dieu ne peut tarder à frapper les méchants.
Oui, Dieu les punira tous vos mauvais penchants !

   URBAIN entrant, dissimulant.

Chère sœur, nous voilà.

   RAMEAU, de même.

      Mais d'où viennent tes larmes ?

   LISETTE

Vous ne savez donc pas... O ciel quelles alarmes
Mon père assassiné, mon pauvre père mort,
Tué par les Prussiens qui l'accusaient à tort...
Ne pouvoir l'embrasser... Oh ! courez à la tente
Réclamer son cadavre, oh, je suis confiante
On vous le remettra tout le fait pressentir
Et que je puisse au moins, amis, l'ensevelir.

   Grande foule devant la porte.
      (Aux paysans).

Entrez, entrez, voisins, mon malheur est immense,
Bonjour, Louis, bonjour, vous Lucas, vous Maxence.

  (Les paysans entrent et font le signe de la croix).

   UN PAYSAN

Moins que n'importe qui, Merton ne méritait

Un sort aussi barbare.

LISETTE

Ah ! tout les invitait
A ne pas le tuer avant de faire enquête

UNE PAYSANNE

Bien sûr qu'il n'aurait pas payé ça de sa tête.

Un PAYSAN, arrivant tout essouflé.

Le malheur est complet, je meure si je mens.
Je viens de voir passer, entourés d'Allemands,
Six hommes du pays attachés à la chaine ;
Je vais en me pressant avertir Monsieur Bêne
Que vous connaissez tous !

LE PREMIER PAYSAN

Oui, Monsieur le curé
D'Horties.

URBAIN

L'Allemand a le cœur trop muré
Pour se laisser fléchir.

RAMEAU bravement.

Il n'est rien que la poudre
Qui puisse, croyez-moi, parvenir à résoudre
Les problèmes pareils, et s'il tombe un cheveu
D'un seul homme innocent, répondons par le feu,

Les paysans saluent et sortent.

URBAIN

Adieu, ma chère sœur.

RAMEAU

Adieu, ma fiancée.

LISETTE

Quoi ! déjà me quitter !

URBAIN

Oui, mais dans la soirée,
Ne te chagrine pas ; nous serons de retour.

RAMEAU

Lise, prie et repose !

LISETTE

Oh ! qu'il est long ce jour.

TROISIÈME ACTE

Une tente sur la lisière du camp, l'officier et ses assesseurs sont autour d'une table. Devant l'ouverture, dix paysans enchaînés, dont le métayer Garant. Puis le curé des Horties, Lise, soldats, paysans, etc.

SCÈNE I

L'OFFICIER PRUSSIEN, GARANT, LE CURÉ

GARANT, à l'officier

De grâce par le Christ, laissez-vous attendrir,
Nous sommes innocents, je ne sais pas mentir.
Père de cinq enfants, que voulez-vous qu'ils fassent
Moi mort ? et pas de mère... Oh ! mes plaintes vous lassent,
Cependant je dis vrai... Pitié pour mes enfants !
Qui donc les nourrirait ? L'aîné n'a que neuf ans !

L'OFFICIER, sur le seuil

As-tu bientôt fini ta triste sarabande ?
Crapule de Français, vieux chien de contrebande !

LE CURÉ DES HORTIES

Calmez votre courroux, au nom du Dieu sauveur !
Cet homme vous dit vrai ; que vous dit votre cœur ?
Qu'au sein de la forêt le tigre inexorable
Epargne en sa fureur le sang de son semblable !

L'OFFICIER, d'un air hautain

Je consulte mon cœur, mon cœur ne me dit rien.
Pour moi, chaque Français, mein goth, est un vaurien.
C'est assez raisonné. Sergent, qu'on les fusille !

LE CURÉ DES HORTIES
Eh ! n'avez-vous donc pas, monsieur, une famille ?
Daignez donc écouter la proposition
Que me dicte mon cœur en cette occasion :
Il vous importe peu qu'un bon père succombe ?
Réservez-moi son sort, faites creuser ma tombe !
Rendez à ces enfants leur père désolé,
Je veux mourir pour eux !

L'OFFICIER, à l'escorte
Emmenez ce fêlé,
Qui m'embête à la fin, il remplacera l'autre !
Vous, ne poursuivez plus la longue patenôtre ;
L'un ne sait que pleurer, ressource des brigands,
Et l'autre me sermone... Allez, ouvrez les rangs !

SCÈNE II

LES MÊMES, LISE, LE GÉNÉRAL

LISE, les mains jointes
Mon général, justice ! on tue, on assassine
Sans explications. Telle est la discipline
Et le seul argument de ce justicier,
C'est la mort, sort cruel... Voilà l'officier
Qui va remplir de deuil toute cette contrée !

LE GÉNÉRAL ému
Ma fille, calmez-vous, venez jusqu'à l'entrée
De la tente... D'où vient ce grand rassemblement ?
Qu'est ceci ?

L'OFFICIER, saluant
Général, c'est l'accomplissement
D'ordres que j'ai reçus ; droit de guerre, la force !
Il faut, pour être craint, raboter cette écorce ;
Car ce qui restera de cet épurement,
Dit le grand Chancelier, vivra plus sagement !

LE GÉNÉRAL, irrité

Mais je vois qu'à prier ce Pasteur s'evertue !
Quel crime a-t-il commis, dites, pour qu'on le tue ?
Qu'a-t-il fait, parlez donc, pour être condamné ?

L'OFFICIER, ricanant

Ce corbeau merveilleux, intrus ensoutané ?

LE GÉNÉRAL, en colère

Suffit, ne soufflez mot, laissez parler ce prêtre.

LE CURÉ DES HORTIES

Des francs-tireurs là-haut, où nul de nous pénètre,
Ont, parmi les rochers dont ce sentier descend,
Dû venger ce matin la mort d'un innocent ;
Le père de l'enfant que voilà, l'orpheline
Qui vous supplie encor de sa voix enfantine,
Ce père défendait de sa fille l'honneur
Qu'outrageait un soldat... Oh ! voyez quelle horreur !
Voyez son corps, là-bas, pendu comme un coupable,
Mort victime de l'ordre infâme, impitoyable
De l'officier présent, à nos prières sourd,
Et qui, pour couronner ce trop malheureux jour,
Ordonne qu'on fusille à l'instant six victimes !
Est-il des criminels, lorsqu'il n'est pas de crimes ?
Ce pauvre métayer, veuf avec cinq enfants,
Seul pour les élever, n'ayant pas de parents,
Se jette à ses genoux et vainement l'implore.
A ses plaintes, ses cris, l'horrible matamore,
Dont le cœur insensible est plus dur qu'un rocher,
Rit et brutalement veut le faire marcher
Au supplice fatal... Alors, j'offre moi-même
De mourir à sa place... Oh ! quelle joie extrême
De pouvoir en martyr me présenter à Dieu !

LE GÉNÉRAL, visiblement ému

Votre rôle est sublime.

(A l'officier, qui baisse la tête)
            Et vous, quittez ce lieu !
Rendez-vous aux arrêts, c'est là qu'est votre place.
            Aux soldats
Détachez les liens ; — ô belle et noble race !
Pourquoi combattons-nous ? Pour le plaisir des rois.
Qu'avons-nous à gagner ? La perte de nos droits.
L'homme doit être libre !
            LE CURÉ DES HORTIES
                    On doit rendre publique
Une telle action.

            URBAIN, RAMEAU, de loin
            Vive la République. !

                        Joseph D<small>AVID</small>,
    Membre correspondant des Troubadours de l'Athénée.

L'ORFÈVRERIE

Les Hébreux, au désert, adoraient le veau d'or !
Nous pouvons expliquer ainsi l'allégorie :
Hommage très ancien fait à l'orfèvrerie
Des Egyptiens, des Grecs et des Romains encor ;

D'Athènes et de Rome, après Alexandrie,
Cet art passa chez nous, il fut un vrai trésor
Pour notre beau pays... Eloi donnant l'essor,
Fit fleurir, de son temps, cette riche industrie.

Depuis lors les métaux, traités artistement,
En France plus qu'ailleurs, luxueux ornement,
Nous ont fait un renom d'artistes émérites.

Argent, or, diamants qui parez nos beautés,
Ah ! par combien de mains êtes-vous apprêtés ?
Le nombre en est si grand qu'il n'a pas de limites.

Joseph DAVID,
Membre correspondant de l'Athénée.

SOUVENIR

A Mademoiselle A.

Où sont-ils ces moments d'ivresses ?
Quand les verrai-je revenir ?
Chère Aïxa, de tes tendresses,
Je n'ai plus que le souvenir.

Bientôt cinq ans sur la colline
Où ton appel me fit venir
Respirer la brise marine !
Ah ! qu'il est doux ce souvenir :

Tes grands yeux noirs, vive étincelle
Qu'aucune ombre n'eût pu ternir,
Brillaient et mon âme fidèle
En a gardé le souvenir.

Sur ton sein, gentille brunette,
Que n'as-tu pu me retenir
Au parfum de la violette
Dont s'enivre mon souvenir.

J'appliquai sur ton doux visage,
Ne pouvant plus me contenir,
Un seul baiser, pas davantage,
Dont tu gardas le souvenir.

La mort t'a ravie, ô chère âme,
Que ma vie est lente à finir !
Mon cœur, digne objet de ma flamme,
Ne vit que par ton souvenir.

Joseph DAVID,
Membre correspondant de l'Athénée.

Souvenir Patriotique

PLATEAU D'AVRON 1875

ELÉGIE

Les derniers rayons du soleil
Eclairent encor la montagne
Et les oiseaux, dans la campagne,
Chantent, joyeux, l'hymne au sommeil.
Agités par le doux zéphire,
Les feuilles des buissons, les lichens du rocher
Mêlent leur léger bruit, dernier son d'une lyre,
Au doux tintement du clocher ;
Quand une femme en deuil, jeune veuve Alsacienne,
Parut au loin sur le chemin ;
Son enfant de sept ans, la gentille Adrienne,
La suivait lui donnant la main...
Arrivant près d'un tertre, elles courbent la tête,
Pleurant à l'aspect du tombeau
Du père, de l'époux dont ce jour est la fête
Et qui mourut en brave à l'assaut du plateau.
« Adieu, mon cher époux ! » « Adieu, mon tendre père ! »
Furent les derniers mots
Dont ces cœurs attristés finirent leur prière
Dans le champ du repos.

1888

Adrienne a vingt ans, sa beauté souveraine
Ses grands yeux, ses beaux traits lui donnent maintenant

Le charme qui captive, une allure de reine...
Elle vient d'épouser un brave lieutenant.
La mère d'Adrienne, au retour de la noce,
Amène les époux au tombeau du martyr.
Tous les trois à genoux réveillent dans la fosse,
Au bruit de leurs sanglots l'écho du souvenir.

Joseph DAVID,

Membre correspondant de l'Athénée.

AGONIE LUCIDE

MONOLOGUE DE LA MISÈRE DÉDIÉ AUX MAUVAIS RICHES

Il est bien tard ; pas de soleil :
Quelle heure est-il ? Midi peut-être ?
La pluie a sonné le réveil
Sur les carreaux de ma fenêtre.

Si j'essayais de me lever ?
Allons ! c'est fait ; sur cette chaise,
Chaise unique aurai-je à trouver
Une posture qui me plaise ?

On frappe : Entrez vite, j'y suis ;
La concierge vient à mon aide ;
Non, elle sait que je ne puis
Lui payer mon dernier remède.

Ce qu'elle fuit ce n'est pas moi,
C'est mon indigence indiscrète ;
Puis-je, malgré ma bonne foi,
Lui rendre ce qu'elle me prête ?

En attendant que la pitié
La ramène dans ma mansarde,
Allons sourire à l'amitié
De l'infini qui me regarde.

Mais il se voile à mes douleurs,
Et sur mes vitres, en silence,
Je vois rouler en flots de pleurs
Son impassible indifférence.

Ah ! tombez du haut du ciel bleu,
Gouttes d'eau, larmes des nuages
Qui n'allez pas sous l'œil de Dieu
Mouiller d'hypocrites visages ;

On frappe : Entrez ! Ah ! c'est le vent.
Un ami, causeur monotone ;
Si ce n'était lui, bien souvent,
Hélas ! ce ne serait personne.

Mon père et ma mère sont morts
Phthisiques ; rien n'y remédie.
Indigents, ils m'ont, sans remords,
Légué leur triste maladie.

Depuis qu'ils ont laissé tous deux
Errer mon enfance chagrine,
Je me dis : Si j'allais comme eux
Mourir, un jour, de la poitrine !

Non, j'avais dix ans révolus !...
Depuis lors j'aurais dû les suivre ;

Depuis quinze ans ils ne sont plus.
J'en ai ving-cinq, je dois vivre !

Vivre ! allons donc ; mal incessant,
Poursuis ton œuvre inexorable,
Vois, je crache avec tout mon sang
Mon existence misérable.

Du sang encor, du sang toujours :
Je sue et j'ai froid, suis-je pâle !
C'est ainsi qu'à leurs derniers jours
Mes parents suaient dans leur râle.

On frappe : Entrez ! Pourquoi ce bruit?
C'est du fisc un auxiliaire
Qui réclame le prix réduit
De ma cote mobilière !

Pour m'abriter sans me guérir,
L'hôpital m'eût ouvert ses portes ;
Je me suis dit : Mieux vaut souffrir
Au vent libre des feuilles mortes :

Je suis bien seul, bien isolé,
Nul n'est venu me dire : Espère !
Un mot d'amour m'eût consolé ;
On le refuse à ma misère.

On frappe : entrez ! C'est le trépas;
Non, c'est l'assistance publique,
En habit noir, qui ne veut pas
Que l'on meure sans qu'on s'explique.

Audacieuse charité,
Osez-vous bien venir à l'heure
Où j'aperçois l'eternité
Assise au seuil de ma demeure ?

Vos secours, venus l'an dernier,
Eussent prolongé mes souffrances.
Pour mourir plus tôt tout entier
Mon cœur a vécu d'espérances.

Et sans autre affront encouru,
Il vous dit : Gardez votre aumône,
Le poitrinaire vous pardonne
De ne l'avoir pas secouru.

On frappe : Entrez ? Est-ce le diable
Qui vient à moi rasant le sol !
Non, c'est une ombre sociable
Qui veut saisir mon âme au vol.

Cette ombre, aux noirs habits de prêtre,
De devoirs que je connais peu
Et qu'il m'assure mieux connaître
Fait le récit au nom de Dieu.

Parlez, mon fils, je vous écoute !
Qu'avez-vous fait ? — J'ai bien souffert,
J'ai bien douté, car sur ma route,
Au lieu du ciel j'ai vu l'enfer.

Cependant ton image auguste,
Jésus, expiant sur la croix
Le crime d'avoir été juste,
M'oblige à te dire : Je crois !

Avec la mort je suis aux prises.
Ma conscience, la voilà !...
Voyez ! peu de fautes commises ;
Vite, mon père, absolvez-la.

Le ciel se voile, le jour tombe,
Pour y recevoir leur enfant,

Deux spectres creusent une tombe :
C'est ma famille qui m'attend.

On frappe : Entrez donc, chères ombres,
Venez dissiper mes terreurs :
Jetez sur moi vos voiles sombres :
Encor un soupir et je meurs !

Victor LEVÈRE

La Nuit et les Revenants

Personne ne sait bien pourquoi les morts se plaisent
Seulement dans l'obscur ?? Ne niez pas le fait....
Car les bons vieux parents ankylosés — qui pèsent
Dans le monde un poids faible — avec ce flair parfait
Que montrent les caducs, l'ont affirmé sans doute
A vous ainsi qu'à moi le soir auprès du feu.
Et nous nous gardions bien de sortir sur la route.
Ils croyaient nos aïeux naïvement un peu.
Et Jéhovah sans doute avait quelques pratiques,
Malgré Voltaire, Hégel, Darwin et d'autres gens.
Ils n'étaient pas encor comme nous des sceptiques,
Des fous de la Raison, ou des intransigeants.
Ces anciens se laissaient aussi simplement vivre...
Et mourir bien souvent pour le roi, l'empereur,
Voire même le pape. Ils possédaient un livre
Pieux, des doigts usés par le rude labeur,
Des cœurs aimants et sains, et de bonnes cervelles.
— Tout cela semble loin des coutumes nouvelles —
Nubiles et vieillards croyaient aux revenants.

Ils peuvent aujourd'hui nous paraître étonnants.
Mais je vous veux conter une mienne aventure,
Qui pourra vous surprendre, autant que la peinture
Raide de Mandchourie, ou bien de Tombouctou,
— Si l'on peint toutefois dans ce superbe trou
De l'Afrique centrale — Un soir à la fenêtre
De mon petit dortoir (j'avais alors douze ans),
Voici ce que je vis tremblant de tout mon être :
Dans une vieille église aux murs agonisants,
Qui se trouvait en face, un prêtre vénérable
Officiait. L'autel cependant n'existait
Plus. Et je voyais. Puis la voûte admirable
Pour ses cintres nerveux ce soir-là me semblait
Intacte. Et je comptais ses horribles blessures
Le matin de ce jour. Avec deux de ses clefs
J'avais même joué. Les saints, sans meurtrissures,
Dans leurs niches priaient et n'étaient plus si laids.
Le curé nonobstant disait toujours sa messe...
Deux blonds enfants de chœur, avec beaucoup d'adresse,
Servaient le bon curé dont le crâne poli
S'inclinait sur l'autel. Son visage pâli,
Osseux, maigre à l'excès, disséqué par les rides,
Accusait la souffrance ou des labeurs arides.
Lorsqu'il psalmodiait, ses lèvres s'entr'ouvraient,
Mais je n'entendais rien. Et ses mains se joignaient
Suivant le rituel. Puis sa messe finie,
Très grave il s'en alla dans l'ombre indéfinie
De la vieille ruine. Armés de leurs flambeaux
Les deux enfants de cœur angéliques et beaux
Le précédaient. Bientôt dans une sacristie,
Je les vis s'engouffrer. Or après leur sortie
Les cierges de l'autel se consumaient toujours,
Tremblotaient sous le vent dans leurs vieux supports
[lourds.
Un homme entra soudain portant une lanterne,

Il allait trébuchant et sa mine paterne
Sommeillait comme lui. Son éteignoir en main
Il étouffa les feux. C'était le sacristain.
Dès lors le vieux débris fut à nouveau plein d'ombre.
Sur le toit éventré les chouettes en nombre
Hurlaient. Du falot sale émergeait la lueur
Mince du bout de suif. Sur mon front la sueur
— Les enfants sont peureux — perlait quand sa besogne
Enfin fut achevée, ainsi qu'une cigogne
Il allongea le cou, recourba son long dos,
Etendit une main dont je voyais les os,
Puis saisit lentement sa petite lanterne,
Où du suif scintillait toujours la lueur terne,
Et partit à son tour. Sous les voûtes la nuit
Reprit ses droits. Alors je me couchais sans bruit
Et ne voulus conter cette histoire à personne.
Je redoutais déjà le rire des railleurs,
Bêtes à pensers forts, dont le crâne dur sonne
Creux. Ils ne savent rien, tout comme nous d'ailleurs.
Mais la négation masque leur ignorance.
Il faut bien convenir que notre cerveau rance
Et mou comme du beurre ignore l'infini,
Du centre vers lequel tout va l'homme est banni.
— Ah! si les revenants voulaient bien nous instruire!
Mais nous serions, si c'est possible, plus méchants
Encor : Car la bonté de Dieu courait les champs,
Et l'homme qui ne craint plus est tout près de nuire.
Nous possédons, hélas! la belle liberté,
De faire bien ou mal. Fâcheuse faculté!
Mais Dieu ne voulait pas procréer des esclaves
— Ayant assez d'écrous passifs à l'univers —
Il bâtit l'homme libre avec des goûts pervers
Et bons. Ce curieux ramasse les épaves
De l'azur pour savoir, du reste sans succès,

Et puis fait par dépit au Maître son procès.
Lui sourit en voyant toutes ces tentatives
Et laisse travailler nos cervelles rétives.
Nous avons dans l'esprit la peur des revenants
Qui pourraient révéler mystères étonnants.
Les spectres vont la nuit revivre avec les choses
Que laissent les vivants. Et les débris moroses
Des temples affaissés sont leurs endroits aimés
Peut-être. Je le crois, depuis qu'un soir d'automne
J'ai vu, non sans terreur, un prêtre monotone
Dire à minuit sa messe. Aux orgueilleux gourmés,
Apôtres apparents du vulgaire Athéisme,
L'être pardonnera leur fougueux scepticisme.

ROBERT POIRIER de NARÇAY,
Membre du premier groupe des Troudadours.

L'ÉTÉ DE LA SAINT-MARTIN

> *Donec virenti canities abest*
> *Morosa...*
>   HORACE

J'adore l'été de la Saint-Martin :
Un clair soleil rit à votre fenêtre,
Comme un vieil ami qui chez vous pénètre
Pour vous éveiller gaîment le matin.

Le ciel encor bleu n'a pas de nuage ;
Pourtant les oiseaux désertent le nid,
Le coteau revêt un gazon jauni
Et le peuplier pleure son feuillage.

L'air est tiède encor ; mais quand vient le soir,
La brise fraîchit : adieu la charmille !

Devant le foyer où le feu pétille
Déjà, tout pensif, on aime à s'asseoir.

De molles langueurs la campagne est pleine,
Ainsi qu'une veuve à son premier deuil ;
Sur l'aile du vent qui bat votre seuil
Les feuilles s'en vont du val à la plaine.

Plus de blonds épis ! plus de pampre vert !
Plus de floraisons sur les aubépines !
Malgré le soleil dorant les collines,
Ce n'est plus l'été, si ce n'est l'hiver.

Un vague désir, une inquiétude
Nous fait rechercher ceux que nous aimons ;
La neige a blanchi la crête des monts,
Et nous avons peur de la solitude.

Demain le mistral se met en courroux,
Demain la fontaine a des fleurs de givre :
Hâtons-nous, amis, hâtons-nous de vivre
Avant que l'hiver s'abatte sur nous !

Ephémère automne, ô saison bâtarde !
O calme splendeur des jours radieux !
Ces derniers rayons, ce sont les adieux
D'un soleil usé qui chez nous s'attarde.

Hommes déjà mûrs, dont le cœur hautain
Ne s'est pas ouvert dans le mois des roses,
Dieu, qui ne veut pas vous vieillir moroses,
Vous donne un été de la Saint-Martin.

Courte est la saison ! Sur vos cheveux rares
La neige des ans bientôt descendra.
Hâtez-vous d'aimer ! — Amour sonnera,
Pour vous rajeunir, toutes ses fanfares.

EDMOND SIVIEUDE,
Membre du 1er groupe des Troubadours de l'Athénée.

Les petits Barbares et le Crapaud

FABLE

Tremblant que sa laideur, de pustules couverte,
    Des méchants ne fût découverte,
Un crapaud dérobait son aspect monstrueux
    Dans le fond d'un fossé boueux ;
Là, se traînant sans but, vivant mais presque inerte,
Il déplorait ainsi son destin douloureux :
— Soleil étincelant, qui fis à la nature
    Son immense globe d'azur,
Qui fais aimer la vie à toute créature,
Lorsque tes chauds rayons jaillissent d'un ciel pur ;
    Astre sous lequel tout s'anime,
    Dispensateur de la beauté,
    Epargne du moins la clarté
    Au crapaud, ta triste victime !
D'être difforme et laid si l'on me fait un crime,
C'est Dieu qui l'a commis !... A tant de cruauté
    Devrait-il me laisser en butte,
Pauvre être inoffensif, débonnaire et sans fiel ?
    S'il permet qu'on me persécute,
En fuyant tes rayons, je maudirai le Ciel.

A peine eut-il fini cette plainte dolente,

Que d'un essaim d'enfants la troupe turbulente
Aperçut le crapaud dans la fange étendu.
Lors, on délibéra ; l'un dit : Qu'il soit pendu !
L'autre: Qu'il soit brûlé, sur un grand feu de paille !
Un troisième, vaurien et précoce canaille,
  Voulait qu'il fût écorché vif ;
  Un drôle non moins positif,
Sans lui crever les yeux ne veut pas qu'on s'en aille;
 Les moins cruels entre deux arbres verts,
  Reliés par la même corde,
Forment une baliste et veulent dans les airs
  Le lancer sans miséricorde.

On recueille les voix : le docte tribunal
A vingt genres de mort condamne l'animal,
Laissant chaque bourreau libre dans son caprice
D'ajouter plus ou moins d'horreurs à son supplice.
Affolé de terreur par cet arrêt fatal,
Incapable de fuir la bande forcenée,
Le crapaud était là, victime résignée,
Pelotonnant son corps pour résister aux coups (1).
Dont viendra l'accabler cette horde de loups.

La troupe arrive en foule, hurlante, inexorable.
  Mais, au bord du fossé béant,
Elle s'arrête net !... Car le bras d'un géant
Eût à peine suffi pour aller sans obstacle
Dans son gîte profond saisir le misérable.
Un obstacle ! Allons donc ! N'a-t-on pas décidé
Que, ne pouvant le prendre, il sera lapidé ?
Alors le plus pressé veut lancer à la bête,
Un caillou, pour le moins aussi gros que sa tête ;

  (1) Lorsqu'il se voit menacé, le crapaud se ballonne pour opposer plus de résistance aux coups qu'on doit lui porter.

Mais dans l'œil du crapaud une étincelle a lui,
Et ses accents vengeurs s'élèvent jusqu'à lui.

— Infernal avorton, ombre de la lumière,
Qui viens salir ton âme aux fanges de l'ornière,
Pour mériter la mort, dis-moi, qu'ai-je donc fait ?
Qu'est-ce donc que tuer si ce n'est un forfait ?
Tu dois être le fruit d'un tigre et d'une louve :
Couple affreux qui t'apprend ce que le cœur ré-
[prouve,
Et de méchants instincts ne sait que te nourrir !
Ta précoce noirceur aujourd'hui se dessine,
Le soleil me dénonce et ta main m'assassine !
Tu peux donc me frapper, je suis né pour souffrir :
J'ai la laideur du corps, toi la laideur de l'âme !
Celle-là te prépare un avenir infâme ;
Frappe donc, scélérat ! je suis prêt à mourir !
Eh ! bien, soit, dit l'enfant, je te voue au martyre :
Je vais te mettre à mort, et cela sans délai.
L'animal écrasé, la troupe se retire
En s'écriant : — Pourquoi Dieu le fit-il si laid ?

Victor Levère

JUANA

ETUDE ANDALOUSE

Elle s'en revenait de ce célèbre temple
Qu'un touriste à Séville à deux genoux contemple.
Le soir, sur les vitraux semant ses teintes d'or,
Avait charmé son cœur dans son touchant essor !
Vingt printemps couronnaient son beau front de
leurs roses
Elle était orpheline et de bien douces choses
La berçaient en sortant de l'asile béni :
De plus, chaste poète, elle aimait l'infini !
En passant au milieu de la foule bruyante,
On admirait son port et sa taille élégante,
Cette figure ouverte aux dons de l'avenir.
Là des attraits puissants venaient se réunir !
Elle atteignit bientôt sa riante demeure.
Phœbé (c'était en juin) y brillait à cette heure ;
Ainsi tout l'inspirait sous ce reflet changeant
Qui s'échappe à l'envi de son disque d'argent !
N'illumine-t-il pas la soyeuse mantille,
Ces beaux cheveux d'ébène et leur fine résille,
Lorsque sur l'ottomane en un charmant loisir,
De relire un album elle fait son plaisir !

. . . .

Là des auteurs du jour pour elle les hommages
Déroulent leurs appas sur le velin des pages :
Lors, si quelque mortel pouvait la voir ainsi,
A cet heureux destin comme il dirait merci !

Devant ce frais tableau le poète en ses veilles
Par des chants inconnus charmerait nos oreilles :
N'a-t-elle pas écrit de beaux vers inspirés
Sur Dieu, sur la nature aux charmes adorés ?
Maintenant le repos la guide vers sa couche :
La nuit des mots d'espoir s'échappent de sa bouche,
C'est qu'elle attend un frère, y songe en son sommeil
Et se lève dès l'aube... ô charme du réveil !
On frappe... mais c'est lui, les baisers se confondent,
Les accents de tendresse aux mots amis répondent,
Il vient d'un long voyage, il est riche pour deux,
Et délassés le soir, ils s'en vont fiers, heureux,
Porter leurs pas errants dans le joyeux Séville.
Avec délice alors ils parcourent la ville ;
On les fixe à l'envi, lui plein de majesté,
Bel homme, noble pose, et quelle aménité !
La sœur, brune adorable au séduisant sourire,
A l'écharpe qui flotte au souffle du zéphyre.
Tout plaît... et la mantille et cet attrait choisi...
De sa rêveuse allure on est vraiment saisi !
Ils recueillent les sons d'une musique aimée,
Contemplent alentour l'orange parfumée,
Les patios voisins aux jaillissantes eaux,
Les balcons tout semés de jasmins et d'oiseaux,
Sous résille à fins plis ces femmes qu'on jalouse
Avec leur œil de flamme et leur teint d'Andalouse !
Lorsqu'un ami du frère au modeste maintien
Galamment à la sœur offre un bras pour soutien.
C'est ainsi chaque soir... et bientôt l'hymen brille
Sous le regard de Dieu protégeant la famille !

ADOLPHE FAGET

LA GUILLOTINE

SOUVENIR D'UNE DOUBLE EXÉCUTION A AIX

Au spectacle sanglant la foule est accourue,
Se pressant de partout, sur les toits, dans la rue,
Et voulant à tout prix voir deux têtes tomber.
Des femmes, des vieillards ont failli succomber
Sous les flots vacillants de cette mer humaine,
Il faisait froid et nuit. La lumière incertaine
De la lune jetait seule un reflet blafard
Sur ce flot qui montait. Les derniers, en retard,
S'accrochaient aux balcons, montaient sur des échelles.
On y voyait de tout. Des jeunes filles, belles,
Aux yeux doux, laissant croire à l'ange de douceur,
Riaient. Ce rire-là vous faisait mal au cœur.
Des enfants, des soldats, des hommes et des femmes
Ecoutaient et riaient des jeux de mots infâmes
Que les plus indécents faisaient de l'échafaud.
Chacun s'impatientait ; des messieurs *comme il faut*
Trépignaient, demandant si l'on faisait *relâche*.
La foule était houleuse, inconvenante et lâche
Et ne pardonnait pas au bourreau, calme et fort,
Les lenteurs qu'il mettait à ce drame de mort.
Puis, ainsi qu'au théâtre, alors que le parterre
Fait dresser le rideau sous ses cris de colère,
J'en ai vu qui criaient : La toile ou mes dix sous ;
Car on payait pour voir. Quelques-uns étaient soûls
Et grognaient, de leur voix hébétée, idiote ;

Pourquoi n'a-t-on pas mis la machine plus haute ?
On ne voit rien d'ici. Pendant toute la nuit
Ce monde a campé là, dans ce sinistre bruit
Pendus à des balcons, blottis sur la croisée,
Ne craignant ni le froid, ni l'humide rosée,
Pour voir la guillotine, au moment solennel,
Trancher, sous son bruit sec, le cou du criminel.
Enfin ! le bourreau vient. La vile populace
Se tait ; chacun se fait une petite place
Pour saisir les détails de ce crime légal,
Le grand couteau s'abat deux fois ; l'arrêt fatal
Vient d'être exécuté. La justice des hommes
Est faite. Et je demande en quel siècle nous sommes.

....

Je demande comment, dans ce siècle d'esprits
De progrès, de lumière, on n'a jamais compris
Que ce triste apparat de bourreaux, de gendarmes,
De juges, de docteurs, de soldats sous les armes,
De mille curieux, de la presse à l'affût
D'un geste qui du monde entier doit être lu,
Que tout cet air de fête en l'honneur du supplice
Est de trop pour l'arrêt simple de la justice.

....

Je demande comment ce peuple ose venir
Ainsi, passant la nuit pour le triste plaisir
De voir un grand couteau tomber sur une tête,
Un flot de sang jaillir, et se faire une fête
Des détails écœurants de ce drame de mort.

....

Et toi, peuple français ! Toi, si grand et si fort ;
Toi, qui fais tressaillir les peuples de la terre
Quand tu sors du fourreau l'arme que ta main serre,
Toi qui sus conquérir tes droits, ta liberté,
Dans un sublime élan de superbe fierté ;

Toi, qui de la science as porté la couronne,
Dont la gloire immortelle au monde entier rayonne,
Quand tu viens t'avilir autour de ce bourreau,
Dis, quel esprit fatal passe dans ton cerveau ?
....

Quelles sont donc nos mœurs ! Et quel esprit de haine
Et de mauvais instincts nous hante et nous enchaîne
Pour nous faire oublier que le plus grand bandit
N'est qu'un déshérité de ce monde, un maudit...
Aurions-nous copié ses œuvres criminelles !
Ou serions-nous vraiment les monstrueux modèles
Du peintre répugnant qu'on appelle Zola ?
Je ne sais, mais je dis ce que sont ces mœurs-là,
Je dis que l'assassin, si noir qu'on le suppose,
Si méchant qu'il puisse être est un homme ; il impose
Sinon quelque respect, au moins de la pudeur,
Au moins de la pitié dès le moment qu'il meurt.
Car, il n'a pas toujours dépendu de lui-même
D'avoir un meilleur sort. Souvent personne n'aime
Le futur scélérat quand il est tout petit.
Pareil à ces oiseaux qui sont tombés du nid,
Il va, seul et sans guide, où le destin l'emporte ;
Entrant dans cette vie en franchissant la porte
Qu'on nomme le hasard, et n'ayant pour seul bien
Que ce souffle de vie étrange, qui n'est rien
S'il n'a, dans tous ses pas, heurté qu'à la souffrance,
....

Mais vous, législateurs ! qui gouvernez la France ;
Vous qui, comme tuteurs, devez guider les pas
De ceux que la raison, hélas ! n'éclaire pas !
Avez-vous bien prévu le besoin nécessaire
De ces perdus qui n'ont plus ni père ni mère ?
Avez-vous un hôtel pour pouvoir héberger
Celui qui meurt de faim et n'a rien à manger,

Et tous les orphelins sans abris, sans ressources ?
Avez-vous, en un mot, remonté jusqu'aux sources
Des vices et du mal que le malheur produit ?
Enfin, qu'avez-vous fait ? Savez-vous où conduit
Le besoin de manger et le manque de vivres ?
Quoi ! Ne savez-vous pas que les criminels ivres
De quelques pièces d'or, ou d'un litre de vin,
N'arrivent là, souvent, que par manque de pain ?
Avez-vous arraché jamais une pauvre âme
Des mains d'un père indigne ou d'une mère infâme ?
Car, malheureusement, tout comme à vous, le ciel
Accorde des enfants au père criminel.
Et quand ce fils, imbu des vices de son père,
Vient, par un crime hideux, épouvanter la terre ;
Quand l'orphelin perdu ne sachant d'où marcher,
N'ayant pas même un toit couvert pour y coucher,
Personne pour l'instruire et que, forcé de vivre,
L'or et le bien d'autrui le fascine et l'enivre
Jusqu'à ce que, poussé par le fatal destin,
Le malheureux succombe et se fait assassin,
Vous, tuteurs, ignorant la faim qui le domine,
N'offrez à son secours que votre guillotine,

. . . .

Oh ! puisqu'il faut, hélas ! se laisser gouverner,
Que ne vient-il quelqu'un qui sache nous donner
Un peu plus de travail, un peu moins de misère,
Un peu plus pour la paix, un peu moins pour la guerre.
Pour le petit enfant, la femme, le vieillard,
Qui dans le grand banquet n'aura pas eu de part,
Un hôtel pour manger quand le besoin l'oblige,
Et quand nos gouvernants viendront, faisant prodige,
Avec de beaux discours par-ci, par-là, partout,
Ne faisant jamais rien, promettant toujours tout
Et ne songeant vraiment qu'à leurs propres affaires,

Alors, comme un seul homme unissons-nous, mes frères,
Pour aller leur crier, dans un suprême effort :
Décrétez-nous la *vie* et supprimez la *mort* !

OLLIVIER (de la Tour d'Aïgues).

L'AVOCAT

AINSI QU'IL LE FAUDRAIT
ET TEL QU'IL NE LE FAUDRAIT PAS

I

Permettez que je dépeigne
Tels qu'il faut les avocats,
Et puis sur la même enseigne
Tels qu'il ne les faudrait pas.

II

Montrant au plaideur novice
Qui risque un fatal arrêt
La pente du précipice,
C'est ainsi qu'il le faudrait.

III

Mesurant son éloquence
A la hauteur des ducats,
On le voit pour l'indigence
Tel qu'il ne le faudrait pas.

IV

Jamais à court de mémoire,
Généreux, sage et discret,

Plaidant souvent pour la gloire,
C'est ainsi qu'il le faudrait.

V

Pour nuire à la bonne cause,
Embrouillant tous les débats,
Il se montre en toute chose
Tel qu'il ne le faudrait pas.

VI

Donnant des conseils de père
Sans emphase et sans apprêt
A quiconque désespère,
C'est ainsi qu'il le faudrait.

VII

Quand du droit il se désiste,
Cédant à certains appas,
On comprend trop qu'il existe
Tel qu'il ne le faudrait pas.

VIII

Fidèle au bien qu'il approuve,
Abandonnant sans regret
Tout ce que l'honneur réprouve.
C'est ainsi qu'il le faudrait.

IX

S'oubliant jusqu'à l'injure,
Médisant en certains cas,
Il se montre à la censure
Tel qu'il ne le faudrait pas.

X

Modéré dans son langage,
Respectant plus d'un secret,

Docte et savant personnage,
C'est ainsi qu'il le faudrait.

XI

Frondeur, air d'insouciance,
Fumant, dossier sous le bras,
Il est avant l'audience
Tel qu'il ne le faudrait pas.

XII

Toujours prompt à la réplique,
Du vrai rarement distrait,
Incisif et laconique,
C'est ainsi qu'il le faudrait.

XIII

Artaban de la parole
Et grand faiseur d'embarras,
Il est dans ce double rôle
Tel qu'il ne le faudrait pas.

XIV

Considérant l'injustice
Comme un ignoble forfait,
Prêt à démasquer le vice,
C'est ainsi qu'il le faudrait.

XV

Enclin au libertinage,
Friand de galants ébats,
Il est dans le mariage
Tel qu'il ne le faudrait pas.

XVI

De l'amour qui l'asticote
Fuyant prudemment le trait,

Ennemi de la cocote,
C'est ainsi qu'il le faudrait.

XVII

Se disputant les affaires,
D'accord comme chiens et chats,
On les voit entre confrères
Tels qu'il ne les faudrait pas.

XVIII

Edifiant ses compères,
S'il a fait un four complet,
Refusant ses honoraires,
C'est ainsi qu'il le faudrait.

XIX

J'en sais un qui devint maître
Une heure avant son trépas,
Attendu qu'il cessa d'être
Tel qu'il ne le fallait pas.

XX

Si l'avocat qu'on débine
Reste toujours imparfait,
C'est qu'à tort il s'imagine
Etre tel qu'il le faudrait.

Victor LEVÈRE

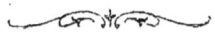

PAGES TRISTES

FIN D'ANNÉE

Et j'ai dit tristement à décembre qui fuit :
Pourquoi me verses-tu les ennuis et le rêve ?
Nos bonheurs sont trop courts, notre vie est trop
                                  [brève ?
Ce qu'un jour fait éclore un autre le détruit...

Souvent j'ai demandé, lorsque descend la nuit,
Qu'à mon tremblant désir le voile se soulève,
Mon regard s'est perdu dans le soir qui s'achève,
Et mon cri suppliant s'est noyé dans le bruit !

Car, suivant cette loi qui toujours nous étonne,
Chaque année on revoit l'hiver après l'automne,
Chaque printemps, avril égayant nos cités.

Hélas ! nous pouvons bien pencher nos têtes blanches,
Si l'oisillon refait son nid entre les branches,
Seul notre cœur vieilli n'a jamais deux étés.

DEUIL D'OISEAUX

Sur le bord d'un taillis de chênes et d'yeuses,
Près du lac transparent qui borne l'horizon,
Deux gentils rossignols ont bâti leur maison
Au refrain persistant des sources querelleuses.

Du duvet oublié jadis par les fileuses,
De la laine, à propos, prise à quelque toison,
Un églantier avec sa rose floraison,
Quelques rameaux croisés aux pointes épineuses,

Il n'en fallait pas plus pour faire une œuvre d'art
Et moi, pauvre rimeur, qui longeais par hasard,
Sans idée et sans but, cette forêt fleurie,

J'ai pu voir, aux rayons du matin rougissant,
Cinq tout petits oiseaux le corps couvert de sang...
Dieu que l'aspect d'un nid porte à la rêverie !

NOS AMIS

Ils s'en vont tous ! Les uns au printemps de la vie,
Ayant au fond du cœur gardé le feu sacré,
S'endorment pour toujours, sous le ciel azuré,
Et disent un refrain pendant leur agonie,
Et les autres... tous... ceux qu'a touchés le génie,
Ceux dont la lyre trouve un accent inspiré,
Ceux dont la lèvre ardente a parfois soupiré
La plainte de leur âme encor inassouvie,

Tous tombent! tous s'en vont! qu'ils soient jeunes ou
[vieux,
La mort à chaque instant glane quelque envieux,
Mauvais grain dont sa main vient déparer la gerbe

Mais, vaincus ou vainqueurs, sans une larme aux
[yeux,
Nous saurons bien mourir — rêveurs au front
[superbe —
Car nous sommes certains de nous revoir aux cieux!

Samuel NOUALY

GIBET ET PENDU

— Gibet ? dis-moi pourquoi je dois être pendu ?
— Je ne sais, car un fait de pareille importance
Ma voix le grince au vent, pour être répandu ;
Je t'adresse au bourreau qui dit tout ce qu'il pense !

— Bourreau ! sais-tu pourquoi je dois être pendu ?
— Non ; car, de le savoir, mon rôle me dispense ;
Interroge le juge, il est très entendu,
Et pareille réponse est de sa compétence !

— Juge, sais-tu pourquoi je dois être pendu ?
— Je ne t'en dirai rien de plus que ma sentence ;
Je ne reviens jamais sur un arrêt rendu :
Va consulter la loi, puisque la loi t'offense !

— O loi ! sais-tu pourquoi je dois être pendu ?
— Je ne sais rien, sinon que chacun m'influence ;
Que je dis blanc pour noir, comme droit pour tordu :
Vois le législateur ; c'est un puits de science !

— Cruel législateur, pourquoi suis-je pendu ?
— C'est pour avoir volé ! Rude est la pénitence ;
Je referai la loi ; c'est un malentendu !
—Va donc prendre, en ce cas, ma place à la potence !
....

— Grand merci, criminel, à toi la préférence !...
Meurs en paix, en songeant que je t'ai répondu !
....
....

—Bourreau ? vite à la corde : au gibet qu'on me pende !

Je veux quitter ce monde où tout est contrebande,
Où pour finir si mal, hélas ! j'ai tant souffert !
Aux tourments d'ici-bas je préfère l'enfer.
....
— C'est fait, dit le bourreau, qui lance dans l'espace
Le corps du patient sur lequel la mort passe !...
....
L'âme du criminel s'en va droit chez Pluton.
Surprise d'y trouver si bonne compagnie,
En coudoyant partout des gens du meilleur ton,
Elle cherche une excuse à son ignominie :
— Quoi ! je retrouve ici ceux que j'ai vus là-bas,
S'arrogeant le pouvoir de condamner, d'absoudre !
Je les vois réunis par un commun trépas !
Comment, à les punir, a-t-on pu se résoudre ?
S'écrie en les fixant l'âme en feu du bandit.
— C'est ici que se rend l'éternelle justice,
S'exclama Lucifer ; bientôt chaque maudit
Va vider avec toi la coupe du supplice ;
Tout passe-droit, chez moi, fut toujours interdit !
Attention, coquin, le défilé s'annonce :
Voici d'abord venir celui qui t'a jugé ;
A compter ses forfaits, moi, Satan, je renonce ;
De ses crimes cachés il ne s'est pas purgé.
Suit le législateur, ex-mortel grand coupable,
Qui rédigea des lois pour d'autres et pour toi.
En s'inspirant du mal dont il se crut capable,
Il sentit que son rang le mettrait hors la loi.
Il est suivi de près par cette kyrielle
D'intrigants, d'exploiteurs, de traîtres, de filous,
Qui trouvent leurs égaux dans les hordes de loups
Et qui viennent toujours grossir ma clientèle.
....
....

— Où donc est mon bourreau, celui que je maudis
Pour m'avoir fait subir la honte de la corde ?
— Tais-toi, cria Satan : de fureur je bondis !
Sache que, méconnu dans sa miséricorde,
Dieu, voyant dans le ciel pénétrer la discorde,
Pour pendre ses élus l'a mis au paradis !

. . . .
. . . .

A minuit, sous un ciel scintillant de lumières,
Entre quatre cyprès il s'était endormi.
Ce rêveur qui, le soir, hantait les cimetières,
Cherchant parmi les morts un véritable ami,
Pris durant son sommeil d'un cauchemar horrible,
Son esprit se peupla d'affreuses visions,
Fantastiques rumeurs, sombres illusions
D'où surgit du pendu la légende terrible.
Deux jours plus tard, cet homme, obsédé par l'ennui,
Me parlait de son rêve, et j'en parle après lui.

Victor Levère

LA MORT

DÉDIÉ A M. L'ABBÉ FOURNIÉ, CHANOINE HONORAIRE

Dans un bois de sapins aux orgueilleuses cimes,
Le bûcheron abat : c'est son droit, c'est son bien !
Et les jeunes pourtant ne sont pas ses victimes ;
    Mais la Mort ne respecte rien.

Tantôt c'est le vieillard, l'enfant qui vient de naître,
Ceux qu'atteint l'âge mûr et les adolescents,

C'est une jeune vierge, hélas ! enfin... peut-être,
    Qui ne vivra pas ses vingt ans.

De ci, de là, partout en aveugle elle frappe,
Elle sème l'effroi ; la hideuse terreur
La précède toujours. Voyez, elle se drape
    Dans son manteau sinistre... horreur !

— Toi qui détruis du ciel la divine étincelle
Et qui sur l'univers appelles le néant,
Impitoyable sphinx, ô perfide ! ô cruelle !
    Tu marches à pas de géant. —

Et non contente encor à son aide elle appelle
L'affreux Mal, qu'on ne peut regarder de sang-froid,
L'insatiable Orgueil, l'Eau, puissante rebelle,
    Et la Haine, à l'œil morne et froid.

Se livrant constamment à toute sa furie,
Le Mal se nomme ici peste, là choléra ;
Et ses affreux serpents sifflent leur raillerie
    Quand on chante le *Libera*.

Les peuples se heurtaient, disputant la victoire,
Faisant de l'univers un immense cercueil.
Pourquoi ? — Pour conquérir ce fantôme, la Gloire,
    Chimère que poursuit l'Orgueil.

Narguant le Tout-Puissant, l'homme lance sa foudre :
Il croit être le roi de la création.
Mais insensé superbe, il ne sait que résoudre
    Ton problème, ô destruction !

Avec son air sournois, sa démarche hypocrite,
L'Eau cache à tous les yeux ses abîmes profonds,
On dirait qu'elle dort ; mais quel bruit insolite
    J'entends gronder dans ses bas-fonds ?

Elle rugit alors ; dans sa rage insensée

Elle bondit, elle brise tous les agrès,
Et son vol effrayant devance la pensée :
    Le désespoir la suit de près.

Le Fils de l'Eternel a dit : « Soyez tous frères. »
Et la Haine, dans l'ombre, aiguise ses poignards,
Distille son poison ; de ses infects repaires
    Elle sort, ses yeux sont hagards.

Et soudain auprès d'elle on voit surgir le Crime
A l'œil féroce et dur qui, de sang altéré,
S'acharne sur sa proie ; il entr'ouvre l'abîme
    Où l'on tombe désespéré.

Et quel que soit l'aspect sous lequel se présente
La Mort, le corps humain hurle sous la douleur
Dont le terrible fouet amène l'épouvante,
    Et rien n'égale sa fureur.

Pourquoi faut-il que l'homme, après peine et souffrance,
Soit rayé des vivants ? Emporté dans l'oubli ?
Est-ce donc qu'il serait ta victime, ô vengeance ?
    Sonnerais-tu son hallali ?

Est-ce que le désir de la première femme
Broya, dès le début, notre immortalité ?
L'originel péché rend-il tout homme infâme
    Malheureux pour l'éternité ?

C'est Dieu, dans sa sagesse immuable, infinie,
Qui le voulut ainsi. Si cela n'était pas,
Il n'aurait pu créer la sublime harmonie
    Qui règle la vie ici-bas.

Des éternels décrets terrible exécutrice,
L'impitoyable Mort frappe à coups redoublés
Et fauche dans le tas des humains. O supplice
    Affreux ! Créatures, tremblez !

Joseph Aybram

LA VOILE DISCRÈTE

ROMANCE INÉDITE

Pareille au papillon volage
Qui fuit, rapide, sous nos yeux ;
Pareille encor au blanc nuage
Que le vent chasse dans les cieux.

REFRAIN
De son fardeau si fière,
Sur un flot calme et pur
Notre barque légère
S'ouvre un sillon d'azur.

Oui, tous les soirs à la même heure
C'est un plaisir nouveau pour nous,
Quand de son aile nous effleure
L'oiseau de mer un peu jaloux.

De son fardeau.

Comme l'amour dans notre barque
Siège sans cesse à nos côtés,
Pour nous l'impitoyable Parque
N'ose filer des jours comptés,

De son fardeau.

Beau lac où se mire l'étoile,
Prête ton sein à nos amours,
Toi, sois discrète, chère voile,
Tais notre nom toujours, toujours !!

De son fardeau.

Casimir MORENAS,
Membre du 2e groupe de l'Athénée.

UN BON PARTI

Elle eut jadis trente-deux dents ;
Pour l'attester il en reste une
Qui, déplorant cette lacune,
Tremble sous quelques cheveux blancs.

Lorsque son œil droit vous regarde,
Son œil gauche marque le pas,
Et, semblable à la vieille garde,
A votre appel ne se rend pas !

Sa bouche s'ouvre comme un gouffre,
Sur un menton de poils fourré
Et sous un nez crochu qui souffre
Si de tabac il n'est bourré.

Corps osseux, peau parcheminée,
Rappelant assez le ton noir
D'un intérieur de cheminée,
Oreille en forme d'entonnoir.

La mouche tombe sous son souffle,
Elle exhale une odeur d'oignon,
Et, dans une immense pantoufle
S'endolorit son pied mignon.

Elle minaude à sa manière :
Vous prendriez volontiers sa main
Pour un battoir de lavandière,
Lorsqu'elle vous la tend soudain.

Sa taille, d'un trop long carême
Rend la sécheresse et l'aigreur,
Tous les signes d'un jeûne extrême
Se reflètent dans sa maigreur.

Au moral la vieille pimbêche,
A mon sens ne vaut guère mieux :
Très souvent son humeur revêche,
Se traduit en cris furieux.

De notre pauvre engeance humaine
C'est un bien triste échantillon ;
Elle est gourmande, sotte et vaine,
Mais elle a plus d'un million.

Que de gens, de fortune avides,
Des biens moraux mal convaincus,
Dont la bourse et le cœur sont vides,
L'épouseraient pour ses écus.

Venez donc vite vous inscrire,
Partisans du bien mal acquis !
Ennemis de la tire-lire,
Joueurs décavés, faux marquis !

Venez, piliers de la débauche,
Précoces vieillards de trente ans,
Venez remplir votre sacoche
Près du coffre où je vous attends.

Venez, pédants sans sou ni maille,
Vieux roués, jeunes avachis,
N'ayez crainte que l'on vous raille
Dès que vous serez enrichis.

Avocassiers sans clientèle,
Gommeux, rengaînes du bon ton,
Flairez la vieille demoiselle
Dont les écus sentent si bon.

Victor Levère

SOUVENIR

De ce beau jour d'hiver, vous souvient-il, mignonne,
Où nous allions tous deux, votre bras sous mon bras ?
Le froid avait rougi votre mine friponne,
Et la neige avait fait un tapis sous nos pas.

Je vous aimais beaucoup, pas comme je vous aime,
Je ne vous avais pas fait encor mes aveux,
Cependant nous causions de ce tendre dilemme :
« Peut-on toujours s'aimer et toujours être heureux ? »

Vous me disiez alors — oh ! je me le rappelle —
Que vous ne croyiez pas à l'amour éternel,
Que le cœur est changeant, qu'une flamme si belle
Ne peut guère exister dans l'âme d'un mortel.

Et je vous répondais, osant parler à peine,
Car vos yeux noirs semblaient fouiller jusqu'à mon
[cœur
Je répondais.... hélas ! rien, dont il me souvienne,
Car je craignais bien trop votre rire moqueur !

Et voyant mon émoi, mon manque d'assurance,
Vous avez ri quand même en un joyeux éclat,
Et moi je n'osais pas dire mon espérance,
Craignant que mon amour, cher ange, vous blessât !

J'enviais cependant ces papillons de neige
Qui voltigeaient dans l'air, puis venaient doucement
Poser sur votre joue un baiser sacrilège
Tendre et mystérieux comme un baiser d'amant !
....
....
De ce jour de bonheur, s'il vous souvient encore,

O vous, qui maintenant connaissez mes amours,
Oh ! croyez à ma foi, mignonne que j'adore,
Je vous aimais alors, pour vous aimer toujours !
Lucien Rildès

PENSÉES FOLLES

Aimer, rêver, chanter ami telle est la vie,
Le bonheur ici-bas s'exprime en ces trois mots,
Las ! ceux qui de fortune ou de gloire ont envie
L'ignorent et vraiment ils ne sont que des sots

Aimer, c'est être bon, c'est sentir en son âme,
Des troubles inconnus, douces sensations,
C'est le cœur réjoui, c'est le corps qui se pâme
C'est l'esprit tout entier à ses illusions.

Rêver, c'est s'envoler au delà de ce monde,
C'est vers un paradis, dans l'azur éthéré,
Se sentir entraîné par une étrange ronde,
C'est trouver l'idéal longtemps inespéré.

Aimer, c'est oublier les ennuis de la terre,
C'est chercher vers le ciel un éternel lien,
De l'ivresse des sens découvrir le mystère,
C'est surtout fuir le mal et rechercher le bien.

Chanter, c'est le souci disparu dans la joie,
Témoignage riant d'un passé bien rempli
C'est la douce harmonie où le chagrin se noie :
Aimons, rêvons, chantons, car c'est là qu'est l'oubli.

Gabriel Séguy
Membre du deuxième groupe des Troubadours.

LE BON JUGE

Un juge de la Cochinchine,
Comme il eût pu l'être d'ailleurs,
Un juge tel qu'on l'imagine,
En songeant à des jours meilleurs,
Vivait dans le Céleste Empire,
Au milieu d'un siècle d'erreur,
Où tout allait de mal en pire,
Sous je ne sais quel empereur.
Dénué de tout artifice,
Cet incomparable Chinois
Eût préféré mourir cent fois
De la peste ou de la jaunisse,
Ou bien encor perdre d'office
Trois dents en cassant une noix
Que de commettre une injustice :
Chacun avait recours à lui,
Car il n'était pas, en affaires,
Ce que sont restés ses confrères
D'alors, d'hier et d'aujourd'hui,
C'est-à-dire pressés d'exclure
Ce qu'il faudrait examiner ;
Des débats hâter la clôture
Quand sonne l'heure du dîner ;
A des rancunes personnelles
Sacrifier l'intégrité ;
Sous des paroles solennelles
Ensevelir la vérité.

Ce phénomène incomparable
Connaissait à fond son métier :
Intelligent, savant, affable,
On eût couru le monde entier
Sans en trouver un de semblable.

....

La mort, qui le prit en passant,
Par respect pour la loi commune,
Eût dû faire son remplaçant
D'un homme tombé de la lune.
Chacun, de regrets obsédé,
Eût bien voulu se mettre en quête
Pour rencontrer un juge honnête,
Egal en tout au décédé ;
De pareille chose entreprendre,
Il est moins aisé qu'on ne croit ;
Car, faire choix, sans se méprendre,
D'un mortel qu'on doit, à tout prendre,
Par serment investir du droit
D'acquitter ou de faire pendre,
N'est pas le fait d'un maladroit
Sans esprit et sans compétence ;
La méprise peut, en ce cas,
Faire absoudre des scélérats
Et vouer par fausse sentence
Des innocents à la potence :
Ce risque fatal, n'est-ce-pas,
Vaut bien la peine qu'on y pense.
On chercha donc avec ardeur,
Un peu dans tous les coins du monde,
Parmi les hommes de valeur
Grouillant sur la machine ronde,
Celui qui du juge défunt,
Dans cette cruelle disgrâce,

Devait le mieux tenir la place.
Il en surgit mille pour un,
Propres à marcher sur sa trace,
Mais en dépit du sens commun.

....

On trouva de science infuse
Plus d'un concourant bien lesté ;
Par trop de jactance il s'accuse,
Lors son mérite est contesté.
En l'art de juger plus d'un maître
Aux questions de droit rompu,
D'emblée eût pu se faire admettre
S'il n'eût paru capable d'être
Par l'amour du gain corrompu.
On trouva des juges intègres,
Mais la plupart peu réfléchis ;
Nuls, parmi les blancs et les nègres
N'étaient de faiblesse affranchis.
Comme il advient en toute chose,
On noya l'effet dans la cause,
Et l'on chercha tant et si bien
Qu'à la fin on ne trouva rien.

....

Lors, dans cet embarras extrême,
Le peuple s'étant consulté,
Eut recours au juge suprême
Pour trancher la difficulté.

....

L'Empereur, sans plus de scrupule,
Envoya l'ordre de Pékin
D'asseoir sur la chaise curule
Au lieu d'un juge un mannequin.
Vierge d'erreur judiciaire,
Le trait parut original

Et contenta la foule entière ;
On obtint, de cette manière,
Ce résultat pyramidal :
D'avoir un juge exempt de faire
A son prochain ni bien ni mal.

Victor Levère

MES AMERTUMES

UN SOIR

Déjà le vent m'apporte une rumeur lointaine
    De la plaine,
Où s'agitent en chantant plus de mille voix,
    Sous le bois.

Sans un remords au cœur, elle rit la cruelle,
    Toujours belle,
De la danse les sons l'enivrent de plaisir,
    De désir.

Je l'aperçois d'ici dans ce tableau champêtre,
    Et peut-être
S'abandonnant, sans honte, aux bras de mon rival,
    Cœur banal.

Cœur banal et trompeur qui ne saura pas lire
    Le délire
Qu'elle mit en mon âme au temps de nos amours
    Pour toujours.

La valse les entraîne et sous la douce brise
   Qui les grise,
Ne croyant pas mentir, ils se font, ces amants,
   Des serments.

Mais je serai vengé demain par l'inconstance,
   Je le pense
Puisse-t-elle crier, en perdant la raison,
   Trahison.

J'attends et près de l'eau chantent avec les vagues
   Des bruits vagues,
Qui bercent doucement la profonde douleur
   De mon cœur.

Gabriel Séguy
Membre du deuxième groupe des Troubadours.

La Peste de Marseille en 1720

Dans le port de Marseille un navire étranger
Entrait un jour guidé par un destin funeste ;
Il avait à son bord un affreux passager,
Pourvoyeur du trépas ; son nom c'était la peste.
Bravant du désespoir les stériles efforts,
Le fléau ravagea la cité Phocéenne.
Avec tant de fureur que l'on osait à peine
S'avouer que l'on fût vivant parmi les morts.
Aux cœurs les mieux voués aux dévouements sublimes,
Ce mal inspirait moins de pitié que d'horreur ;
A la contagion qui fit tant de victimes,
Les faibles ajoutaient celle de leur terreur.
Tous étaient condamnés à rester dans l'enceinte
Où la mort poursuivait son œuvre jusqu'au bout ;
On eût en vain tenté d'en conjurer l'atteinte :
La peste était dans l'air, elle frappait partout.
Partout règne l'angoisse, on se craint, on s'évite ;
Chacun voit dans la vie un jour sans lendemain
Et détourne les yeux, n'osant tendre la main
Au malheur qui gémit et qui le sollicite.
Le regard effrayé s'arrête à chaque pas
Sur mille infortunés en proie à l'agonie ;
Du sein de la cité l'espérance est bannie,
D'abord l'horrible angoisse et bientôt le trépas :
Là, ces deux fiancés dont la vive tendresse
Ose encore rêver l'avenir le plus beau,
Quand la peste prépare à leur constante ivresse
Un dernier rendez-vous dans la nuit du tombeau.
Plus loin s'agite un groupe, une famille en larmes,

Dont rien ne peut calmer les mortelles alarmes ;
Qui, voyant un des siens par le fléau vaincu,
Rougit d'être épargnée et d'avoir trop vécu.
Noble faisceau de cœurs dont le lien sublime
Semble offrir à la mort une seule victime :
Tantôt c'est un vieillard pâle, à demi-perclus,
Dont la caducité marque la dernière heure,
Que le fléau foudroie au seuil de la demeure
Où tous ceux qui l'aimaient, hélas ! n'existent plus.
Une mère affolée, insensible et cruelle,
Fuyant loin du foyer des êtres préférés,
Qui, dans l'époux qu'elle aime et l'enfant qui l'appelle,
Ne voit plus maintenant que des pestiférés.
Le désastre est immense et l'horreur le domine ;
La population qu'accablait tant de maux
Etait prête à douter de la grandeur divine,
Quand le Ciel à la peste opposa deux héros :
L'un apôtre du Christ, Belzunce, dont l'histoire
A porté jusqu'à nous le touchant souvenir,
Pieds nus, portant au cou la corde expiatoire,
S'en allait en tous lieux consoler et bénir.
L'autre, un jeune docteur, espoir de la science,
Riche, considéré, se place au premier rang
De ceux dont le danger augmente la vaillance
Et s'offre en holocauste au fléau dévorant :
Guyot, c'était son nom, une âme généreuse
L'anime pour le bien d'un sentiment nouveau.
Le scalpel à la main, dans son ardeur fiévreuse,
Il tente d'arracher à l'horrible fléau
Le secret qui maintient sa marche désastreuse.
D'un cadavre empesté dont le contact fatal
Doit entraîner la mort de son cœur libéral,
Il fouille longuement la chair empoisonnée,
Observe, puis écrit, lutte contre le mal

Et tombe pour mourir dans la même journée,
N'exhalant même pas un soupir de regret,
Heureux de s'immoler bercé par la pensée
Que sa noble action sera récompensée
Si du mal qui le tue il surprit le secret.
Exemples glorieux, consolantes images,
Vous serez éternels comme la charité ;
Vous passerez brillants à travers tous les âges
Sur le front radieux de l'Immortalité !

. . . .
. . . .

Plus d'un siècle est passé sur la ville éprouvée,
Léguant le souvenir de ce sombre tableau
A la charité sainte, ardente et dévouée,
Qu'il retrouve luttant contre un nouveau fléau;
Et ce fléau, non moins que la peste est terrible ;
Car c'est le choléra noir, convulsif, hideux,
Dangereux ennemi dont le souffle invisible
Sème le désespoir et la mort en tous lieux.
Après d'autres pays, la France, notre mère,
Au fléau dévorant paye un tribut fatal,
Et pendant de longs jours subit la peine amère
De voir ses fils en proie aux ravages du mal.
D'abord ce fut Toulon, la vieille forteresse,
Avec son vaste port et ses sites épars,
Qui vit l'épidémie, insatiable ogresse,
L'envahir en dépit de ses doubles remparts.
Puis Marseille eut son tour ; sa brillante couronne,
Faite de flots vermeils, de rayons et de fleurs,
Au contact du fléau, qui bientôt l'environne,
Se flétrit lentement et tombe avec des pleurs.
Elle compte en son sein des victimes nombreuses ;
Mais si le mal est grand, plus grande est la vertu :
Les nobles dévouements, les âmes généreuses,

A l'appel du malheur ont toujours répondu.
On ne distingue plus de rang ni de fortune,
Chacun veut s'égaler en générosité.
Chacun veut concourir à cette œuvre commune
Qui pour devise a pris : Devoir ! Humanité !
Lorsque Marseille enfin cesse se se débattre
Sous les coups du fléau prêt à l'anéantir.
Parmi tant de héros qui vinrent le combattre,
L'hôte sinistre peut compter plus d'un martyr.
De Belzunce et Guyot, ces héroïques hommes,
Ont trouvé des chétiens pour marcher sur leurs pas.
Les vertus ne sont pas d'éphémères fantômes :
La charité c'est l'âme, et l'âme ne meurt pas !

Victor Levère

A LAMARTINE

A vingt ans, ô poète ! une main invisible
Prenait souvent plaisir à me serrer le cœur.
Un jour, sa pression me fit telle douleur
Que je crus en mourir : c'est un mal si terrible !

Jeune et désespéré, je traversais sans peur,
A l'heure où les amants songent à l'impossible,
Le bois le plus épais et le moins accessible.
J'étais indifférent au réveil de la fleur.

Qu'avais-je fait, grand Dieu ! pour souffrir de la
J'avais lu *Jocelyn* au chevet d'une morte   [sorte ?
Dont la fille en secret m'avait juré sa foi.

Si j'étais malheureux, si je souffrais de l'âme,
Si je crus succomber, c'est qu'une main de femme
M'avait saisi le cœur. J'aimais, voilà pourquoi.

A. Chambard

PARIS QUI S'EN VA

PLACE MAUBERT

O vous que les Champs-Elysées
Comptent parmi leurs habitants !
Vous dont les poches sont usées
Par l'or qui s'y frotte en tout temps !
Descendez de vos équipages,
Venez dans cet ancien quartier
Où le Paris des premiers âges
Semble avoir vécu tout entier.

Là, pas d'habit noir, mais la blouse.
La casquette en veut au gibus ;
Ni rond-point, ni verte pelouse,
Au lieu du coupé, l'omnibus.
Jamais caprice de la mode
Dans ces parages ne fait loi :
La redingote est incommode,
En toilette on est mal chez soi !

Le monde, ennemi de la chaîne,
La fuit comme une trahison,
Il n'admet pas qu'un col le gêne,
Ni que ses pieds soient en prison.
A ses yeux la canne excentrique
Ne peut remplacer le gourdin :
Contre la pluie il a sa trique
Place Maub, on n'est pas gandin.

C'est sur cette place incivile
Que le classique chiffonnier,
Ecumeur de la grande ville,
Habite encore en routinier.
Observateur autant que Sterne,
Pour lui, la vie est un hochet,
Dès qu'il promène sa lanterne,
Sa vieille hotte et son crochet.

Le marchand de bouts de cigares,
La pipe aux dents, hâve, efflanqué,
Vend à ses clients peu bécarres
Du tabac qu'il a fabriqué.
Philosophe de bonne espèce,
Pendant le jour, dans son mouchoir,
Comme un carabin, il dépèce
Les *mégots* ramassés le soir.

Le mastroquet fleurit à l'aise,
Tranquille en ce coin de Paris,
Et le vin qu'il débite à seize,
D'un seul coup rend le buveur gris...
Dame ! on n'est pas sur cette terre
Pour y vivre comme un lapin :
Il faut bien qu'on se désaltère
Et qu'on arrose un peu son pain.

Jouant à l'amour comme aux quilles,
Faisant concurrence aux hiboux,
La nuit, les rôdeurs et les filles
Viennent là : c'est leur rendez-vous.
Tandis que l'homme dévalise
Le bourgeois qui s'est attardé,
La femme, ardente, rivalise,
Offrant à tous son sein ridé.

Ce carrefour, près de la Seine,
Donne naissance autour de lui
A la rue étroite et malsaine
Où le soleil n'a jamais lui.
Qu'elle ait nom Maître-Albert, Galande,
Des Trois-Portes ou des Anglais,
C'est encore la même bande,
La misère en vingt-huit couplets !

Là le cabaret n'est qu'un bouge
Aux murs humides et crasseux,
Où le soiffard a le nez rouge,
Le teint bistre et l'œil paresseux.
La maison du père Lunette
Est, dans ce genre, un lieu béni,
On n'y connaît pas la canette,
Et le champagne en est banni.

Dirait-on que, sur cette place,
Autrefois, prêchait saint Bernard,
Et qu'à travers la populace
On voyait passer Abélard ?
Quel spectacle ce devait être
De contempler les écoliers
Ecoutant, en plein air, un maître,
Tous vêtus d'habits singuliers !

Sur le chemin de la montagne
Et dans un vaste clos voisin,
On cueillait, comme à la campagne,
Des fleurs, des fruits et du raisin.
Les moines dominaient la foule :
C'était le règne du sermon,
Depuis le fleuve, en bas, qui coule,
Jusqu'à Saint-Etienne-du-Mont.

Notre-Dame, impassible et fière,
A compté le nombre des ans
Sans interrompre sa prière,
Sans s'inquiéter des passants.
Fille d'une époque indécise,
Sœur jumelle de nos aïeux,
A peine si sa pierre est grise ;
Elle n'a pas vieilli, tant mieux !

Car rien n'est si doux à notre âme
Que de pouvoir se souvenir !
Mais, s'il nous reste Notre-Dame,
La place Maubert va finir...
Le Progrès, pour suivre sa route,
Abat tout ce qui lui déplaît :
Maubert lui déplaisait sans doute,
Puisqu'à sa place il met Dolet !

Georges Bouret.
Membre du 1er groupe des dix Troubadours.

LE CLUB DES MOUTONS

I

Les moutons, se lassant d'être toujours tondus,
    Saignés, écorchés et vendus,
Ouvrirent, certain jour, un club patriotique
    Où leurs maîtres en politique
    Tour à tour furent entendus.
Blessé par les ciseaux qui tondirent sa laine,
    Un vieux bêlier, démocrate endurci,
    Leur débita, tout d'une haleine,
En termes chaleureux le discours que voici :
— « Envers les ennemis de notre pauvre race,
Je prétends, mes amis, qu'il faut changer de ton :
    Car il n'est pas si candide mouton
Qui, de toujours souffrir, à la fin ne se lasse ;
Pour faire à nos tyrans sentir notre courroux,
Pour accomplir sur eux un acte de justice,
    Nous allons décréter d'office
    La mort des bergers et des loups.
    Vengeons-nous, en vengeant les nôtres,
    Sur ces scélérats avérés :
    Sans pitié les uns et les autres
    De tous temps nous ont dévorés. »
Il dit, et l'auditoire, à convaincre facile,
Par de longs bêlements applaudit. De chacun
On recueille les voix, et malgré qu'ils soient mille,
    Des moutons le troupeau docile
A voté comme un seul, dans l'intérêt commun.

II

Il va de soi qu'aussitôt proclamée,
Cette mesure fut vivement acclamée
    Par les moutons, les agneaux, les brebis
De toutes les couleurs et de tous les pays.
« Il faut, s'écriaient-ils, sans retard entreprendre
       L'œuvre d'extermination
Et donner au décret que le club vient de rendre
       Une prompte exécution. »
Ce fut, pendant huit jours, une sorte de rage ;
Les moins audacieux s'excitaient au courage ;
Quant aux plus exaltés ils s'étaient bien promis
       De voir périr dans le carnage
       Le dernier de leurs ennemis,
    Or, nonobstant ce projet sanguinaire,
       Le loup cruel, l'affreux berger
       Circulaient, ne se doutant guère
       Qu'on dût sitôt les égorger.
En attendant ce jour d'immense tuerie,
Pour manger les moutons les loups sortaient du bois
       Et les bergers, atroce moquerie,
       Les envoyaient, comme autrefois,
       De l'abattoir droit à la boucherie,

III

Le camp des révoltés enfin se ravisa ;
La fureur des moutons, réduite à l'impuissance,
       Insensiblement s'apaisa ;
Par un nouveau discours le bélier effaça
       Toute trace d'effervescence.
— « Messieurs, s'écria-t-il, ce que nous redoutons,
       C'est, avant, tout notre faiblesse :
       La République des moutons,

Manquant de force et de noblesse,
Ne peut que susciter de cruels embarras.
Il faut en convenir sans en chercher la cause :
Ce que j'ai dit au club, je ne le pensais pas ;
Renversons ce régime et cherchons autre chose.

Ne cherchez plus ! J'ai, sans effort,
Trouvé qu'à tous les maux le faible étant en butte,
Il fera toujours la culbute
S'il n'est soutenu par le fort.
Choisissons donc des alliés capables
De semer partout la terreur ;
Du Roi des animaux faisons notre empereur ;
Par un chef redouté, rendons-nous redoutables.
Aidés des griffes et des crocs
De ces fauves, fouilleurs d'entrailles,
Dieu sait à quel nombre d'accrocs
S'arrêteront nos représailles !
Il est temps, mes amis, qu'à ce grand souverain
Nous dépêchions d'habiles diplomates ;
Dites-leur donc d'aller se nettoyer les pattes
Pour se mettre en route demain ;
Qu'ils sachent bien, surtout, que j'ai la certitude
Qu'ils recevront, là-bas, un accueil cordial ;
Car un roi quel qu'il soit, flatte la multitude
Lorsqu'il espère d'elle un sceptre impérial ! »

IV

Alors, dès l'aube matinale,
Pêle-mêle, sans grand apprêt,
La caravane triomphale
Se dirige vers la forêt.
Un chien dogue, bon camarade,
Arrivé tout exprès de loin,
Ouvre la marche à l'ambassade,

Prêt à la défendre au besoin,
Pendant qu'à petits pas la troupe ainsi chemine.
Comme la plupart des tyrans,
Le lion, que l'ennui domine,
Bâille au nez de ses courtisans ;
Il les a tous reçus au fond de son repaire.
Le mécontentement règne au sein de sa cour,
Bien que le léopard, le tigre, la panthère
Viennent en rampant, tour à tour,
L'entretenir des affaires du jour.
On sent dans leurs propos dominer la colère
Qu'ils ont grand'peine à contenir.
Un tigre furieux et d'allure sinistre,
Dont les gros appétits ne peuvent s'assouvir,
Ouvrant sa gueule de ministre,
Menace de tout engloutir.
— « Il faut tripler l'impôt, la cour ne peut plus vi-
[vre,
Dit-il, ainsi livrée aux chances du hasard, »
— « Il faut que nous puissions atteindre, sans la
[suivre,
Notre part de gibier, hurle le léopard. »
— « Je vais manger mes fils, grince aussi la hyène. »
La panthère rugit : « Je suis lasse à la fin
D'avoir l'estomac creux. » L'ours dit : C'est bien la
[peine
D'habiter un palais pour y mourir de faim !

V

Le lion, l'œil en feu, la crinière hérissée,
Roi que tant d'audace a surpris,
Jette à ses courtisans, d'une voix indignée,
Ce discours où se peint sa haine et son mépris :
— « Êtres toujours gorgés, toujours insatiables,

Elevés par la force au-dessus de la loi,
Êtres que j'ai comblés de faveurs innombrables,
Sans en rien retirer, qu'exigez-vous de moi ?
Ne vous suffit-il plus d'accumuler vos crimes
   A l'ombre de l'impunité ?
Vous faut-il pour trouver de nouvelles victimes,
   Ma royale complicité ?
Est-ce ma faute à moi, si, pliant dans la lutte,
Vous n'avez pu dompter de terribles rivaux ;
Si, plus cruel que vous, l'homme avide dispute
Jusque dans les forêts leur proie aux animaux ?
   Dussè-je y perdre ma couronne,
Je ne souffrirai plus qu'imitant ces bandits
   Vous salissiez les marches de mon trône
   En y vautrant vos sanglants appétits.
Je veux, enfin, régler votre faim abusive ;
De vos vexations affranchir mes Etats,
Placer de mes sujets la foule inoffensive
   A l'abri de vos attentats.
Toutefois, comme il faut que la canaille vive,
En vous abandonnant les souris et les rats,
Je vous laisse le droit de dévorer les chats.
J'ai dit ! A cet arrêt, rendu de bonne grâce,
   Dans l'intérêt de mon peuple et du mien,
   Que nul de vous ne fasse la grimace,
   Ou je l'étrangle comme un chien ! »

VI

Le lion finissait à peine sa harangue
Qu'un renard grassouillet, objet de ses faveurs,
Détesté de chacun pour sa mauvaise langue,
Glapit d'un ton criard : Place aux ambassadeurs !
A cet appel courtois, la troupe rassurée

Jusqu'aux pieds du lion s'était aventurée,
Non sans être l'objet de sinistres égards,
Tout faits de grognements et d'avides regards.
Du lion toujours grand, la majesté pensive
Ecoute les moutons d'une oreille attentive.
Ciel ! rugit-il enfin, ai-je bien entendu ?
Est-ce bien le mouton si candide, si tendre,
Qui m'apporte, en retour d'un service rendu,
Un sceptre que je puis à toute heure lui prendre ?
    Est-ce bien ce peuple si doux
    Qui, pris d'une rage subite,
Me demande la mort des bergers et des loups ?
S'il veut la mort d'autrui, c'est la mort qu'il mé-
                              [rite !...
    S'autorisant de ce propos,
Les fauves, bondissant après un long repos,
Egorgeant les moutons dont ils vont se repaître,
    N'en laissent bientôt que les peaux
    Sur lesquelles s'endort le maître.

VII

Quand le renard, doué d'un aplomb peu commun,
Osa parler au roi du crime de la veille,
Celui-ci répondit, en lui griffant l'oreille :
— « Ces moutons étaient gras, la cour était à jeun ! »

Victor Levère.

Tournoi des Dames

LES FRIMAS

Poésie qui a obtenu le 1ᵉʳ grand Prix **palme d'or**

Sous l'horizon blafard, la neige s'accumule,
La bourrasque égarant chaque nouvau globule
Dans l'air fait tournoyer l'essaim des froides fleurs.
La bise siffle et mord cette blancheur nacrée,
Qui se cristallisant est aussitôt poudrée
Par des flocons tombant en déluge de pleurs.
Les oiseaux, voletant aux branches décharnées,
Ne cherchent plus le nid des douces hyménées,
Et, frileux et sans voix, rôdent sous le ciel noir.
Des beaux jours la nature en princesse royale
Porte le deuil en blanc. Sa robe virginale
S'effrange par glaçons polis comme un miroir,
Le froid bleuit la main par l'indigent tendue,
Tandis que des frimas mollement défendue,
Se perd sous l'édredon celle du riche altier.
La nuit, s'étourdissant dans les fêtes magiques,
Entend-il comme un glas frissonner les suppliques
Du malheureux pleurant dans le sombre grenier?
Voit-il de son dockart à la fougueuse allure
L'orpheline trembler dans sa robe de bure,
Et l'enfant s'engourdir sur le seuil du saint lieu?
Voit-il cet affamé dont la bouche livide
Ose à peine essayer la prière timide,
Et ce vieillard mourant faute d'aide et de feu?
Voit-il passer là-bas la misère orgueilleuse

Se drapant fièrement dans sa loque poudreuse
Qu'éclabousse un landau traînant l'heureux du jour ?
Voit-il ce pâle enfant, du sein de sa nourrice
Attirer mais en vain la substance factice,
Et ce mendiant blême au coin du carrefour ?
O riches, qui passez, dédaignant l'infortune,
Prenez garde !... Attisant sa farouche rancune,
Vous la verrez un jour s'affranchir de ses gonds.
Quand le tigre affamé s'enfuit de sa tanière,
Il dévore et se fait une rouge litière
Du sang dont il s'abreuve aux corps des moribonds.
Donnez, riches, donnez !.. Sous votre sauvegarde,
Dieu mit les indigents. Volez à la mansarde,
Vos cœurs s'amolliront devant l'adversité.
Soutenez l'arbrisseau torturé par l'orage
Et du lys épuisé, qu'attire le mirage,
Protégez la pudeur et la saine beauté.
Relevez, relevez les âmes en détresse,
Car toujours la misère est la fatale ogresse
Qui dévore, engloutit les nobles sentiments.
Riches !.. des malheureux soyez le bon génie,
Que par vous la douleur du foyer soit bannie,
Sachez en écarter les spectres infamants.
Quand sonnera l'instant de votre dernière heure,
Un céleste rayon luira sur la demeure
D'où devra s'exhaler votre âme dans les cieux.
Vos cœurs, régénérés par la charité sainte,
De la mort, sans effroi, ressentiront l'etreinte :
Un ineffable espoir vous fermera les yeux.

ADÈLE CHALENDARD
Membre du 1er groupe des dix Troubadours.

LE REPENTIR DU FORÇAT

Qui a obtenu le 1ᵉʳ grand prix **(Palme d'or)**

Libre ! le bandit fuit. . Déjà, sur la montagne,
Il écoute... bien loin grincent les fers du bagne ;
Son poing, lancé dans l'air, provoque, audacieux,
L'humanité, le ciel, le séjour odieux
Où, traînant le boulet, pendant ces trois années
Il a dû contenir ses rages effrénées !...

Il franchit les ravins, les plaines, les sommets,
Roulant dans son esprit de sinistres projets.
Haine aux lois, haine à Dieu qui lui fit de la vie
Un banquet exécrable où l'instinct le convie !...

Il fuit, sans savoir où, comme un tigre blessé
Dont le flanc saigne encor du trait qui l'a percé.

Là-bas, bruit la cité... Le bandit, à sa vue,
S'élance, ressaisi d'une fougue imprévue ;
Il ira, vagabond, l'œil altier, s'imposer
Aux faibles d'ici-bas, dont il veut abuser,
Et de ses jours d'exil il prendra sa revanche.

Soudain, réfléchissant, son front rageur se penche,
Il écoute dans lui parler le souvenir,
Deux noms purs en son cœur viennent de revenir.
Sa mère ! Ah ! malgré lui, ce nom vibre en son âme.

Mais il est mauvais fils, mauvais époux ! Sa femme
Qu'est-elle devenue ?... Il lui semble qu'un jour,
Doucement s'approchant, l'œil imprégné d'amour,
Elle lui confiait qu'un ange allait leur naître !...

Oh ! s'il eût attendu l'innocent petit être,
Jamais ses pieds vaillants n'eussent traîné les fers.
Aujourd'hui d'où vient donc qu'en son esprit pervers
Le souvenir éteint grandit et s'illumine ?...
Oh ! le pays natal et la pauvre chaumine !...
Les revoir un seul jour avant que de jeter
Les derniers sentiments qui viennent l'agiter.
Il ira donc là-bas, puis, revenant au vice,
Il franchira le monde au gré de son caprice.

. . . .

Sur les sentiers, les rocs, il bondit maintenant ;
Déjà, l'humble hameau, sur le point culminant,
Apparaît à ses yeux dans son nid de verdure.
Tout chante autour de lui, tout frissonne et murmure.
Les neiges du printemps se balancent dans l'air,
Et le rose et l'azur se fondent dans l'éther.

. . . .

Le forçat, d'un seul trait, vers la maison s'élance.
C'est elle !... la voilà... tombant en décadence.
Oh ! la pauvre chaumine !... Il recule saisi !...
Elle est là, s'écroulant, mais de son toit moisi
Se déroule en spirale une épaisse fumée,
Conservant à ces lieux la vie accoutumée.

Le bandit, maintenant, suit d'un pas moins léger
La pente du jardin qui conduit au verger ;
Une chèvre, un agneau broutent l'herbe fauchée,
La vache, tout près d'eux, sur le flanc s'est couchée,
Et le coq, agitant son jabot de corail,
Entraîne au poulailler la fleur de son sérail.

Du seuil, en aboyant, le chien se précipite,
Il flaire le bandit... tourne... va... vient... hésite...
Le reconnaît, le flatte, et, lui léchant la main,
Semble de la maison lui montrer le chemin.

Une femme, à l'instant, franchissant la prairie,
Vers le bandit s'avance, et tout à coup s'écrie :
« Mon fils, est-ce bien toi ? toi, qui me fus si cher ?
« Toi, l'objet de mes vœux, toi, la chair de ma chair !
« Réponds, je doute encore, ô viens que je te presse
« Pour m'enlever le poids qui m'irrite et m'oppresse.
« Vois, combien j'ai souffert !... Vois, combien j'ai vieilli !
« Mais d'un immense espoir mon cœur est assailli ;
« J'ai subi mille morts, et pourtant, à cette heure,
« J'écoute, au fond de moi, la voix intérieure
« Qui me dit : Pauvre mère, il faut lui pardonner !

« Je ne puis, à ton sort, mon fils t'abandonner ;
» Je t'offre mon appui. Puisses-tu, moins rebelle.
« Parcourir dès ce jour une route nouvelle.
« Redeviens bon, loyal !... Vois-tu, le vrai bonheur
« Consiste à suivre en paix le chemin de l'honneur.
« Mais, hélas ! au foyer, reste la place vide,
« De celle qui n'est plus. Un jour, le front livide
« Ta femme, s'appuyant sur mon cœur désolé,
« Me dit tout bas... bien bas.. Mère, si l'exilé
« Revenait en ces lieux, ô pour lui soyez bonne !
« Voyez, malgré ses torts, je l'aime et lui pardonne !
« Pourtant, il m'est bien dur d'emporter sur le front
« La tache qu'il y mit comme dernier affront.
« Dites-lui que je laisse un doux ange en ce monde.
« Ah ! puisse-t-il jurer, sur cette tête blonde,
« Qu'il deviendra... meilleur ! »
                        Dans les yeux du bandit
Brille à ces simples mots un repentir subit.
Il s'incline, et la mère, avide d'espérance,
Ouvre ses bras tremblants dans lesquels il s'élance.

. . . .

« Viens, mon enfant, dit-elle, ô viens, ton fils là-bas

« Repose en ce moment, ne le réveillons pas. »
Dans un berceau d'osier, dort l'enfant de la morte,
Le bandit tout ému, chancelant vers la porte
N'ose plus avancer... Pas à pas... doucement,
Il s'approche, et soudain, pris de ravissement,
Son cœur entier se fond devant le petit ange,
L'enfant ouvre les yeux, puis son regard étrange
S'attache sur cet homme au visage bronzé
Vers lequel il étend son petit bras rosé.
Il sourit !... Tout à coup, de sa bouche mignonne
Sort un seul mot : Papa !... Cet appel qui l'étonne
Attendrit le forçat qui retient un sanglot.
Il est sauvé du vice, et sent, à ce doux mot,
Son passé s'écrouler. Le pardon de sa femme
A fait vibrer l'espoir jusqu'au fond de son âme,
Maintenant, de la lutte, il sortira vainqueur,
Car son enfant est là pour lui grandir le cœur.

ADÈLE CHALENDARD
Membre du 1er groupe des dix Troubadours.

La Canne de mon Grand-père

ELÉGIE

Qui a obtenu le 1er prix, **Médaille de vermeil**.

Vieil ami que je vénérais !...

A MON FILS

Mon fils, je possède un trésor
Que mon cœur honore et vénère :

C'est une canne à paume d'or
Qui me vient de mon vieux grand-père...

Un instant avant de finir,
Avec sa dernière caresse...
Il me légua ce souvenir
Qui de lui me parle sans cesse.

....

Je vais la revoir chaque jour...
Et, sur ce bois je me désole...
Tendre aïeul !... dont j'étais l'amour...
Il repose à l'ombre d'un saule !...

J'étais son unique soutien
Avec le bâton de mélèze...
Qui me pourrait ravir ce bien,
Qu'avec respect, ma lèvre baise ?

Il se reposait sur nous deux,
Du lit... au foyer... à la table...
— Cercle étroit ! groupe inséparable !
Dont j'étais le guide et les yeux...

Car ceux du septuagénaire
Etaient éteints — depuis longtemps —
Et, pour lui j'étais le printemps...
L'oiseau, la fleur... et la lumière !

Ah ! je l'entends encore — un soir —
Me dire d'une voix touchante :
— « Près de toi, j'ai l'âme contente...
Et je crois qu'il ne fait plus noir ! — »

Alors, sur sa canne fidèle,
Je vis une larme rouler...
— Combien d'autres ont dû couler !
... Et qui n'eurent de témoins qu'elle !

Je te chéris, bois précieux !
Autant qu'une relique sainte..,
— De ces pleurs tombés de ses yeux,
Garde-moi bien toujours l'empreinte...

Vieil ami ! que je vénérais...
— Dans cette nuit sans espérance !
Il savait souffrir en silence...
....
Mon Dieu ! sans murmurer jamais !

Lorsqu'un nuage de tristesse
Passait sur son front soucieux..,
Moi je prenais un air joyeux
Et je redoublais de tendresse...

Mon baiser d'enfant, suspendait
Le chagrin de ce cher visage...
Je lui parlais de son jeune âge...
Et le vieillard me souriait !

Je ne verrai plus son sourire !...
— Ce sourire plein de bonté ?...
Si calme ! dans son long martyre...
Et que la mort a respecté...

Quand venait la saison riante,
Nous allions sous les bois épais. .
....
Et dans mes mains, je réchauffais
Sa pauvre main froide et tremblante !...

Au foyer, l'attendait toujours
A cette place, hélas déserte...
Son grand fauteuil de serge verte,
Vieil ami de ses derniers jours !

Ma voix l'endormait en cadence...
Je lui contais des faits touchants...
Ainsi qu'autrefois, de mes chants,
Mon fils, j'endormais ton enfance !...

Le passé ! le passé charmant !
S'enfuit de nous — à tire-d'aile —
Le bonheur est d'un seul moment...
Et la douleur est éternelle !

Quelquefois, je le conduisais
Lentement, jusques à l'église...
Heureuse, à ses côtés, assise...
Avec quelle ardeur, je priais ?

. . . .

Mais vint un matin triste et sombre !
Je n'y suivis plus qu'un cercueil...
Et sous mon long voile de deuil...
... Longtemps, je sanglotai dans l'ombre !

Dans mes bras, je le vis mourir !
Et, près de son lit resté vide !
Je gardai, pieux souvenir !
Ce bois — de mes larmes humide ! —

. . . .

— Si je dois vieillir ! près de toi,
Qu'il soit mon appui tutélaire !
Mon fils... — mais seras-tu pour moi,
Ce que je fus pour mon grand-père ?

C. FITTE née JAUBERT.

LA FLEUR & L'OISEAU, LA FEMME & L'ENFANT

Poésie qui a obtenu une **Médaille d'argent**

Qui charme nos regards, endort notre tristesse ?
Qui berce nos douleurs au doux bruit de son chant ?
Qui nous donne bonheur, amour, force et tendresse ?
—C'est la fleur et l'oiseau, c'est la femme et l'enfant.

La fleur aux doux parfums, gracieuse parure
Aux reflets chatoyants, au langage enchanteur.
Qui charme nos regards et rend notre âme pure ?
—C'est la femme et l'oiseau, c'est l'enfant et la fleur.

L'oiseau qui, par sa voix mélodieuse et tendre,
Exprime tour-à-tour un sentiment nouveau.
Qui berce nos douleurs en sachant les comprendre ?
—C'est la fleur et l'enfant, c'est la femme et l'oiseau.

La femme, enchanteresse au doux regard de flamme,
Au gracieux sourire, au noble et tendre cœur.
Qui nous donne courage, amour et bonté d'âme ?
—C'est la femme et l'oiseau, c'est l'enfant et la fleur.

L'enfant au front si pur, à la voix argentine,
Nous prodiguant l'amour de son cœur innocent.
Le plus beau don du ciel dans sa bonté divine,
C'est la fleur et l'oiseau, c'est la femme et l'enfant !...

VEUVE THÉRY
Membre du 1er groupe des Troubadours.

L'ABSENT

Poésie qui a obtenu une **Médaille d'argent**

Il était là,... dans l'ombre, et j'entendais sa voix !
Il me disait des mots brûlants... comme autrefois.
Il me disait qu'aimer est l'éternelle chose,
Le grand enchantement dont l'Eternet dispose.

Oui ! franchissant l'espace, il était revenu...
Je le croyais, du moins... Je l'avais reconnu !
Evoqué par mon âme, il venait d'apparaître
Et murmurait mon nom pour se faire connaître...
Des profondeurs du ciel il était descendu !
À mon premier appel il avait répondu !!!
Et je l'apercevais, debout, dans la pénombre,
Immense ! dans la nuit... où des astres sans nombre
Semblent pour nos regards s'allumer dans les cieux.
Puis, soudain, à mes pieds, dans un élan joyeux,
Il s'écria : « C'est moi !!!... Je t'adore ! ô je t'aime !
Et les échos des bois et la brise elle-même,
— Ces témoins indiscrets, — redirent dans les airs
Ce mot toujours nouveau que chante l'univers !

J'écoutai, du charmeur, la voix mystérieuse...
Murmure, bruit confus, ou note impérieuse
Comme l'écho vibrant d'un vivant souvenir,
Dans le champ du passé voulant me retenir...
C'était le bien-aimé, c'était son doux sourire ;
Dans un songe de l'âme, il revenait me dire :

—« Je sais que de ton cœur je ne puis être absent !

« L'amour est entre nous le Maître Tout-Puissant
« Qui seul brave le temps et supprime l'espace,
« Qui se redit sans cesse et qui jamais ne lasse —
« Dieu caché pour les uns, souverain en tous lieux,
« Le seul bien d'ici-bas que l'on retrouve aux cieux !

LUIGI SPES
Membre du 1er groupe des Troubadours.

IRÈNE

Poésie qui a obtenu une **Médaille d'Argent**

Pauvre fille du peuple, elle était orpheline ;
De bonne heure, elle avait perdu ses chers parents;
Sa mère n'avait pu sur sa tête enfantine,
De ses regards émus, de ses soins vigilants,
Répandre ses trésors d'ineffable tendresse.
A cet âge où l'enfant, au visage vermeil,
Comme un frais papillon qui voltige sans cesse,
Est l'ange du foyer, son rayon de soleil,
Elle avait dû grandir dans l'oubli, l'amertume,
Sous le toit bienfaiteur de parents éloignés ;
Son beau ciel, bien souvent, s'était couvert de brume,
De larmes ses beaux yeux, souvent, s'étaient baignés!
Le temps suivit son cours, comme un fleuve paisible,
Qui brave la tempête, Irène eut ses quinze ans.
Ce fut l'âge d'aimer : Douce, tendre et sensible,
Son âme s'exhala, fit des rêves charmants.
Frêle et chétive fleur, à l'ombre transplantée,
Comme elle avait souffert, langui dans son bouton !
Et, regrettant toujours la terre désertée,
Elle implorait encor l'aumône d'un rayon !

Ce premier battement dont le sein d'une femme
Palpite au nom d'amour, ce sublime idéal,
Merveilleuse chimère, embrasement de l'âme,
Ce baiser de deux cœurs, cet élan virginal,
Ce charme, ce transport, oh ! qui pourrait le rendre?
C'est une double flamme, un duo solennel ;
On tressaille, on rougit, sans oser le comprendre,
Jetant au chérubin un regard fraternel ;
Et l'amour véritable emprunte à cette ivresse
Ses intimes secrets ; l'image de la nuit
Reparaît sous les traits, sous l'ombre enchanteresse
Du bien aimé du jour, et le cœur est séduit !

Qu'il en soit digne ou non, qu'il soit sincère ou traître,
Un bandeau sur ses yeux, on l'écoute en tremblant;
Il dirige cette âme, il en devient le maître,
C'est son habileté qui le rend triomphant.
Quel éternel regret pour la femme qui tombe !
Elle voile à jamais son avenir de deuil ;
Pauvre Irène, elle croit, elle aime, elle succombe,
Elle entre dans la vie, et fléchit sur le seuil...
Sa craintive ignorance a creusé son abîme ;
Ce cynique imposteur, dont le cœur est fermé,
L'outrage, la repousse, et pourtant son seul crime
Est d'être belle et pauvre et d'avoir trop aimé.
A des baisers trompeurs, debout, dans cette lutte,
Elle avait opposé longtemps son noble front ;
Mais un jour, jour néfaste, a consommé sa chute,
Elle reste livrée à l'oubli, l'abandon...
Combien son tendre cœur, aux blessures béantes,
Dut se briser, hélas ! quand, au mépris de tous,
Recevant sans pitié mille injures sanglantes,
Elle demeure en proie au plus sombre courroux !

Alors, prenant en elle une force sauvage,
La fillette d'hier brave tous les défis ;
Seule, elle est père et mère, et puise son courage
Dans l'ardeur du travail et l'amour de son fils !

O lâches séducteurs de la frêle jeunesse !
Qui, sous un voile impur, des plus doux sentiments,
Vous masquant pour combattre et pudeur et faiblesse
Sans honte trafiquez en vendant vos serments !
Sceptiques qui reniez les choses les plus saintes,
Emaillant vos succès d'un sourire railleur,

Le monde vous excuse, il tolère vos feintes,
Si vous jetez de l'or au front du déshonneur !
D'un geste méprisant le lançant à la face,
Irène repoussa cet or qu'on lui jetait ;
Ne pouvant amollir ce cœur durci de glace,
Elle livrait au vent l'injurieux bienfait !
Alors, le ravisseur, de conquête en conquête,
De festins en festins, de plaisirs en plaisirs,
Comme un coursier fougueux que nul rempart n'arrête,
L'artifice pour guide et pour loi ses désirs,
Poursuivant son chemin, méprisant la morale,
Sème sur son passage et pleurs et désespoir,
Allant de fleur en fleur, de rivale en rivale,
Comme le papillon leur disant : « Au revoir ! »
Longtemps il étala ses ailes empourprées,
De songes enivrants colorant son sommeil,
De baisers pâlissant les corolles nacrées !
Mais la neige des ans au rayon de soleil
Un jour dut succéder... Pris dans sa chrysalide
Le libertin, réduit à son foyer désert,
Sans cesse, à ses côtés, voit un spectre livide
Qui, de son œil ardent, de son poignet de fer,

Le menace ! Soudain s'agitent d'autres ombres,
Tournoyant, grimaçant, le couvrant d'un linceul...
Il les chasse ! Et toujours de ces fantômes sombres,
Comme un juge, debout, le premier reste seul.
Froidement il le fixe en murmurant : « Irène ! »
Le coupable frissonne... il songe... il se souvient...
Oh ! de nombreux amis sa carrière fut pleine,
Compagnons de plaisirs qui convoitent son bien ;
Il n'a plus de famille, il est vaincu par l'âge,
Il est seul, toujours seul, il vit en gémissant...
Sur son lit de douleur, un aimable visage,
Au front de chérubin, se penche en souriant :
Puis la voix argentine a prix un son plus mâle,
Qui sonne comme un glas dans l'hiver de son cœur...
Dévoré de remords, dans un lugubre râle,
De l'homme d'un couvent, d'un prêtre du Seigneur,
Il réclame l'appui. C'est son heure dernière,
Il confesse ses torts, sa dissipation...
Mais, lui tendant ses bras, disant aussi : «Mon père!»
Dans le prêtre, le fils lui donne son pardon...

La morte avait prévu qu'à cette heure suprême,
Où toute âme entrevoit le céleste séjour ;
Au nom du repentir l'Eternel qui nous aime
Ferait l'élu du Ciel d'un renégat d'amour !

MARIE LARGETEAU
Membre du 2me groupe de l'Athénée.

SOUHAITS

POÉSIE

Qui, avec les trois pièces suivantes, a obtenu
une **Médaille d'argent**.

Que je voudrais être la rose
Aux premiers feux du jour éclose !
Quand tu passerais près de moi,
Mon doux parfum irait à toi.

Je voudrais être le feuillage
Où l'oiseau dit son gai ramage ;
Quand sous mes rameaux tu viendrais
Sur ton front je m'inclinerais.

Je voudrais être l'onde pure
Qui sans cesse chante, murmure,
Pour te voir passer près de moi,
Ne jamais réfléchir que toi.

Je voudrais être le zéphyre
Qui dans le bocage soupire
Pour caresser ton front rêveur
Et t'entourer de ma fraîcheur.

Que ne suis-je plutôt l'étoile,
La nuit scintillante sans voile
Que tu cherches dans le ciel bleu,
Quand ton cœur s'élève vers Dieu.

....

Je voudrais être, pour te plaire,
Ce que ton âme aime, préfère ;
Qu'importe d'être étoile ou fleur,
Ou chant, si je charme ton cœur.

JOSÉPHINE RÉGNIER,
Membre du deuxième groupe de l'Athénée.

A UNE FEUILLE DE ROSE !

Petite feuille de rose
Dont le parfum me plaît tant,
A la fleur à peine éclose
Qui vous prit ?... est-ce le vent ?

Vous tombez sur ma fenêtre
En droite ligne... et pourquoi ?
Mon cœur semble vous connaître...
Viendriez-vous ici pour moi ?

Arrivez-vous, feuille chère,
D'un bocage d'alentour ?
Êtes-vous la messagère
De zéphyre.... ou de l'Amour ?...

JOSÉPHINE RÉGNIER
Membre du deuxième groupe de l'Athénée.

BARCAROLLE

Lorsque le soir arrive,
Qu'il est doux de voguer,
En cotoyant le rive,
Sur un esquif léger.

Qu'il est charmant d'entendre
Une cloche au lointain,
D'ouïr une voix tendre
Chanter un gai refrain.

Et, lorsque tout bruit cesse,
Lorsque l'ombre descend,

Qu'une vague tristesse
Vous saisit lentement.

Sur le flot solitaire,
Qu'il est délicieux
D'oublier notre terre
Et de rêver des cieux !

JOSÉPHINE REGNIER
Membre du 2e groupe de l'Athénée.

SON NOM

Il est un nom que j'aime,
Un nom doux et charmant !
Que je dis à moi-même,
Lorsque nul ne m'entend.

Ce nom, je le soupire,
Sans me lasser tout bas,
S'il me fallait l'écrire !...
Je ne l'oserais pas.

Ce nom qui me pénètre
Je le tais à l'écho,
Jusqu'au jour où peut-être
Je le dirai tout haut.

JOSÉPHINE RÉGNIER
Membre du 2e groupe de l'Athénée.

L'ÉTOILE

Il est une étoile plus vive,
Teinte des beaux feux du couchant,
Près de ma fenêtre, pensive,
Je la contemple bien souvent,

Et je lui dis : ma douce amie,
Toi qui me visites le soir,
Dans l'isolement de ma vie,
Viens-tu m'apporter quelque espoir ?

L'espoir est doux, quoique éphémère,
A l'âme en proie à la douleur.
D'une existence trop amère
Il est l'ange consolateur.

Accorde-moi donc, douce image,
Un rayon de félicité,
Fais qu'au souvenir d'un autre âge
S'éclaire mon cœur attristé.

Ce souvenir je le vis naître
Lorsque tes doux rayons ont lui,
Puissent-ils ne pas disparaître
Puisqu'ils me sauvent de l'ennui.

S'ils disparaissaient, plus fidèle,
Ma pensée aux ailes de feu
Les suivrait, vivante étincelle,
Dans les vastes champs du ciel bleu !

Que dis-je ? l'horizon se voile,
L'ombre te dérobe à mes yeux,
Reviens chaque soir, douce étoile,
Recevoir mes tristes adieux !

Maria Vergé

A L'HIRONDELLE

Viens nicher sous mon toit, hirondelle gentille,
    Là tu seras à l'abri des méchants,
Qui souvent sans pitié détruisent ta famille.
Mon cœur répond à tes appels touchants.
Je laisserai pour toi, pour ton amant fidèle,
Ma fenêtre entr'ouverte, un trou dans un carreau
        Assez grandet pour qu'un oiseau
    Puisse y passer sans déchirer son aile.
        Ici point de frayeur
        Pour ta chère couvée,
        Une place en mon cœur
        Lui sera réservée.
Car presque autant que toi j'aimerai tes petits ;
    Va ne crains point que rien les blesse,
Lorsque tu chercheras leur pâture au dehors,
        Avec une égale tendresse
    Je veillerai sur tes trésors.
Dans le logis de ceux qui te donnent asile
    Tu portes, dit-on, le bonheur,
Moi, je n'espère pas un avenir meilleur,
        De mon existence tranquille
    Viens, seulement, prolonger la douceur.

MARIA VERGÉ
Membre du deuxième groupe.

ÉLÉGIE

A LA MÉMOIRE D'UN PETIT VOISIN

La cloche par trois coups vient de frapper l'oreille,
Et sur les peupliers le cri de la corneille
Mêle à ce triste écho son accent de malheur.
L'enfant vient de mourir ! la mère, désolée,
Près de ce corps raidi éperdue, affolée,
Appelle le trépas pour vaincre sa douleur ?

Comme elle aimait ce fils ! Sa joie était profonde,
En couvrant de baisers sa belle tête blonde,
Qui des anges avait la grâce et la douceur ;
Quand un impur venin, la fièvre cérébrale,
Envahit son berceau vouant au dernier râle,
Ce chérubin qu'au ciel attendait le Sauveur.

Sur la blancheur du lin on croirait qu'il repose,
Entre ses doigts glacés on a mis une rose.
Alors, m'agenouillant avec dévotion,
Je cueillis sur son front le baiser de son âme,
Car près d'un pareil ange un cœur chrétien s'en-
                                      [flamme,
Et de l'amour divin goûte l'émotion.

Devant l'affreuse mort se peut-il que l'on pleure ?
Consolez-vous, quittant sa terrestre demeure,
L'enfant va s'élever au-delà du ciel bleu,
Où l'éternel bonheur l'attend auprès de Dieu
Un jour son âme errante à travers les étoiles
Retrouvera votre âme et dans un ciel sans voiles,
Toujours ouvert à ceux qui l'ont su mériter,
Vous serez réunis pour ne plus vous quitter.

CONTENET DE SAPINCOURT
Membre du 2e groupe.

SONNET

DÉDIÉ A M. PEYRE, ORFÈVRE A MILLAU

S'il est de par le monde une noble industrie,
Tenant le premier rang dans nos travaux mignards,
C'est bien, sans contredit, l'art de l'orfèvrerie
Tissant pour Salomon de brillants étendards ;

Par le luxe royal de sa trésorerie,
Charles sept, à Toulouse, attira les regards.
Sa robe sillait l'or sous le flou des brocards,
Merveille d'opulence et de joaillerie !

L'orfèvre anglais, dit-on, exalte sa valeur,
Affinant les détails d'une rare élégance ;
Mais, par contre, il sait moins harmoniser la fleur,

Car la suprématie appartient à la France,
Et, de nos jours, cet art s'élevant par degrés
Donne un nouvel éclat au flambeau du progrès.

L. Contenet de Sapincourt

Membre du 2e groupe.

La Conquête du Gladiateur.

Le ciel bleu qui toujours couronne l'Italie
Y scintillait plus pur à cette heure où s'allie
La gloire à la grandeur dont s'orne ce séjour.
Sous les riches joyaux du roi brillant du jour,
Une foule élégante en parure de fête,
En vêtements de deuil, en costume de cour,
Sillonnait le beau Tibre où Rome se réflète,
Et vers le Colysée y dirigeait ses pas.
Ce vaste amphithéâtre, avide de combats,
En ce beau jour de mai semblait plus vaste encore ;
Et sa haute paroi que l'arcade décore
Prenait un air riant ou plutôt enchanteur,
Dont s'étonnait l'artiste aux traits froids du sculpteur.
Les immenses gradins environnant la lice,
Comme le vert feuillage où le zéphir se glisse,
Projetaient dans l'espace un long bruissement.
La porte s'ouvre enfin, sans aucun craquement.
Le combattant paraît, et sa démarche altière,
Son visage riant, que la bravoure éclaire,
Mettaient en grand émoi le cœur des assistants ;
A peine si son front reflétait vingt-deux ans.
Descendu dans l'arène en cet endroit suprême,
Où parfois la victoire offre son diadème,
Mais où la mort, hélas ! devient souvent la fleur.
De son regard limpide où brillait la douceur
Il explore l'enceinte et salue avec grâce
Les nombreux spectateurs : soudain l'émoi l'enlace,
Son visage a pâli, ses yeux se sont voilés,
Que vient-il d'entrevoir dans ces murs crénelés ?
Est-ce une vision de l'empire céleste ?

Qui lui dirait enfant, pour toi l'heure est funeste,
Tes instants sont comptés, ici fais tes adieux,
Martyr de l'héroïsme, on t'attend dans les cieux.
Non, c'était une enfant, une enfant aux traits d'ange,
Une enfant dont le cœur se donnait en échange
D'un amour que l'athlète à jamais lui vouait ;
Amour candide et pur que le Seigneur louait.
Répondant au salut que paraît la noblesse,
Du beau gladiateur, l'ange au port de déesse
Semblait dans un sourire et gracieux et doux,
Semblait dire : espérez, on prie ici pour vous.
Oui, cette enfant priait sa majesté suprême
D'orner d'un vert laurier ce jeune homme qu'elle aime,
Et ses plus chers pensers, tels qu'un rêve enchanteur,
S'envolaient vers l'hymen dont s'enivrait son cœur.
Mais l'amour paternel usait de sa puissance
Pour apprécier l'âme, ainsi que la vaillance,
Du futur combattant ; pour obtenir la main
De celle qu'il aimait, de l'ange au front serein,
Dans l'arène il fallait combattre la panthère,
Et vainqueur, triomphant, offrir au tendre père,
Au père de Carmen, la coupe où tiédirait
Du féroce animal le sang au noir reflet.
Et bientôt doit sonner cette heure de carnage
Où les deux ennemis déploieront leur courage :
Où l'on verra briller comme une lave en feu
Leur farouche regard défiant le ciel bleu.
Où chez l'un on lira l'amour et l'espérance,
Chez l'autre le courroux, la soif de la vengeance.
Soudain, on entendit retentir sous l'arceau
Un long rugissement que répéta l'écho,
Et lentement s'avance au centre de l'arène
Une cage de fer, au coloris d'ébène,
D'où s'élança d'un bond, rapide et gracieux,

Le superbe animal au vêtement soyeux.
Alors au bruit confus envahissant l'enceinte
Succède un grand silence où semblait être empreinte
La sombre inquiétude unie à la frayeur,
Chacun se demandait : qui sera le vainqueur ?
Lequel remportera le prix de la victoire,
De cet affreux combat gravé dans la mémoire ?
Gérald, le glaive au poing, grave et majestueux,
Ce fier gladiateur se recommande aux cieux.
Et vers lui pas à pas s'avance la panthère,
Mesurant du regard ce superbe adversaire,
Calculant la distance encore à parcourir
Pour en faire sa proie et son nouveau martyr.
Puis son gosier d'airain à l'haleine exécrable
Projette un grognement, lugubre, épouvantable,
Où la férocité reprenait son élan.
Le sauvage animal avait tracé son plan.
Un instant il surseoit sa marche déjà lente,
Il la reprend, s'arrête, il semble dans l'attente ;
Il la reprend encore, et fait mille détours,
Tel qu'un explorateur perdu dans son parcours.
Mais bientôt son regard d'un feu vif s'illumine
Et l'enfant du désert que la force domine,
Comme l'aigle des monts s'élance en fendant l'air,
Et tombe en enlaçant dans ses membres de fer
L'athlète qui d'un saut se croit hors de l'étreinte ;
Mais l'animal persiste, il veut que son empreinte
Soit le fatal cachet de la mort du lutteur ;
Il voudrait le hacher : le griffe avec fureur ;
Déjà le sang humain ruisselle dans la lice,
Et dans quelques instants le divin sacrifice,
Sacrifice d'amour, ennoblira le sol :
Une seconde encor l'âme prendra son vol.
Mais le gladiateur sent ses forces renaître :

Il reprend son courage, il ne veut pas, en traître,
Abandonner ses jours à ce lugubre sort ;
Pour Carmen n'ont-ils pas la valeur d'un trésor,
Ne sont-ils pas promis à cet ange qu'il aime,
Dont la grâce candide est la beauté suprême ?
Il ne doit pas voiler cet horizon si pur
Que sillonne une mer aux flots d'or et d'azur.
Où l'espérance est là comme un flambeau magique,
Brillant d'une clarté splendide et fantastique.
Alors d'un mouvement non moins sûr que trompeur,
Il se dégage et plonge avec force et fureur
Son glaive dans le corps de la belle panthère :
Elle tombe en jetant dans la lourde atmosphère
Un cri strident, aigu, que dictait la douleur,
Mais où vibraient aussi la rage et la colère ;
En vain elle essaya de se lever encor,
Mais il fallait plier sous le froid joug du sort.
Alors de longs bravos, un bruit indescriptible
S'en vint remplir la lice un instant si paisible ;
Puis on vit un vieillard au majestueux port,
Le regard noble et droit, l'air superbe, inflexible,
Presser entre ses bras le lutteur triomphant,
Lui donner les doux noms qu'on donne à son enfant.
Et les larmes aux yeux et la voix altérée
Il accorde la main de sa fille adorée
A ce beau cavalier, dont la vie un instant,
Au plus affreux martyre avait été livrée.

J.-Eugénie Desessard-Lemoine.

PENSÉES

LES FEMMES

Les femmes sont les carillons de la discorde : plus on les agite, plus elles *raisonnent* ; mais les hommes qui en sont les carillonneurs restent seuls responsables du bruit qu'elles font.

*
* *

Lorsque s'offre à ma vue une femme dont les épaules et les bras nus ruissellent de pierreries, il me semble voir les larmes indignées de la misère scintiller sous le regard flamboyant de Dieu !

*
* *

Heureux celui qui préfère aux femmes que l'on aime celles qui se font aimer.

*
* *

Les femmes poussent parfois l'amour jusqu'à l'héroïsme, les hommes jusqu'à la sottise.

*
* *

Le miroir dit à la beauté tout ce qu'il pense ; la laideur pense tout ce qu'il dit à la beauté.

*
* *

L'autorité conjugale se manifeste par les ordres du mari et les contre-ordres de la femme.

*
* *

La femme est à l'homme ce qu'est la fumée à l'air qu'elle domine par sa légèreté.

*
* *

Une femme niaise est rarement soupçonnée d'infidélité ; c'est pourtant celle dont la vertu est le plus en péril.

*
* *

Une femme peut être fidèle le matin, parjure à midi, repentante le soir, mais rarement sûre d'elle-même pour le lendemain.

*
* *

Rien ne pousse l'honnête femme à l'infidélité comme l'injure d'un soupçon.

*
* *

En amour les femmes ont habitué les hommes au mensonge en accordant à leur fausseté des faveurs qu'elles eussent refusé à leur franchise.

*
* *

Pour aimer aveuglément les femmes, il faut être sensible et léger comme elles.

LES HOMMES

L'homme résisterait mieux à ses mauvais penchants s'il n'avait des vices qui flattent son orgueil et des vertus qui l'humilient.

*
* *

L'homme véritablement habile vit moins aux dépens de celui qui ne l'est pas que de celui qui croit l'être.

*
* *

Dans la hiérarchie sociale, le supérieur flatte-t-il son inférieur ? C'est toujours d'un air qui semble dire : Jugez de ce que je dois valoir par rapport à vous.

*
* *

Les bavards et les cloches ne trahissent leur présence que par un bruit fait dans le vide.

*
* *

Je cherche un homme digne d'être mon ami, et lorsque je l'aurai trouvé, je me croirai indigne d'être le sien.

*
* *

L'inimitié de deux hommes sans cause sérieuse prouve la supériorité de l'un sur l'autre et l'infériorité d'esprit de chacun d'eux.

*
* *

L'homme se complète moins par les qualités qu'il acquiert que par les défauts qu'il apprend à dissimuler.

*
* *

Les hommes valent un peu moins que les femmes ; ce qui est loin d'établir que celles-ci aient le droit de s'en glorifier.

*
* *

L'homme affirme la fragilité de la femme et met toute sa gloire à triompher de sa vertu.

*
* *

La conscience est souvent citée au tribunal de la raison, mais elle y est rarement entendue.

*
* *

La supériorité de l'homme sur la femme est comparable au piédestal qui soutient la colonne qui le domine.

*
* *

La parole du vieillard est un écho du passé qui fait entendre au présent tout ce qu'il doit redouter de l'avenir.

*
* *

L'homme timide qui laisse ignorer ses qualités me produit l'effet d'une bougie qui brûle sans utilité au milieu d'une chambre déserte.

*
* *

Il n'est pas de pire, de plus intraitable créancier qu'un débiteur de mauvaise foi.

* *
*

Nos protecteurs sont le plus souvent des vaniteux plus avides de nous donner une haute idée de leur puissance que désireux de nous obliger.

* *
*

Les flatteries les plus grossières plaisent aux exprits les plus fins.

* *
*

Qu'exiger de ceux que le Destin a réduits ici-bas aux emplois de simple utilité, lorsque les principaux acteurs de la grande comédie humaine comprennent et remplissent si mal leur rôle important.

* *
*

Se méfier de tout le monde, c'est se faire injure à soi-même et rendre justice au plus grand nombre.

* *
*

Diminuer le nombre de ses connaissances, c'est diminuer le nombre de ses détracteurs.

* *
*

Les vices les plus bas ne deviennent incurables que parce qu'ils s'affermissent par l'exemple d'iniquités plus basses encore.

* *
*

On aime le bien pour ce qu'il promet ; on pratique le mal pour ce qu'il rapporte.

* *
*

On trouve peu de contradicteurs dans une conversation où s'agite la question des défauts d'autrui.

* *
*

L'humanité a très mauvaise opinion d'elle-même, et pourtant chacun de ses membres est on ne peut plus satisfait de lui.

***

Une vieille amitié est ou trop zélée ou trop indiscrète.

AMOUR

En amour comme en politique, l'infidèle de la veille sera le parjure du lendemain.

***

Il serait désespérant de penser que l'on ne peut réellement aimer qu'une fois en sa vie, si l'oubli du passé ne nous portait à croire que le dernier amour qui s'empare de notre cœur est toujours le premier et le seul véritable.

***

Les cœurs aimants ont à souffrir de toutes les ingratitudes dont ils sont incapables.

***

L'amour est un étroit sentier pratiqué entre deux précipices : le vertige y est toujours fatal.

***

L'amour est trop naïf à vingt ans, trop sérieux à quarante, trop ridicule à soixante. On tenterait vainement d'assigner l'âge auquel il est raisonnable.

***

Les femmes se laissent aller et les hommes se laissent prendre.

***

En amour, le premier qui s'endort est le dernier qui se réveille.

⁎

Il ne faut qu'un instant pour aimer un homme de cœur ; il faut toute une existence pour l'oublier.

⁎

Un cœur qui ne peut plus vaincre doit redouter d'être vaincu.

⁎

L'estime que l'on affirme succéder à l'amour est plus près de l'indifférence que de l'amitié.

⁎

Il est trois épreuves qu'on peut faire subir à l'amour : celle de la fidélité, celle du dévouement, mais on court grand risque qu'il ne résiste pas à la troisième, celle du temps.

⁎

Entre aimer modérément et aimer beaucoup se place difficilement ce sentiment délicat : Savoir aimer.

Chacun aime à sa manière et se croit possédé de la bonne manière d'aimer.

⁎

Ce que l'on vaut serait la désillusion complète de l'amour, si on n'avait à lui offrir ce que l'on paraît valoir.

⁎

En amour je ne vois que des égarés et rarement des coupables.

⁎

Si les cœurs amoureux ne se nourrissaient de mutuelles illusions, *ils n'auraient presque rien à se mettre sous la dent.*

Tremblez !... L'amour est un échange de cœurs : celui que je reçois vaut-il celui que je donne !

⁂

Ce que l'on croit être l'amour n'est le plus souvent qu'une collision de deux cœurs, l'un brisant l'autre.

⁂

En amour, les femmes infligent des tourments et les hommes des supplices.

⁂

L'amour ! Singe et guenon se payant par de mutuelles grimaces.

⁂

Croire à la sincérité de l'amour, c'est beaucoup ; croire à sa stabilité, c'est trop ; nier l'une et l'autre, c'est mal : *rêver doit suffire !*...

⁂

En amour, les faux serments sont d'autant plus dangereux qu'ils ne diffèrent des vrais qu'en ce qu'ils paraissent plus sincères.

⁂

L'amour est un livre, œuvre précieuse de Dieu, dénaturé et réédité par le diable.

⁂

L'amour ne devrait pénétrer dans le cœur qu'en passant par la conscience.

⁂

Quiconque est trop empressé de donner son cœur est bien près de le reprendre.

⁂

En amour, la fidélité n'était qu'un devoir : l'inconstance en a fait une vertu.

⁂

L'amour vrai ne sort d'un grand cœur qu'après avoir brisé son enveloppe.

⁂

Les cœurs capables d'une haine profonde n'éprouveront jamais qu'un amour superficiel.

⁂

Ne vous opposez jamais aux inclinations d'un amour véritable : le papillon ne saurait être heureux sur la rose où le pose l'enfant cruel qui lui a paralysé les ailes.

⁂

Pour aimer une femme, il faut la croire à soi, et pour la croire à soi, il ne faut que l'aimer.

ESPRIT

C'est porter un grand préjudice à une œuvre que la louer outre mesure.

⁂

Au-dessus du génie qui recherche la gloire, cherchez le génie supérieur qui dédaigne de la conquérir.

⁂

Devant une œuvre d'art l'ignorance s'extasie, l'intelligence observe, la science discute ; seul l'avenir décide.

⁂

On a beau se hisser sur les échasses de la prétention, on est toujours par le bon sens mesuré des pieds à la tête.

⁂

L'homme de talent qui ne possède pas le sentiment de sa valeur se verra toujours devancé sur le chemin de la réussite par les médiocrités effrontées

※

Les auteurs ne réfutent jamais la compétence du critique qui les loue.

※

L'orgueil des gens d'esprit commence au dernier degré de la misère ; celui des imbéciles naît au premier échelon de la fortune.

※

Rien n'est plus difficile, lorsque l'on n'a pas d'esprit, que de savoir être raisonnablement bête.

※

Pour distinguer l'intelligence de la sottise, il suffit de solliciter leur avis sur une question difficile : la plus empressée à répondre sera toujours cette dernière.

※

Le langage de l'imbécile est un panier sans fond à travers lequel tout tombe dans le vide.

※

Il faut avoir beaucoup d'esprit pour ne pas laisser languir une conversation d'où la médisance est bannie.

※

En toute circonstance, écoutez la pensée à travers les propos.

※

La langue du bavard est un dévidoir dégarni qui tourne bruyamment sous une impulsion banale et s'use sans utilité.

※

L'envie est le ver rongeur des esprits étroits.

※

Il est moins ridicule de tout croire que de tout nier.

※

On peut ne pas avoir assez d'esprit, on peut en avoir trop ; mais il est rare que l'on ait juste celui qu'il faut pour savoir se conduire.

※

Les personnes qui acceptent des fonctions au dessus de leurs moyens sont comparables à des lanternes sans luminaire : elles occupent une situation, mais elles ne l'éclairent pas.

※

Quiconque laisse à tout propos s'égarer sa raison dans le domaine de l'impossible, la retrouvera rarement pour les choses essentielles.

※

L'absence des illusions constitue pour l'esprit la pire des solitudes.

※

Il n'existe qu'un moyen de ramener la sottise au sentiment de son infériorité morale, c'est de l'obliger à vivre de ses propres ressources intellectuelles.

※

La sottise impose sa raison par la force; l'esprit affirme sa force par la raison.

※

Un homme d'esprit peut bien s'avouer qu'il n'a pas de génie, mais un sot ne s'avouera jamais qu'il n'a pas d'esprit.

※

L'entêtement est la logique des sots.

MORALE

A-t-on volé le manteau de l'*esprit* dans l'antichambre du *génie*, c'est sur le dos de la sottise qu'on le retrouvera.

*
* *

La modestie est une grimace que le talent fait au démon de la vanité, dont il se sent possédé.

*
* *

Le verbiage des sots ne saurait importuner l'homme d'esprit qui s'isole aussitôt et s'écoute penser.

*
* *

Je n'ai pas plus vu Dieu que je n'ai vu le diable ; mais je n'ai pas vécu longtemps sans les deviner.

*
* *

Si votre esprit se risque entre deux pensées : la croyance et le doute, n'hésitez pas à vous rallier à la première qui assure la paix du cœur.

*
* *

Je compare les hommes réputés esprits forts qui cherchent Dieu aux gens qui, dans leur distraction, cherchent dans tous les coins le chapeau qu'ils ont sur leur tête.

*
* *

« Je voudrais bien aimer autre chose que moi-même, disait un égoïste, homme d'esprit, mais je sens le peu que je vaux et ne trouve personne qui me vaille. »

*
* *

L'homme ment pour une cause, la femme pour un sentiment.

*
* *

Dans les divers éléments moraux qui constituent les caractères d'élite on trouve les hommes pour le bien et les femmes pour le mieux.

*
* *

La reconnaissance est mal à l'aise dans le cœur de l'homme ; car ce sentiment, si haut qu'il soit placé, reste toujours au-dessous de celui qui a su l'inspirer.

*
* *

Il faut s'éloigner du doute religieux comme d'un hôte dangereux qui n'apporte aucun dédommagement aux tourments qu'il nous procure.

*
* *

L'athée me produit l'effet d'un nautonnier dont la nacelle glisserait la nuit entre deux firmaments sur les eaux tranquilles d'un lac, et qui, dédaignant d'élever ses regards vers la vérité, s'obstinerait à la chercher au fond des ondes.

*
* *

La conscience que l'on contraint à marcher courbée sous le poids d'une fausse accusation, entre bientôt en révolte contre elle-même et ne tarde pas à faire le sacrifice de sa pureté.

*
* *

Les gens vraiment honnêtes ne se doutent pas de ce qu'ils valent par rapport à ceux qui ne le sont pas.

*
* *

L'ingratitude trouve toujours une fissure pour s'introduire insensiblement dans les cœurs les plus nobles.

*
* *

Il en est de la reconnaissance comme d'une vieille dette dont le mauvais payeur se souvient parfois, mais qu'il acquitte rarement.

*
* *

Autant vaudrait marcher vers le fond d'une caverne, guidé par les yeux phosphorescents d'une tigresse, que de suivre l'hypocrisie doucereuse à travers les dédales de ses dangereuses préméditations.

*
* *

La misère affame les consciences et les oblige à dévorer leurs plus nobles sentiments.

*
* *

S'il est une raison pour condamner, il en est mille pour absoudre.

*
* *

Les passions sont des filles indociles de la raison qui se prostituent en dépit de leur mère.

*
* *

Je crois qu'en dépit du vieil adage, ceux qui châtient bien n'aiment pas plus qu'ils ne sont aimés.

*
* *

— Je ne vous vois jamais occupé ?
— Cependant je le suis sans cesse.
— A quoi donc ?...
— A assister au défilé rapide des cercueils, en attendant que le mien prenne rang à la suite des autres !...

*
* *

De par la volonté suprême et de par la nature, notre mère commune, tous les hommes sont frères ; seule, la destinée, mauvaise dispensatrice des faveurs dont elle fait sans cesse un partage inégal, les arme les uns contre les autres.

*
* *

Il est rare que le *prenez garde à vous* de l'amitié n'ait pas été précédé du danger qu'il avait pour but apparent de prévenir.

*
* *

La conscience humaine est d'une élasticité telle, qu'elle cède à la moindre pression de l'intérêt personnel.

*
* *

La générosité est le devoir de la fortune et l'héroïsme de la pauvreté.

*
* *

Le superflu est un impôt arbitraire que la fortune paie à l'égoïsme sur les fonds de la pauvreté.

*
* *

La pauvreté de sentiments est la plus sordide des misères.

*
* *

Les remords sont des aiguillons que l'esprit reçoit du souvenir et qu'il laisse retomber sur le cœur.

*
* *

L'humanité est un orchestre discordant au milieu duquel la vanité bat le tambour et la modestie la mesure.

*
* *

S'il est quelque chose de plus méprisable que la voix de la médisance, c'est à coup sûr l'oreille qui l'écoute.

*
* *

L'envie est la mère de presque toutes les inimitiés.

*
* *

Le cœur et l'esprit s'abaissent au fur et à mesure que la colère grandit. L'emportement naît le plus souvent de la conscience d'un tort. Se change-t-il en fureur, il en est alors l'affirmation radicale.

*
* *

Le sentier de l'honneur est si long et si difficile à parcourir, qu'il lasse les plus fermes consciences.

*
* *

La rancune descend d'une tête vide dans un cœur froid.

*
* *

Promesse prompte, lente réalisation.

*
* *

La fierté dénote un esprit pauvre et bas qui voudrait s'élever au-dessus de lui-même.

*
* *

On s'admire à vingt ans, on se juge à quarante, on se condamne à soixante.

*
* *

La fortune remonte le chemin de la misère, la prodigalité le descend.

*
* *

Les vrais amis sont ceux qui descendent vers nous.

*
* *

L'opulent égoïste est comparable à ces arbres de haute futaie dont les rameaux touffus interceptent les rayons du soleil, et à l'ombre desquels toute végétation s'étiole et périt.

*
* *

Le sage vit par le cœur, le fou par la tête, la femme par l'âme ; seul, l'égoïste, en dehors de lui-même, vit sans cœur, sans tête et sans âme.

*
* *

En matière d'infidélité conjugale, si la femme est souvent soupçonnée, le mari est presque toujours coupable.

*
* *

Nous considérons toujours comme mauvaise *l'occasion* qui ne devient pas la complice de nos coupables projets.

*
* *

J'ai beau élever ma pensée au-dessus des lauriers accumulés par la guerre, je ne puis me résoudre à considérer un grand conquérant autrement que comme un grand scélérat.

※

L'accord règne partout où la bonté domine.

※

Les petits défauts sont les éclaboussures du vice.

※

Je puis éviter le tigre, des yeux duquel je vois jaillir de féroces éclairs ; mais comment conjurer l'atteinte de l'homme aux sentiments cruels, dont l'aspect sociable me séduit ?

※

Quel est l'homme dont la misère s'accroit en même temps que la fortune ?... C'est l'avare, qui ne possède rien dont il ne soit possédé.

※

Je déclare honnête tout homme âgé de plus de quarante ans qui, une heure en sa vie, a songé sérieusement à le devenir.

※

Il est rare qu'entre l'accusateur et l'accusé la vérité ne marche pas entrainée par la haine.

※

L'amitié a ses heures de sincérité, mais il n'existe pas de cadran qui les indique.

※

Pourquoi les vices sont-ils si gras et les vertus si maigres ? C'est que nos passions servant le superflu aux premiers laissent les secondes manquer du nécessaire.

※

Entre les gens réputés honnêtes et ceux qui ne le sont pas, se place la foule innombrable de ceux qui s'imaginent l'être.

.•.

Pour être vraiment honnête, il faut joindre à toutes les délicatesses d'une conscience exempte d'artifices celle d'ignorer ce que l'on vaut par rapport aux autres.

.•.

Ceux qui signalent un acte de probité en louant outre mesure ce qui n'est qu'une simple obligation morale, se doutent-ils qu'en érigeant le devoir en phénomène ils encouragent toutes les licences de l'improbité.

.•.

La modestie ne va pas au-delà de ce raisonnement intime : Je ne crois pas valoir mieux que mon prochain ; mais je serais fâché que mon prochain eût la prétention de croire valoir mieux que moi.

.•.

Le bonheur a beau nous crier : — *Par ici!* nous trouvons toujours mauvais le chemin qu'il indique.

.•.

Nous voyons le bonheur où nous ne sommes pas ; d'autres le voient où nous sommes.

.•.

Nous ne jouissons pas de notre part de bonheur ; nous passons notre temps à la mesurer à celle de ceux que nous croyons toujours mieux favorisés.

.•.

Le bonheur s'envisage de tant de façons qu'il devient impossible de savoir quelle est la vraie façon de l'envisager.

*
* *

Il n'est pas dans le domaine de la morale de cavalier plus facile à désarçonner que celui qui se vante sans cesse d'être à cheval sur les mœurs.

*
* *

L'homme a le droit moral d'oublier à tout âge le mal qu'il a fait s'il veut ne songer qu'au bien qu'il peut faire.

*
* *

La morale endort les vices, les mauvais exemples les réveillent.

*
* *

Ne regardez en arrière que pour compter vos fautes, et devant vous que pour éviter d'en commettre de nouvelles

*
* *

Le bien ne devrait jamais rechercher le mieux.

*
* *

Pour aimer le bien, il faut avoir été éprouvé par le mal ; pour aimer le mal, il faut n'avoir jamais connu le bien.

LA VIE

Comparée au temps sans limites, la vie n'existe pas ; par rapport au soleil qui l'éclaire, c'est un soupir muet exhalé dans la mort ; par rapport à Dieu, c'est le néant qui précède d'un jour la résurrection de l'âme dans l'éternelle félicité.

***

Si la vie est le dernier des outrages, la mort en est la première réparation.

La plus cruelle mystification qu'inflige la vie à l'âme du sceptique, c'est de lui présenter la mort assise à son foyer.

***

La vie a des charmes qui la font aimer, des douleurs qui la font haïr, elle mêle aux déceptions les plus désespérantes les pensées les plus consolantes ; au fond, je ne vois rien en elle qui mérite autre chose que du mépris.

***

La vie, courtisane effrontée, vend ses faveurs à la fortune qui se grise avec elle au banquet de l'inégalité sociale.

***

Lorsque la vie a conduit un de ses déshérités jusqu'au seuil de l'éternité, celui-ci devrait se retourner et lui cracher au visage.

***

Je n'ose dire que je tiens à la vie, dans la crainte que le bon sens ne me demande pourquoi.

DE LA MORT

La mort, cette froide amante de la dernière heure, a, n'en doutez pas, des sourires consolants, des frissons d'amour et des rayonnements d'espérance dans ses orbites creux, pour quiconque peut l'attendre sans remords au suprême rendez-vous de la délivrance.

*
* *

Les planètes, ces ombres colossales de l'univers, roulent, sans jamais les combler, dans les abîmes de l'infini ; les grandes lumières des astres invisibles s'effacent tour à tour sous d'épaisses ténèbres ; le temps fuit, la mort le précède et le suit, la vie s'écoule, tout s'en va, tout court à l'éternel oubli ; seule, l'humanité, perdue dans ce prodigieux tourbillon du néant, ose se regarder passer.

*
* *

Lugubre suicide : Lorsque la mort n'aura plus rien à détruire, elle s'anéantira avec le dernier des vivants.

*
* *

Pour résister aux vicissitudes de la vie, il convient de leur opposer la pensée de la mort.

*
* *

Quiconque a retrempé son âme aux plus rudes épreuves de la vie, a beaucoup appris : il sait mourir.

*
* *

Avis aux ingrats : La mort est le seul bienfait qui ne sollicite pas de reconnaissance.

CONDUITE

Si nous ne saisissons pas l'occasion de faire le bien, celle de faire le mal nous saisira.

* *

Nos préférences nous égarent souvent loin de ce que nous devrions leur préférer.

* *

Le sage ne saurait assez se pénétrer de cette pensée que nos ennemis n'ont pas toujours tort de l'être.

* *

Heureux sont les cœurs généreux qui peuvent s'avouer n'être pas les ennemis de leurs ennemis.

* *

J'avais un ennemi irréconciliable dont je me suis fait un ami sincère en le suppliant de me pardonner sa haine.

* *

Les gens susceptibles d'une haine profonde n'éprouveront jamais qu'un amour superficiel.

* *

Douter de tout, c'est arracher à la vérité des accents qui troublent l'âme ; ne douter de rien, c'est laisser aux illusions le pouvoir de nous aider à vivre.

* *

Pour rendre l'amitié durable : s'estimer beaucoup, se fréquenter peu.

* *

Le passé, c'est l'ennemi qui s'enfuit ; le présent, celui qu'il faut combattre et vaincre ; l'avenir, celui qu'il faut redouter.

⁂

La réhabilitation d'un coupable n'est difficile que parce qu'elle sert de contraste à l'honnêteté relative des foules.

⁂

Où courez-vous ainsi ? — Je vais me noyer. — Quelle est la cause qui vous pousse au suicide ? — Le dégoût de la vie. — Pourquoi en êtes-vous dégoûté ? — Parce que j'ai vécu sans jamais avoir appris à vivre !...

⁂

L'esprit s'égare si facilement hors des limites de la vérité que l'homme sensé doit le nourrir d'autant de pensées qu'il en faut pour qu'il s'en trouve dans le nombre une de juste.

⁂

Un excès de prudence fait éviter autant d'écueils qu'elle fait perdre, en toutes choses, des chances de réussite.

⁂

Le mariage est un *lien sacré* pour les âmes aimantes, une *tyrannie* pour les cœurs légers, *un joug insupportable* pour les égoïstes, une *nécessité* pour tous.

⁂

Le bonheur n'est si rare dans le mariage que parce qu'il dépend de deux volontés qui ne peuvent se résoudre à n'en former qu'une.

⁂

Le mariage est un traité de paix conclu entre deux puissances également disposées à le violer.

⁂

La femme affirme que le rôle le plus effacé lui est dévolu dans le mariage ; l'homme, de son côté, trouve le sien piteux, tandis qu'il n'y a de vrai que leur impuissance à le bien remplir.

⁂

Les dislocations des liens conjugaux tiennent moins, en certains cas, aux efforts inouïs que fait l'époux pour les rompre qu'à ceux que ne fait pas l'épouse pour en empêcher la rupture.

⁂

Dire toujours *oui* est le moyen le plus simple et le moins pratiqué de s'attirer l'estime générale.

⁂

Si élevée que soit la position que vous occupez dans le monde, sachez maintenir vos sentiments à cette élévation en cédant le pas au mérite humilié par la pauvreté.

⁂

Derrière ce que l'on nous offre, cherchons toujours ce que l'on nous demande.

⁂

Si vous ne voulez être trompé, soyez toujours en garde contre les cajoleries de la femme, les protestations de l'amitié et la bonne opinion de vous-même.

⁂

Vous serez rarement trompé en recherchant l'amitié d'un gueux, la protection d'un vaniteux, et l'amour d'une femme laide.

⁂

Cachez toujours à vos semblables le côté le plus apparent de votre misère ou de votre prospérité.

⁂

Le pédantisme est comme un habit mal taillé, il sied mal à tout le monde.

⁂

Pratiquer le mal et prêcher le bien, c'est s'absoudre par la compensation ; mais aimer le mal et pratiquer le bien, c'est obtenir un double triomphe sur soi-même et donner une preuve éclatante de sa vertu.

* * *

Mieux vaut cent fois exercer la charité sans discernement, que d'en renfermer les élans dans un doute égoïste.

* * *

Ne dédaignons les conseils de personne : de même qu'un rayon de soleil peut éclairer le fond d'un puits, une bonne pensée peut éclore dans le plus étroit cerveau.

* * *

Lorsqu'un homme, quel qu'il soit, me donne sa parole d'honneur, il me semble le voir disposer d'un bien qui ne lui appartient pas.

* * *

On puise souvent les inspirations du bien dans le mal dont on se sent capable.

* * *

L'homme avancé en âge s'entretient parfois dans la pensée du mal au souvenir des fautes qu'il regrette de ne plus pouvoir commettre.

* * *

Le plus sûr moyen de réussir dans toutes les affaires, c'est de n'en poursuivre qu'une à la fois avec la ténacité d'un imbécile et le désintéressement d'un homme d'esprit.

* * *

Ne formulez jamais de refus qu'entre deux mots courtois appuyés d'un gracieux sourire, car un homme de cœur ne saurait trop adoucir la pénible impression que cause toujours une espérance déçue.

*
* *

La rupture de l'équilibre moral tient, de nos jours, à ce que les hommes ne s'élèvent plus qu'en s'abaissant.

*
* *

Il n'est pas de plus redoutable dénonciatrice que la colère ; elle dit tout ce qu'elle pense sans penser à ce qu'elle dit.

*
* *

L'accord entre deux personnes est difficile, entre trois fort tourmenté, mais il devient absolument impossible entre quatre.

*
* *

Les conversations banales sont la menue monnaie de l'esprit qui circule partout et ne se fixe nulle part.

*
* *

Si j'étais juge et conséquemment fort exposé à perdre ma part de paradis, j'irais chercher la cause déterminante du délit jusque dans les premiers vagissements de celui qui s'en serait rendu coupable.

*
* *

Le domaine des concessions mutuelles est le plus accessible et le plus agréable ; pourquoi est-il le moins fréquenté ?

*
* *

Nous en sommes venus à un tel excès du *faux* que nous considérons le *vrai* comme un phénomène invraisemblable.

*
* *

On ne doit jamais se sentir assez honnête pour oser affirmer qu'on l'est.

*
* *

Il n'est rien de plus difficile pour l'homme que de maintenir longtemps sa conscience en parfait équilibre sur la corde raide de l'honnêteté absolue.

*
* *

Si dans le cours d'une conversation un homme, quel qu'il soit, affirme son honnêteté trois fois en moins d'un quart d'heure, n'hésitez pas à le considérer comme un coquin.

*
* *

Si vous tenez absolument à dire une vérité, affirmez résolûment que celui qui vous parle la déguise.

*
* *

L'amour et l'amitié sont deux sentiments variables en ce qu'ils peuvent abandonner le bien pour le mieux.

*
* *

Il n'est rien de tel qu'un grand nom pour écraser un petit caractère, et par contre rien de tel qu'un petit caractère pour avilir un grand nom.

*
* *

Si vous coudoyez jamais l'orgueil sur le chemin de la vanité, sachez le pousser vers le ridicule en lui cédant toujours le haut du pavé.

*
* *

Voulez-vous faire naître dans les cœurs *de biens grandes reconnaissances* en échange *de bien petits sacrifices ?* Répandez vos bienfaits dans le monde des gueux.

POLITIQUE

Que les peuples *moutons* reviennent de la République, de la monarchie ou de l'Empire, ils portent toujours des traces plus ou moins profondes de la dent cruelle des loups !...

La majorité fictive, c'est la caravane perdue au milieu du désert ; la majorité réelle, c'est le voyageur isolé qui lui montre son chemin.

Il pleut à verse !... Un communiste sur dix possède un parapluie... Chacun en prend un lambeau... et ?..... Tout le monde se mouille !...

On se demande pourquoi l'abolition des tyrans augmente, au lieu de le diminuer, le nombre des tyrannisés.

Arrivé à cet âge où il peut avoir assez vu, assez jugé, l'homme prend résolûment un parti : celui de ne s'attacher à aucun.

Je croirai à la possibilité de l'égalité, le jour où l'on me présentera un homme convaincu qu'il n'est pas supérieur à ses égaux.

La fraternité entre les hommes a été rêvée par un Esprit divin, seul capable de la comprendre et de la pratiquer.

Que devient la liberté en présence de l'obligation pressante où se trouvent des hommes de se tenir sous le joug d'une mutuelle dépendance ?

* *

Tout le monde parle de liberté, et chacun cherche une servitude ou un serviteur.

* *

Il est des fanatiques du progrès qui, dans leur rage impuissante d'innovations, substitueraient une lanterne au soleil.

* *

Le progrès tel que l'entendent certaines gens n'est qu'un chef de complot qui doit mourir assassiné par ses acolytes.

* *

Il est deux façons distinctes d'envisager le progrès : le progrès pour soi, le progrès pour tous ; l'égoïste humanité borne rarement ses désirs à cette dernière pensée.

* *

L'opinion politique du plus grand nombre se forme de l'opinion de quelques natures intelligentes qui, par leur désaccord permanent, prouvent qu'il n'est rien de plus difficile que d'asseoir une idée raisonnable sur un principe raisonné.

* *

Dans toute organisation sociale, les pauvres diables n'ont qu'un bénéfice à espérer : celui qui résulte du bien-être qui leur est *infligé* en dépit d'eux-mêmes.

* *

A opposer à toutes les professions de foi des ambitieux de la politique : Dirais-tu ce que tu vaux, si tu valais ce que tu dis ?

* *

En politique, il faudrait savoir respecter ce qui est, attendre paisiblement ce qui n'est pas et douter sagement de ce qui pourrait être.

⁂

L'instruction politique d'un homme d'esprit s'acquiert à l'école des sots.

⁂

La politique du jour est un océan tourmenté, à la surface duquel on ne voit guère flotter que des corps légers.

BOUTADES

« Je voudrais bien aimer autre chose que moi-même, me suis-je dit souvent, mais je sens le peu que je vaux et ne trouve personne qui me vaille. »

⁂

L'indépendance des mœurs : « N'est-il pas assez malheureux, disait un jour un valet à son maître, que je sois contraint de vous obéir sans que vous vous arrogiez le droit de me donner des ordres ! »

⁂

La vie réelle. Un débiteur, fort gêné, à qui tous ses amis avaient tourné le dos, disait à un de ses créanciers : « Me feriez-vous d'aussi fréquentes visites, si je ne vous devais rien ! Ma foi non, répondit ce dernier. — Souffrez alors, répartit le débiteur, que je me ménage, en ne vous payant pas encore, le plaisir de vous voir souvent interrompre ma solitude. »

⁂

Le domicile conjugal est trop souvent une cage où le serin languit près de la pie-grièche.

⁂

J'ai six amis ; un pour chaque jour de la semaine, mais je n'ai pu encore en trouver un assez bien habillé de bons sentiments pour oser le promener le dimanche.

※

Le forçat libéré, ayant expié ses forfaits, devrait trouver de nombreuses sympathies parmi la multitude de coquins de toutes les classes qu'un heureux hasard a dispensés de traîner le boulet en sa compagnie.

※

Les mauvais payeurs placent toujours, pour les y oublier, leurs anciennes dettes derrière les nouvelles.

※

Tu as beau t'en défendre et te croire malin, pauvre homme, c'est par la main que tu guideras toujours ta femme, c'est par le bout du nez qu'elle te conduira éternellement.

※

Dirait-on qu'il faut travailler pour vivre, s'il était logique de vivre pour travailler ?

※

Trop de gens considèrent la religion comme une femme que l'on respecte assez pour n'avoir pas de relations avec elle.

※

On peut affirmer que c'est l'amour inassouvi de la propriété qui pousse à la haine des propriétaires.

※

Le silence est, dit-on, *l'esprit des sages*. Ne vaudrait-il pas mieux qu'il fût celui des sots ?

※

En politique, *voyez* les propos des uns, *entendez* les gestes des autres, *réservez* votre opinion sur tous.

※

Il est dit : Dieu n'abandonne jamais les siens. Que fait-il des autres ?...

※

Il est moins d'habiles fripons que d'inintelligentes dupes.

**

La paresse s'étend voluptueusement sur les bénéfices du travail, comme le passereau voleur s'étend sur le lit moussu du nid de l'hirondelle émigrée.

**

S'il était vrai que le travail fût une punition divine, l'oisiveté devrait être la première attelée à son char.

**

La fortune est une esclave affranchie du travail, qui se venge en tyrannisant son ancien maître.

**

Le vieil adage qui affirme que le bien mal acquis ne profite à personne a été jeté en pâture aux nombreuses dupes de ceux qui jouissent paisiblement de son immorale possession.

**

Le domicile conjugal est parfois comparable à un bocal dont la femme est le vinaigre et le mari le cornichon.

**

L'humanité est douée de cinq sens...il ne lui manque guère que le sens commun !

**

Si vous affectionnez une personne, ne fouillez jamais dans les replis de sa conscience : vous y trouveriez de quoi la haïr.

**

Entre tous les bons conseils qu'ils sont susceptibles de donner à la jeunesse, les vieillards choisissent de préférence ceux qu'ils ont été incapables de suivre.

**

Les souliers éculés et les haillons de la misère ne doivent être vus que pour être remplacés.

**

Les aliénés ont sur certaines gens réputés raisonnables l'avantage des moments lucides.

* *

L'union fait la force... et prépare les discordes.

* *

L'opinion publique est comparable à une boule de neige qui roule sur une pente rapide et que l'on voit grossir de toutes les ordures qui s'attachent à elle.

* *

L'argent prêté se rend toujours d'un air qui semble dire : Je vous restitue ce que j'aurais bien pu vous faire perdre.

* *

La femme spirituelle est à l'homme niais ce que le sel est au mauvais melon : elle le rend moins insipide.

* *

Qu'a-t-il manqué pour être heureux aux deux tiers des impotents ou affligés de l'humanité? Le ferme vouloir de ne pas provoquer la cause de leurs maux.

* *

Les bonnes nouvelles arrivent lentement, poussées par le vent d'une envieuse amitié, tandis que les mauvaises trouvent mille échos bruyants.

* *

La liberté fait rêver au mariage ; le mariage fait rêver à la liberté.

* *

On ne s'abaisse pas au rôle d'espion ; l'abaissement suppose une élévation : on est tout simplement né pour son emploi.

* *

L'éducation est un vernis dont on enduit bon nombre de pots.

⁎

Il est plus de gens *contraints* d'être honnêtes qu'il n'est de malhonnêtes gens.

⁎

On reconnaît parfois l'homme de bien à son entourage de fripons.

⁎

Espérez-vous un service quelconque en retour d'une invitation à dîner, faites qu'il vous soit rendu ou formellement promis entre le champagne et le café, car l'obligation d'un bon repas s'évanouit avec la sensation du goût et ne va jamais au-delà de la digestion qui en est la conséquence.

⁎

Un moyen infaillible de n'être aimé de personne, c'est de chercher à plaire à tout le monde.

⁎

Les hommes peuvent affirmer que la seule présence de leurs sœurs suffit pour les empêcher de vivre en frères.

⁎

L'ennemi vous pend ou vous noie ; l'ami arrive presque toujours le lendemain pour couper la corde ou vous reconnaître à la Morgue.

⁎

Lorsqu'ils ne sont pas fous, les hommes sont sots ; lorsqu'ils ne sont ni fous ni sots, les hommes sont nuls.

⁎

Ne témoignez aux personnes que vous affectionnez que la partie de votre estime dont vous êtes disposé à leur permettre d'abuser.

※

Si les petits cadeaux entretiennent l'amitié, on peut dire que les grands entretiennent l'amour.

※

Le cœur est un temple qui n'accorde qu'une place à l'amour, tandis que l'imagination qui en est le vestibule, lui en réserve un nombre illimité.

※

La passion est un carnaval de l'esprit et du cœur, au milieu duquel l'amour grisé par la folie voit danser autour de lui tous ses sentiments travestis.

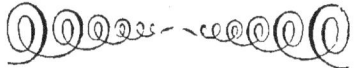

Les Tourments de Baptiste

Les Deux Agréés

LES TOURMENTS DE BAPTISTE

(Dédié aux Martyrs des Unions mal assorties).

I

LUI ET L'ENFER

Jamais, dans cet horrible enfer
Dépeint par Dante, âme damnée
A tous les tourments condamnée
Autant que lui n'aura souffert.
En vain, la fulgurante flamme,
Des démons sinistre drapeau,
Perce la chair, comme une lame,
Jusqu'aux os sans trouer la peau.
En vain toutes les épouvantes,
Aux inextinguibles ardeurs,
Aux fournaises incandescentes
Mêlent de sinistres clameurs.
En vain dans l'affreuse demeure
Où mille feux sont allumés
Sans jamais être consumés,
Les maudits brûlent à toute heure.
Asile de damnation,
Leurs corps, sans se réduire en cendres,
Peuplent, hideuses salamandres,
La bouillonnante fusion.
En vain l'effroyable blasphème,
Qu'arrachent le fer et le feu,
Bravant le céleste anathème,
S'exhale pour maudire Dieu.

En vain sous les voûtes fatales,
De la foudre aux éclairs captifs
Brillent les clartés infernales
Sur les possédés brûlés vifs.
Tortures irrémédiables
Qu'éternellement on subit,
Sous le ricanement des diables
Qui les infligent sans répit,
Cris stridents, sanglots, carnage,
Là, plus d'âge, plus d'avenir,
Rien, que la douleur dans la rage,
Qui s'accroît sans jamais finir.
Joignez à ces douleurs atroces
Ce que souffrirait un mortel
Jeté par un destin cruel
Sous la dent de bêtes féroces ;
Ajoutez, indistinctement,
Pal, bûcher, gibet, guillotine,
La roue et l'écartèlement
Aux supplices que Dieu destine
A tous ceux qui l'ont méconnu ;
Supposez, avec tout le reste,
Le pire des fléaux, la peste,
La soif soumise au plomb fondu,
La faim à son jeûne funeste,
Et vous n'aurez, n'en doutez pas,
Qu'une idée à peine ébauchée
De ce que sent l'âme hachée
Par tous les tourments d'ici-bas.

II

LUI

Il vous l'a dit : Nom d'un tonnerre !
Dans l'assemblage monstrueux
Des supplices les plus affreux
Reliant l'enfer à la terre,
On n'en trouverait pas d'égal
A ceux que peut, en sa furie,
Infliger à qui se marie
La femme, bourreau conjugal.
La femme telle qu'elle existe,
Non partout, mais par-ci par-là,
Telle que l'épousa Baptiste,
Pour son avoir, Dieu, que c'est triste,
Quand la misère l'étrangla ;
Cent mille écus sont quelque chose :
Sur ce point Baptiste eut raison,
Quand, voyant l'effet sans la cause,
Il mit l'enfer dans sa maison.
Ce n'est pas que cette Xanthippe,
On me l'a dit et je le crois,
De tous les vices fût le type,
Ou qu'elle eût deux défauts sur trois :
Non, ni trop prodigue ni chiche,
Sobre, exempte de vanité,
Elle eut pour la fidélité
Rendu des points à son caniche.
Mais rageuse, exerçant sur tout
Sa tyrannie opiniâtre,
Elle eut poussé les saints à bout
Tant elle était acariâtre.

Ecoutez son pauvre mari,
Il fait un effort de mémoire,
Tant ses tourments l'ont ahuri
Pour vous en raconter l'histoire.

III

A TABLE

— « Vous mangez comme les goujats,
Mais essuyez donc vos moustaches !
Vous ne pouvez toucher aux plats
Sans couvrir la nappe de taches !
— « C'est vrai, je suis un malotru,
Tiens, prends cette aile de volaille.
— « Gardez-la pour vous, vieux ventru,
Qui ne rêvez que victuaille.
Vous me fatiguez, à la fin,
Cette vie est insupportable :
J'aimerais mieux mourir de faim
Que d'être assise à votre table.
— « Chère mignonne, calme-toi,
Je consens à tout pour te plaire !
— « Ah ! vous auriez par trop à faire
Pour vous rendre digne de moi.
— « Le café fume dans la tasse.
Laure, ne pourrai-je aujourd'hui
Fumer gentiment comme lui ?
Accorde-moi donc cette grâce.
— « Fumer ? Ah ! quel ignoble abus !
Non, non, vous ne fumerez plus.
Sortez, monsieur, je vous l'ordonne,

Vous infectez l'appartement.
Vous hésitez, Dieu me pardonne !
Mais vous attendrez vainement
Que ma colère se dissipe.
Vous me soulevez l'estomac :
Traînez donc avec votre pipe
Hors d'ici l'odeur du tabac !

IV

IL SORT

— « Vous prenez un air de mystère
Pour sortir !... Où donc allez-vous ?
— « Tu le sais bien, chez mon notaire ;
— « Dites le mien, car, entre nous,
Votre fortune ne comporte
Ni contrats ni tabellions.
Vous ne possédez rien. — « Qu'importe,
Sur vos biens à deux nous veillons.
— « Veiller ! O la belle ressource !
Et vous m'êtes d'un grand secours
En me prêtant votre concours
Pour m'aider à vider ma bourse !
— « Laure, où veux-tu donc en venir ?
— « A rien, si ce n'est à vous dire
Qu'à se laisser entretenir
L'homme tombe de mal en pire.
Je pourrais bien suivre vos pas,
Prompts à courir la pretentaine ;
Mais vous n'en valez pas la peine.
C'est dit : Vous ne sortirez pas.
— « Soit, je reste. — « Ciel, quelle grâce !

J'ai réfléchi, vous sortirez.
Quant à savoir où vous irez,
Ce n'est pas ce qui me tracasse.
— « Mais, en attendant, l'heure passe ;
Javotte, vite mon chapeau,
Mes gants, mon pardessus, ma canne.
— « Non, on est toujours assez beau
Pour une affaire de chicane.
— « Mais, chère amie... — « On vous connaît,
Votre tenue est fort correcte,
Vous garderez votre bonnet,
Vos pantoufles, votre jaquette,
Vous irez voir Monsieur Bazin,
Puisque tant la chose est utile,
En homme modeste, en voisin...
— « Mais il loge au bout de la ville,
Puis il fait froid : — « Etes-vous sot !
— « Mais il se peut que je m'enrhume.
— « Vous sortirez dans ce costume :
C'est là, Monsieur, mon dernier mot.
—. « Laure, tu veux donc que je meure ?
— « Vous, mourir ? Vous vivrez cent ans.
Sortez, votre lenteur m'écœure,
Et songez que je vous attends,
Au plus tard, ici, dans une heure. »

V

IL RENTRE

— « Vous avez battu le pavé
Comme un vieux coureur d'aventures,
Homme vicieux, dépravé !

— « Fais-moi grâce de tes injures,
Puisqu'enfin je suis de retour.
— « Oui, repu de libertinage,
Risquant à la chute du jour
D'être, dans ce triste équipage,
Arrêté pour vagabondage.
— « Tu l'as dit, Laure, mon amour,
Mon chérubin, mon blanc nuage ;
Dans ce ridicule appareil,
Pouvais-je revenir de suite ?
— « Non, chenapan, car le soleil
Eût rougi de votre conduite.
— « Laure, je puis, si tu le veux,
De mes courses te rendre compte.
— « Non, ce serait un nouveau conte
Tiré par vos quatre cheveux.
— « J'ai faim, et de froid je grelotte ;
C'est un bien rude temps l'hiver !
J'ai faim ! — « Ententez-vous, Javotte,
De monsieur ôtez le couvert,
Il a dîné chez sa cocotte !

VI

LA SOIRÉE

— « Venez, mesdames, à l'écart :
Je cause mal lorsqu'on m'observe.
Baptiste nous suit du regard ;
D'un tel mari Dieu vous préserve !
Il est soupçonneux, emporté,
Susceptible, un rien le dérange.
— « Que dites-vous ? — « La vérité.

— « Je le croyais doux comme un ange.
— « Doux !... dites donc sot et brutal,
Comme un rustre ivre de rogomme !
Dire que j'ai trouvé cet homme
Sur le chemin de l'hôpital !
— « Qui le croirait ? Son air bonnasse
En fait vraiment un trompe-l'œil.
— « C'est le mot. Nul, bouffi d'orgueil,
Son sourire est une grimace,
Sa politesse un faux accueil.
— « Mais, chère amie, à vous entendre,
Pardonnez-moi si je médis,
Il ne resterait qu'à le pendre
Comme le dernier des bandits.
— « Vous ne savez pas tout encore,
Car je me tais sur certains cas,
Tant la bouche se déshonore
A les balbutier tout bas.
Tenez, le voici qui s'avance.
— « Que veut-il ? — « Nous l'allons savoir.
— « Mesdames, charmé de vous voir ;
Ah ! puisse ici votre présence
Se renouveler chaque soir.
— « Laure, Javotte est là qui pleure.
Trop zélée en ses mouvements,
Elle a renversé tout à l'heure
La table aux rafraîchissements.
— « Et vous venez plaider sa cause...
Mesdames, comprenez ceci :
La bonne a cassé quelque chose,
Le maître demande merci !
A s'attendrir votre âme est prompte ;
Javotte doit se désoler,
Courez vite la consoler.

Allez avec elle sans honte
Ramasser les débris épars.
Allez, afin que chacun sache
Qu'elle a des droits à vos égards !
— « Laure, j'ai là ma cravache,
Modère tes accents criards.
Je cours au lit, viens m'y rejoindre.
Là je repose en méditant
Qu'entre deux maux choisir le moindre
Me semble juste en te quittant.
— « Voilà le charmant personnage,
Le protecteur de mon repos.
Mesdames, de ce persifflage
Avez-vous senti l'à-propos ?
— « L'à-propos ? non, car la logique
Eût voulu que ce tourtereau
Gratifiât d'un coup de trique
Sa femelle ; c'est un agneau ;
C'est mon avis, est-ce le vôtre ?
— « Certes non ! — « S'il nous est permis
De vous donner aussi le nôtre,
Nous serons trois du même avis. »
— « Mais, après tout, seriez-vous quatre,
Que je croirais avoir raison.
Libre à vous de vous laisser battre
Chacune dans votre maison.
Je vous déplais, quittez la mienne. »
— « Avec plaisir, être charmant,
Même pour votre enterrement,
N'ayez crainte qu'on y revienne.
On peut entrer gaîment chez vous,
Mais on en sort la mort dans l'âme :
Plaignant le meilleur des époux
D'avoir la plus horrible femme
Qu'ait vomi l'Enfer en courroux. »

VII

AU LIT

— « Juste ciel ! le voilà qui ronfle
Pour interrompre mon sommeil,
D'excès de bien-être il se gonfle
Comme un crapaud sous le soleil :
Ces maris-là sont des marmottes ;
Vraiment, les femmes sont bien sottes
De n'en pas choisir de meilleurs. »
— « J'ai tes deux coudes dans les côtes,
Ne pourrais-tu les mettre ailleurs ? »
— « Non, Monsieur, gagnez la ruelle,
Si tant mon contact vous déplaît. »
— « Laure, ton humeur est cruelle ! »
— « Presque autant que vous êtes laid. »
— « Laisse-moi dormir, je t'en prie ! »
— « Pas avant que vous ne soyez
Passé maître en galanterie,
Ce sera long, vous le voyez !
Parlons, si vous voulez m'en croire,
De nos affaires, c'est urgent ;
S'agit-il de manger et boire,
Sans savoir d'où vous vient l'argent ? »
— « Ah ! c'est toujours la même histoire... »
— « Quand je vous épousai jadis,
Il vous en souvient je présume,
N'ayant pas un maravédis,
Dans un pitoyable costume,
Je comptais sur vos qualités
Pour voir s'accroître ma fortune.
J'ai beau chercher de tous côtés,

Je ne puis en découvrir une ;
Vous êtes joueur, libertin,
Leger, sans initiative,
Mou presque autant que je suis vive...
— « Il est trois heures du matin,
Souffrez qu'enfin je me repose ! —
— « Je veille, faites comme moi.
Je suis comme vous, je suppose,
De chair et d'os, je veux ma foi,
Causer à défaut d'autre chose. »
— « Ah ! de grâce, je n'y tiens plus,
C'est trop parler pour ne rien dire.
Tiens ! j'entends sonner l'Angelus.
Mets donc un terme à mon martyre !
— « N'y comptez pas, vieil entêté !
A vos désirs, moi me soumettre !
Avez-vous jamais eu d'un maître
L'énergie et l'autorité ?
Un chien fixe, en levant la patte,
De vos beaux exploits la hauteur.
Tour à tour soldat, bureaucrate,
Commerçant et littérateur,
Qu'avez-vous fait ? On le constate ?
Rien de bon est-ce assez flatteur ?
Soldat, trop lent à la bataille,
On ne vous a pas décoré ;
Bureaucrate de rien qui vaille,
Le commerce, c'est avéré,
Vous a flanqué net sur la paille,
Puis votre orgueil, dernier délit,
Vous fit rimailleur, journaliste,
A vos frais, mauvais publiciste
D'œuvres que personne ne lit,
Car je veux que Dien me confonde

Si pour vous lire, entre les fous,
Il peut s'en trouver dans le monde,
Un seul qui le soit plus que vous.
— « Ah ! je n'y tiens plus, je me lève !
— « Vous vous levez, c'est bien heureux.
— « Laure, tu n'es qu'un mauvais rêve.
— « Et vous un cauchemar affreux.
— « Laure, tu n'es qu'une vipère,
Un féminin Caligula.
— « Vous êtes pis que tout cela.
Vieux barbon, qui seriez mon père.
— « Laure ! vas-tu t'arrêter là
Ta méchanceté m'exaspère.
Je vais t'appliquer une paire...
— « De soufflets ? tenez les voilà !
— « Ah ! c'est trop fort, vieille coquine !
— « Javotte, Javotte ! au secours...
— « Qu'est-ce donc, madame ! J'accours
— « C'est Baptiste qui m'assassine,
Las de me gruger tous les jours !
Après vous avoir appelée,
De courage j'étais à bout.
Sans vous j'allais être étranglée
Par ce brigand qui me doit tout.
Pour consommer le sacrifice
Il allait sur moi se ruer.
Vite allez chercher la police :
Ce fieffé scélérat a voulu me tuer ! »

VIII

CONCLUSION

Quand la douleur qui le commande
Lève à peine un coin de rideau
Sur son intraitable bourreau,
Avec terreur on se demande
Quel est le reste du tableau.
A ce récit est-il utile
D'ajouter que Baptiste a tort
De subir, comme un imbécile,
Sans regimber son triste sort ?
Non, il n'a pas tort le cher homme,
Que peut-on repprocher en somme
Au mouton qui, pour être doux,
Expire sous la dent des loups ?
D'où j'extrais qu'avant de conclure
Un hymen par trop expié,
Tout empressement doit s'exclure
Qu'on doit agir avec mesure
Pour trouver chaussure à son pied.

Victor Levère

LES DEUX AGRÉÉS

OU LES DEUX POLTRONS RÉVOLTÉS

Pochade drôlatique en quatre chants.

CHANT PREMIER

Un *agréé* c'est peu de chose,
Deux *agréés,* croyez-le bien,
Sont encore moins et je n'ose
Affirmer que trois ne sont rien :
Donc je n'en mets que deux en cause.

A l'un on a dit : « *Périssez,*
Vous êtes atteint de *gravelle* ? »
A l'autre on a dit : Finissez
Votre ridicule querelle :
Ne laissez pas croire aux plaideurs
Que vous êtes deux adversaires
Ne réglant pas mieux vos affaires
Que vous ne débrouillez les leurs !

Par le tribunal de Commerce
L'un se prétend seul *agréé,*
L'autre affirme qu'il est créé
Pour le noble emploi qu'il exerce.
Sur ces faits, nos originaux
Exhalant leur verve animée
Font rayonner dans les journaux
Leur polémique envenimée.

On s'exclame sur tous les tons :
D'où vient cette mortelle haine,
Ne tondent-ils donc plus de laine
Sur le dos des mêmes moutons ?

L'un d'eux se croyant impeccable,
Et par suite probe à l'excès,
Dirait-il que l'autre est capable
D'amoindrir la note des frais ?

Non ! du quiproquo qui les blesse
Nos champions font simplement
Une sorte de bouillabaisse
Vierge de sel et de piment.

Au fond, c'est de la jalousie
Ou rivalité de métier.
L'un voudrait dans sa frénésie
Dévorer l'autre tout entier ;

L'autre dans les plis d'une robe
Où son talent s'est endormi,
Par trop prudemment se dérobe
Aux défis de son ennemi.

Lecteur, si j'ai bonne mémoire,
J'assure et suis bien assuré
Que les héros de cette histoire
Sont : COCARDASSE et TEINTURÉ,

Or le plus fier c'est Cocardasse,
Qui sans attendre au lendemain
Ouvertement pousse l'audace
Jusqu'à mettre l'épée en main
Pour vider l'affaire sur place.

De ce belliqueux procédé,
Teinturé ne veut pas qu'on use ;

De courage il est possédé,
Si bien possédé qu'il refuse.

Ah ! dit-il, je suis obsédé,
Mais on rira si je m'excuse.
Ce Cocardasse est un mâtin
Dont chaque trait, hélas ! m'atteint,
C'est mon cauchemar, c'est ma teigne ;
Si mon coiffeur souvent m'a teint,
Ce n'est pas pour qu'un beau matin
Un bon coup de fleuret m'atteigne.

CHANT DEUXIÈME

Tiens ! s'écrie un officieux,
Personnage à forte cervelle,
Qui s'exerce faute de mieux
A faire prendre au sérieux
La plus innocente querelle, —
Tiens ! est-ce bien vous que j'entends
Du duel contester les charmes,
Même alors qu'ici je prétends
Qu'on vous laisse le choix des armes?
De par notre vieille amitié,
Teinturé, je veux qu'on s'aligne !
Votre trac, qui me fait pitié,
D'un homme de robe est indigne.
Il faut, pour l'honneur du Sarrau,
Qu'en tous lieux je veux qu'on maintienne,
Qu'on se fasse trouer la peau,
Surtout si je gare la mienne.
Vous hésitez ?

     Je réfléchis.
Et dussé-je être mis en quatre,

Dit Teinturé, si je fléchis,
Ce sera pour ne pas me battre.

Eh quoi ! je viendrais prendre soin
De votre toque compromise,
Et ne serais que le témoin
De votre triste couardise ?
Non, jamais cela ne sera,
Un couard est trop méprisable :
Vous vous battrez, de par le diable,
Ou le diable m'emportera.

— « Eh bien ! que le diable t'emporte !
Toi, Cocardasse et tous les siens,
Répart Teinturé ; je t'exhorte
A franchir le seuil de ma porte,
Ou sur toi je lâche mes chiens.
— « Voyons, calmez-vous, cher confrère ;
Vous êtes trop loin du danger
Pour ne pas voir qu'à cette affaire
Je suis à peu près étranger.
Raisonnons. Dans le duel, même
Qu'on croit le plus aventureux,
On peut user de stratagème
Et le rendre moins dangereux.
On a vu, dit un certain livre,
Un témoin, de ses actes libre,
Glisser avec beaucoup d'aplomb
Dans deux pistolets de calibre
Des pois chiches au lieu de plomb.
On a vu, choses avérées,
Dans un monde du meilleur ton,
Jouer les pointes acérées
Avec deux fleurets de carton.
On a vu, plus d'un fou s'en vante,

Par une mutuelle entente,
Viser trop haut, tirer trop bas,
Finir ainsi plusieurs combats
D'une façon très consolante.
Ce sont des égard qu'on se doit !
Très cher, en pareille aventure,
On peut fort bien, je vous l'assure,
Promettre de se faire au doigt
Une petite égratignure.
On peut aussi, chemin faisant,
Trébucher, puis, clopin-clopant,
Feindre d'avoir pris une entorse,
Ou prétexter, nouvelle amorce,
Une colique qui vous force
A des laxatifs bienfaisants.
Reste le coup de la police,
Qui survient, prévenue à temps,
Pour arrêter les combattants
Avant que leur sang ne jaillisse.

A ce discours inattendu,
Teinturé, fort mal convaincu,
D'un seul bond a quitté son siège,
Haletant, le jarret tendu.

Ah ! s'exclame-t-il éperdu :
Canon de bois ! sabre de liège !
Ne font pas que je sois rendu
Aux arguments dont on m'assiège.
Cette manœuvre cache un piège,
Duquel je me suis défendu.
N'espérez pas qu'on me décide,
Sapristi ! sacré nom de nom !
A braver le fer homicide
D'un Cocardasse qui, dit-on,

Voudrait se payer le renom
D'un scandaleux *agréicide* ;
D'ailleurs un nouvel embarras
Surgit en dépit de l'offense :
Cocardasse, en fait d'éloquence,
Certainement ne me vaut pas.
Avec lui puis-je me commettre ?
Non, je le déclare aujourd'hui,
Je suis *agréé* passé maître,
Lui ne l'est pas, mais il croit l'être,
Je ne me bats pas avec lui ;
Qu'il s'en console et qu'il revête
Robe noire, toque et rabat
Pour établir que sous le bât
Il manquait encore une bête.
J'ai dit : c'est là mon dernier mot !

Teinturé, vous n'êtes qu'un sot,
Et ce n'est vraiment pas la peine
D'appartenir au sexe fort,
Pour ne pouvoir risquer l'effort
De sortir, au nom de la haine,
Un sabre rouillé de sa gaîne
Et de braver les coups du sort,
Tandis que plein de crânerie,
Cocardasse pose en héros,
Vous vous réduisez à zéro
Par excès de poltronnerie ;
Car, malgré sa forfanterie,
De Cocardasse la valeur
N'est pas chose bien assurée,
Il ne l'a jamais mesurée
Avec deux sabres de longueur ;
Sachez affronter la bataille,

Avancez, il reculera ;
Reculez, il avancera ;
Acceptez, il refusera,
C'est sûr, car la peur le travaille.

Si ce trac bien accentué
Egalait celui qui me larde,
Vous me verriez, dit Teinturé,
Comme un guerrier tomber en garde ;
Mais je me suis déjà par trop aventuré.

CHANT TROISIÈME

A ce propos anti-bravache,
L'auxiliaire interloqué
Se dit, en mordant sa moustache :
Mon pauvre confrère est toqué.

Dans ce cas extrême, que faire ?
La logique est hors de saison.
Puisque nul des deux ne s'enferre
Et que le combat se diffère,
Moi, Bataillard, je les défère
Au tribunal de la Raison.

Ce tribunal de contrebande,
Dont on n'a même pas entrevu le profil
Si bien que chacun se demande :
Mais où diable donc siège-t-il ?
Il siège sans faste et sans gloire
Loin de l'influent importun,
Sans faux serments et sans prétoire,
Où le fixe le sens commun.

Là, pas de juge qui s'endorme ;
Tout s'y règle en dernier ressort.
Pas de cas de vices de forme
Où sur un jugement difforme
S'affirme le droit du plus fort ;
Là, pas de fictive éloquence,
Pas d'avocat dont la jactance,
A défaut de talent réel,
Fasse absoudre coquin, coquine,
Et par le même arrêt condamner, sans appel,
Un brave homme à la guillotine.

Là, pas de recors, pas d'huissier,
Gens dont parfois le cœur d'acier
S'anime d'un zèle barbare,
Pas de débiteur qui se gare
Des notes de son créancier.
Là, tout se lie et tout s'accorde,
Et c'est au nez de la Discorde
Qu'on brûle le papier timbré.
Par ce tribunal de concorde
Nul ne peut se dire *agréé*.
Là des centaines de bélitres
N'ont et n'eurent jamais accès :
Ceux qui vivent à divers titres
De chicanes et de procès,
Ne pourraient y manger ces huîtres.

De ce tribunal sans pareil
L'origine n'est pas commune,
S'il existe sous le soleil,
Sans être tombé de la lune.
Or, je vous donne pour certain
Que devant ce juge suprême
Paraîtront dès demain matin

Le Cocardasse à face blême,
Le Teinturé fraîchement teint.
Et, s'il faut enfin que j'explique
Ce qu'est ce fameux tribunal,
Je le dirai, ça m'est égal...
C'est, lecteurs, l'opinion publique,
Dont je n'affirme pas l'infaillibilité,
Mais dont le courant électrique
Fait réagir la vérité
Et réduit à néant la partialité.

Pour cette besogne épineuse
Je désigne, c'est convenu,
Un *agréé* court et trapu
Dont la langue peu venimeuse
A toujours fait ce qu'elle a pu.
Bien qu'agréé, dans sa sagesse,
Sans pour cela être un benêt,
Il sait opiner du *bonnet*
Et ne rien risquer qui vous blesse.
Bref, c'est bien là l'homme qu'il faut
Pour régler ce fâcheux litige.
Et si quelque chose m'affige
C'est de n'avoir pas su le désigner plus tôt.
Donc, alerte et le cœur en joie,
C'est dans un fiacre qu'il se rend,
Au rond-point de la Patte-d'Oie (1)
Pour y régler le différend.

(1) Quartier de Toulouse.

CHANT QUATRIÈME

A défaut de fiacre et d'escorte,
C'est la colère qui transporte
Nos *agréés*, l'un de l'autre jaloux,
Au lieu même du rendez-vous.
Le gros *bonnet* de la gent ignorante
Vient et se pose en conciliateur,
Et d'une voix formidable et tonnante
Lance un discours accusateur
A Teinturé, qui se contente
D'exhaler ainsi sa fureur :
— Allons, plus de couarde entente,
Je me battrai jusqu'à la mort,
Et si Cocardasse se vante
De me faire peur il a tort.
Fichtre ! fit ce dernier en se grattant l'oreille,
Est-ce bien lui qu'on vient d'ouïr ?
Teinturé courageux ! mais il veut devenir,
Du monde où nous plaidons, la huitième merveille ?
De ce guêpier, comment vais-je sortir ?
Par une cause étrange, à nulle autre pareille,
Quand son courage se réveille,
Je sens le mien s'évanouir.
Mais ne perdons pas contenance,
Ayons le merveilleux aplomb
Que commande la circonstance
Et prenons un air furibond.
On se battra, morbleu ! l'on se battra sur l'heure.
Par les foudres de Jupiter,
Ce combat, ventrebleu ! ne sera pas un leurre :
On se battra, par le feu, par le fer,
Le pistolet, l'épée et, s'il le faut, la hache,

Passeront dans nos mains pour venger cet affront !
Et celui de nous deux qui fuira comme un lâche
    Errera, méprisé, sous une large tache
        D'encre de Chine sur le front.

    Ouf !... jugeons de l'effet de ces nobles paroles !

Ta ! ta ! ta ! murmura d'un ton sentencieux
      Le juge consciencieux ;
      Ce sont chansons et fariboles
      De deux poltrons très soucieux
De conserver leur peau, sans passer pour des drôles.
Mais ne préjugeons pas et terminons enfin
      Par une épreuve décisive.

Oui, des deux *agréés*, la chose est positive,
Nous saurons à l'instant quel est le plus malin.
Or, entre ces messieurs, pas de duel vulgaire.
Il faut que le destin décide entre les deux
Quel est celui qui doit survivre à son confrère ;
Donc, *au petit bonheur*, comme disent les gueux ;
Qu'on m'apporte à l'instant les tasses réservées.
Aux spadassins épris de leur habileté,
Point n'est besoin ici de forces éprouvées ;
Il n'est de vrai duel que dans l'égalité.
Avancez, Teinturé ! suivez-le, Cocardasse !
    Car l'heure fatale a sonné ;
    Prenez-moi chacun une tasse
Et videz-la d'un trait sans faire la grimace.
L'une des deux contient du lait empoisonné.

    A ces mots de sinistre augure,
Teinturé, Cocardasse ont changé de figure ;
Les deux tasses sont là, leur liquide argenté,
    Morne comme une sépulture,
Fait reculer d'horreur le couple épouvanté.

— Nous offrir un pareil breuvage,
C'est présenter la mort à nos bras désarmés,
S'écria Teinturé ; ce fut la mort d'un sage,
Et Cocardasse et moi ne le fûmes jamais.
    Non ! non ! l'exemple de Socrate
Avalant la cigüe, au fond de sa prison,
Ne saurait nous contraindre à prendre le poison
    Qu'une main par trop scélérate
Ose nous présenter au nom de la raison !
    Commettre pareille bêtise
Serait de la folie et non de la vertu ;
    O Cocardasse, qu'en dis-tu ?

— Que diable veux-tu que j'en dise ?
Nous refusons, c'est convenu !
Alors, majestueux et sombre,
Le juge recueillit les voix,
Et l'on vit s'incliner dans l'ombre
Cinq à six têtes à la fois :

— Le tribunal, dans sa sagesse,
Dit le président, plein de tact,
Ne peut condamner la faiblesse
De deux poltrons saisis de trac ;
On n'est plus noble sans noblesse.
Chacun de nous sait bien où le soulier le blesse,
    Donc, sans rechercher le motif
Qui fait que l'un des deux contre l'autre s'insurge,
    Sans imiter les moutons de Panurge,
    Le tribunal, prudent et positif,
    Prononce un verdict négatif,
    Et de toutes charges les purge
    Sans user d'autre laxatif.
Que devant ce verdict toute haine s'efface,

La rancune et l'orgueil sont de pesants fardeaux ;
Puisque vous ne pouvez vous regarder en face,
Nous vous renvoyons dos à dos !

APOTHÉOSE

Dos à dos on les vit s'engager dans la voûte
    D'un couloir sombre et tortueux ;
    Ils allaient là vider sans doute
Leur différend, sans bruit, et loin des curieux.
Ce qui dut se passer est difficile à dire ;
Mais, au fond de cet antre où s'était fait la nuit,
    On crut entendre comme un bruit
    De madapolam qu'on déchire.
    Vent ou poudre, ce double pet
    Produisit un effet magique,
    Puisqu'après ce bruyant effet,
En se bouchant le nez la vindicte publique
    Déclara l'honneur satisfait.

Victor Levère.

L'Esprit d'Isambart le Toqué

Si toujours le Hasard, aux chances versatiles,
Servit mal le talent dans ce qu'il entreprit,
C'est qu'il fait une part si large aux imbéciles
Qu'il ne lui reste rien pour les hommes d'esprit.

Victor Levère

LES AVOCATS

Les moralistes de toutes les époques ont combattu presque sans résultat les ennemis de la vérité, tant il est vrai que signaler un vice n'est pas le détruire.

Le mensonge offre de tels avantages à l'égoïsme et l'égoïsme est lui-même si profondément enraciné dans le cœur humain, que les natures les plus honnêtes ont fini par se faire une arme de la dissimulation, la seule du reste que l'on puisse opposer, avec succès, à cette diplomatie des transactions usuelles qui vit de combinaisons tortueuses, de *fraudes légales*, d'éloquente hypocrisie, de hautes et de basses manœuvres : diplomatie qui envahit tous les degrés de l'échelle sociale et menace d'ériger en principe ce vieil adage de la chicane qui affirme *qu'un mensonge bien soutenu vaut mieux qu'une vérité mal dite !*

Les ennemis de la vérité existent partout où se groupent les foules pour vivre aux dépens les unes des autres ; ces foules sont le plus souvent composées de fripons considérés, souvent considérables, mais néanmoins aussi inintelligents que malintentionnés ; incapables de régler leurs propres affaires, ces bipèdes ont recours, pour les conduire à bonne fin, à d'honorables interprètes ; nous avons nommé MM. les avocats. Or, chacun sait que pour devenir maître en l'art de bien mentir, il ne suffit pas d'être né menteur ; il faut encore, durant un certain nombre d'années, fourrer son nez dans les élucubrations de blagueurs célèbres. Les porte-parole ne sont donc point gens à dédaigner, surtout lorsqu'ils ont atteint ce degré de perfection qui les rend aussi imparfaits que possible.

Maître Beaubraillard, si vous le voulez bien, personnifiera ici le type de ces aimables potentats de la parole.

Notre qualité de Toqué nous autorisant à une licence de langage au moins égale à celle dont usait Chicot à l'égard de Henri III, son maître, nous parlerons comme un fou qui, dans ses moments lucides, a su mettre en réserve quelques raisonnables pensées.

Il est bien peu de gens qui ne se soient trouvés dans la fâcheuse obligation de subir, durant le cours d'un procès, le feu roulant d'une plaidoirie à outrance, mitrailleuse oratoire chargée jusqu'à la gueule de toutes les vilenies issues de la diffamation et du parti-pris ; c'est en vain que la victime a cherché au fond de sa conscience la justification de ces brutales agressions ; c'est en vain que, promenant un regard anxieux sur cette foule avide de scandale qui peuple d'ordinaire l'enceinte du tribunal, elle a sollicité d'elle la manifestation d'un sentiment d'indignation égal à celui qu'elle éprouvait ; c'est en vain qu'elle a espéré qu'un sévère rappel à l'ordre viendrait mettre un terme à ses tortures, qui n'avaient de comparable que l'application des questions ordinaires et extraordinaires de jadis. Non, les débats ont suivi leur cours, et lorsque exténuée, meurtrie, la victime a senti s'échapper par toutes ses blessures la considération dont elle avait joui jusque-là, l'illustre Beaubraillard est venu poser sur ses plaies béantes le premier et dernier appareil de ce que l'on nomme la réplique, satisfaction qui, pour être tardive, n'en apporte pas moins un grand soulagement à l'état moral du pauvre plaideur.

La victime est sur pieds. Maître Beaubraillard, bien lesté d'honoraires avant l'audience, l'a suffisamment vengée ; car ce maître Pathelin des temps modernes excelle en l'art d'étayer les causes les plus chancelantes d'argumentations tortueuses agrémentées d'éclats de voix capables, sinon de convaincre les juges, du moins de leur assourdir le tympan.

Votre antagoniste a gémi à son tour sous les étrivières oratoires ; vous avez félicité Mᵉ Beaubraillard du zèle qu'il a mis dans l'accomplissement de cette besogne, et le dialogue suivant a été la conséquence de votre rencontre avant le prononcé du jugement.

Vous. — Mᵉ Beaubraillard, vous avez été sublime d'éloquence.

Lui (*se rengorgeant*). — J'ai été, mon cher, ce que je suis toujours : sûr de moi-même et jamais à court d'arguments.

Vous. — Comme vous représentez bien le mérite toujours inséparable de la modestie !

Lui. — Votre *affaire* est bonne et ne pouvait qu'encourager la défense.

Vous. — Alors, vous ne doutez pas de l'issue du procès ?

Lui. — Non certes pas.

Vous (*joyeusement*). — Enfin, notre cause est gagnée, n'est-ce pas ?

Lui (*avec stupéfaction*). — Gagnée ? Allons donc ! Etes-vous fou, elle est perdue, absolument perdue.

Vous. — Perdue ! ne m'avez-vous pas dit tout à l'heure que mon affaire était bonne.

Lui. — Je l'ai dit et je le maintiens, c'est une bonne affaire de vous à moi, mais elle ne tient pas debout devant le ribunal.

Vous (*d'un ton indigné*). — Allez au diable ! Elle ne tient pas debout, dites-vous ? Elle se couche, alors ?

Lui (*gravement*). — Chut ! Vous avez dit le mot : elle se couche.

Vous. — C'est à désespérer de la justice humaine !

Lui (*bas à votre oreille*). — Mais aussi, pourquoi vous avisez-vous de plaider contre la femme et surtout la jolie femme !

Le jugement vient d'être rendu. Grande élasticité dans l'interprétation des articles du Code !

Les nuances les plus variées forment un vague arc-en-ciel à ce verdict pluvieux.

Evidemment celui qui n'a pas tort est bien mal venu d'oser se permettre d'avoir raison.

Quant aux influences occultes qui tenaillent d'une main les mamelles de la Vérité et cherchent de l'autre la partie la plus charnue du corps de cette déesse, nous nous plaisons à croire qu'elles ne se sont imposées à personne.

>   Rien d'aussi juste que le juste restant juste !
>   Dès, qu'imitant Cujas, il se figure en buste.

Après cela, devinez ce que je cache dans ma poche ? Eh ! bien, j'y cache la clarté qui fait défaut à mes divagations aussi bien qu'au jugement qui vous condamne.

>   Oui ! les débats sont clos, la cause est entendue.
>   De considérant que en considérant qu'il
>   De par votre avocat et le Code civil,
>   A tout jamais pour vous cette cause est perdue.
>   Que Dieu de tout procès vous garde. Ainsi soit-il !

Egayons-nous en rimant un incident d'audience dont Maître Beaubraillard, au début de sa carrière, aurait, paraît-il, été le héros :

>   De Maître Beaubraillard la précaire éloquence
>   Exposait certain jour un homme à la potence,
>   Lorsque, se ravisant, par un trait décisif
>   Il voulut essayer d'être persuasif :

— Grâce s'écria-t-il, soumis à la censure,
Si tout ce que j'ai dit n'est la vérité pure,
Si mon client en tout n'est digne de pitié,
Monsieur le Président, je vous donne ma tête.
— Accepté ! cher ami, car c'est demain ma fête ;
Par les petits cadeaux s'entretient l'amitié.

Ici, un lecteur indiscret interrompt la lecture de nos remarques pour s'écrier : que diable les avocats ont ils pu faire à ce pauvre Isambart, pour mériter ses ressentiments ?

Pas grand chose, dans les divers procès que sa mauvaise étoile lui a suscités, ils l'ont tour à tour défendu ou attaqué ; dans la défense il a été présenté, bon gré mal gré, comme un pigeon naïf très facile à plumer, c'est-à-dire comme un parfait imbécile ; dans l'attaque, au contraire, on s'est attaché à faire de lui un vieil endurci capable de toutes les infamies, et cela avec un tel accent de féroce conviction que le toqué s'est sérieusement demandé si, en dépit de ses bons antécédents, il ne serait pas, sans s'en douter, une franche, une abominable canaille.

Eh bien ?

Eh bien ! il a failli se répondre affirmativement.

Il résulte donc des raisonnables extravagances qui précèdent :

Que la plupart des avocats cherchent à suppléer à leur défaut de talent en s'érigeant en calomniateurs, que la tolérance blâmable dont on use à leur égard les pousse, en les encourageant, jusqu'à l'hydrophobie du geste et de la voix ;

Qu'au lieu de se pénétrer de cette vérité qu'ils pourraient être persuasifs sans s'oublier jusqu'à l'injure, ces Messieurs persistent, dans la pensée de vaincre les difficultés de la défense, à déchirer à belles dents le voile de la vie privée.

Que ce voile ne découvre le plus souvent que les fantômes

bizarres ou grotesques créés par leur imagination en délire?

Que toutefois il est avéré que cette catégorie des honorables reste la preuve vivante et permanente de tout ce qu'a de vrai cette phrase tombée des lèvres de Basile :

Calomniez, calomniez, il en restera toujours quelque chose.

Par ces motifs, nous demandons d'urgence l'application de la peine en usage en Pologne contre les calomniateurs.

Nous citons :

« *Le calomniateur convaincu doit, en plein Sénat, se coucher à terre sous la table de celui dont il a attaqué l'honneur, et dire à haute voix qu'en répandant contre lui des bruits injurieux, il a menti comme un chien. Cette confession publique achevée, il faut qu'à trois reprise il imite la voix d'un chien qui aboie.* »

Il n'est cependant si bonne mesure qui ne présente son côté fâcheux ; l'application de celle que nous venons d'indiquer, en substituant les aboiements au langage du plus grand nombre, ferait probablement naître une telle confusion au milieu du bruit, qu'il deviendrait impossible de distinguer la voix des avocats.

Lecteurs, cherchez autre chose.

Quant à nous, le degré de ramollissement dont notre cerveau est affligé ne nous permet pas de trouver mieux.

Isambart le Toqué.

LES PLAIDEUSES

Douze poulettes, ou plutôt douze sœurs, vivaient en bonne intelligence dans le même poulailler ; or, il advint qu'un jour elles pondirent chacune *un œuf*; comme elles ne formaient qu'une seule famille, elles réunirent les *douze œufs* dans la même corbeille, se promettant, non sans force protestations d'amitié, de les couver à tour de rôle.

Sur ces entrefaites, survint un coq!... le plus beau des coqs du village; il eut des préférences, suscita des jalousies, et la discorde fut bientôt à son comble; chacune voulut d'abord reprendre son œuf; mais le moyen de le reconnaître?.... Comme ceci se passait à une époque différant peu de la nôtre, puisque les bêtes parlaient, nos poulettes, d'un commun accord, mirent *leurs œufs* aux mains d'un avoué de la gent emplumée, nommé *Passereau*, lequel s'adjoignit aussitôt un avocat non moins emplumé, ayant nom *Beaubec*.

Passereau, en oiseau matois, cassa vite les *œufs*, les battit fortement, soumit le mélange au *flair* infaillible de *Beaubec*, et, finalement, exposa le cas au tribunal des *corbeaux*, présidé par M. *Vautour*; ce dernier plongea et replongea son bec jusqu'aux yeux dans ce liquide jaune, et ne le retira que lorsqu'il fut bien convaincu de l'impossibilité de reconstituer les *douze œufs* et de celle plus grande encore de donner satisfaction aux poules, en rendant à chacune l'*œuf* qu'elle réclamait.

Beaubec fit, là-dessus, une plaidoirie restée célèbre dans les annales du barreau.

Les parties furent renvoyées queue à queue et condamnées solidairement aux dépens.

Du contenu des *douze œufs*, *Passereau* fit une omelette au lard, dont *Beaubec* mangea sa part de fort bon appétit.

Quant aux *coques*, qui n'avaient pu être utilisées, elles furent abandonnées aux plaideuses.

Isambart le Toqué.

FANTAISIES

Avis aux jeunes Filles

Adam n'eût pas cédé sa côte
Pour créer un tout féminin,
Pétri de miel et de venin,
S'il eût pu prévoir la cocotte.

Immorale difformité,
Dis-nous donc comment Dieu ton maître
De t'animer a pu commettre
L'impardonnable énormité ?...

D'orgie et de vice nourrie,
Tu devins comme te voilà ;
La pomme d'Eve était pourrie,
Evidemment tu sors de là !

Elle salit si l'on s'y frotte.
Forte d'un toupet indécent,
Son bonheur est rempli de crotte :
On ne le voit pas, on le sent.

Jeune fille au regard céleste,
De ces mœurs détourne les yeux ;
Car le vice, comme la peste,
Est mortel et contagieux.

Cache la vertu qui t'honore
A ce temps de vice rempli.
Pour que cet ogre la dévore,
Il ne faut qu'un moment d'oubli.

Cache l'éclat de ta jeunesse
Aux regards qu'il peut éblouir ;
Cache ton trésor, la sagesse,
Qu'un souffle voit s'évanouir.

Que la couronne virginale
Que je vois briller sur ton front
A ce siècle où tout se ravale,
Inflige un éternel affront.

Que ton œil d'ange se repose
Sur ceux qui savent t'admirer,
Et que pour croire à quelque chose,
Il suffise de s'y mirer.

Isambart le Toqué.

Conseils au Diable

Garde-toi d'exhiber tes cornes acérées,
Si par le sens commun elles ne sont dorées.
Le diable, pour trouver un plus diable que lui,
N'a même pas besoin de chercher aujourd'hui ;
Car le diable est partout : le diable, c'est la foule.
Des vices, des travers, c'est le torrent qui roule,
Qui toujours descendra sans jamais remonter ;
Torrent qu'on voit passer sans oser l'affronter,
Et qui, de siècle en siècle, accumulant les crimes,
N'a jamais de l'oubli pu combler les abîmes !
La nature elle-même est féconde en abus,
Puisqu'elle a mis les droits à côté des bossus,
Le fertile vallon près de la roche aride,
Le désert altéré loin de la terre humide,
Près des riches repus les pauvres affamés,

Dont la source des maux ne se tarit jamais ;
Près du tendre oiselet le serpent qui fascine,
Près d'un mari bénin une épouse coquine,
Près de la douce paix la guerre au front d'airain,
Au-dessus des tyrans le peuple souverain.
L'abus, c'est vous, c'est lui, c'est moi, c'est tout le reste;
C'est le noir choléra se greffant sur la peste,
C'est le poison mortel répandu dans les airs
Par des démons maudits glissant sur des éclairs.
Trop souvent la critique agit comme une sotte.
N'ayant d'autre ennemi que ceux de Don Quichotte,
On la voit, sabre en main, s'écrier : En avant !
Contre des arbres morts ou des moulins à vent.
Diable, qui que tu sois, bon diable ou mauvais diable,
Démon sombre et rageur ou d'humeur sociable,
Ecoute les conseils d'Isambart le Toqué,
Suis-les de point en point et n'en sois point choqué.
....

C'est en vain qu'on voudrait changer l'état des choses ;
Les esprits qui croiront à ces métamorphoses,
Après s'être épuisés en de fades discours,
Mourront près des abus qui survivront toujours.

ISAMBART LE TOQUÉ.

Il est un Dieu pour les ivrognes.

Mis par Bacchus dans l'embarras
Un ivrogne chancelle, glisse,
Et tombe juste entre les bras
De deux bons agents de police.
....

Il est un Dieu, dit-on, aux ivrognes propice.

Devant une Ménagerie.

Pour le dompteur que de richesses
S'il pouvait joindre, en certains cas,
A tant de vivantes espèces
Celles qu'il ne possède pas.

Au singe, qui paie en grimaces,
Accoler quelques orateurs
Pris un peu dans toutes les classes
Des parvenus et des menteurs.

Placer à jamais, côte à côte,
Les cerfs et les maris jaloux,
Vieille guenon, jeune cocotte ;
Les créanciers avec les loups.

Accoupler avec la hyène
L'hypocrite aux sombres détours,
Et reléguer, quoi qu'il advienne,
Les gros rentiers parmi les ours.

Près des hibous le proxénète ;
Avec le chacal, la catin ;
Le phénix près de l'homme honnête
Et près des pigeons, le gandin.

L'autruche près des imbéciles,
Les perroquets près des bavards,
L'usurier près des reptiles,
L'orgueilleux près des léopards.

Près du lion les duellistes,
L'égoïste près des vautours ;

Près des canards les journalistes ;
Près des brillants oiseaux l'amour.

L'horizontale avec la grue,
Le vieux cuistre avec les ours blancs ;
Près de la femme entretenue,
La panthère aux robustes flancs.

Les ambitieux politiques
Près des plus cruels animaux.
Toutes les femmes impudiques
Sous le bec piquant des corbeaux.

Il reste encore les poètes.
Or, comme je suis bon enfant,
Pour bien vivre, entre grosses *têtes*,
Je choisis pour eux l'éléphant.

Cela dit, avorton des Muses,
Je vous présente mes excuses.
Chers animaux, pardonnez-moi
D'avoir osé, de bonne foi,
Vous comparer à tant de buses !

Chacun de vous a ses instincts
Bien définis et bien distincts.
S'ils sont mauvais on vous évite,
S'ils sont bons on s'approche vite.

L'humanité ! C'est bien moins beau !
Portant de haine un lourd fardeau,
L'homme, vis-à-vis d'un autre homme,
Fût-il sorcier, peut-il, en somme,
Dire ce qui bat sous sa peau ?

Isambart le Toqué.

ÉPIGRAMMES

Au « Touche-à-Tout »
JOURNAL LITTÉRAIRE

Le *Touche-à-Tout* dément son titre,
En le prenant il se méprit ;
On est d'accord sur ce chapitre,
Qu'il touche-à-tout hors à l'esprit.

Votre colère nous fait un drôle d'effet.
SOUVENIR D'UN ARTICLE DE POLÉMIQUE

Tout est au mieux, tout est parfait ;
Restons chacun dans notre rôle :
Je vous fais un drôle d'effet,
Vous me faites l'effet d'un drôle.

Au Stylet.

Le *Diable* part, le *Stylet* reste,
Toujours fidèle à son drapeau,
Sa valeur, que nul ne conteste,
De ses traits effleure la peau.
A critiquer s'il se hasarde,
C'est que de bonne heure il apprit
Que l'art peut mettre à son profit
Tous les imbéciles qu'il larde
Au tournebroche de l'esprit.

A propos de mon ami Bertrand.

D'une anémique mention
On vient de t'infliger l'injure,
Cette mystification

A dû te paraître bien dure !...
Pauvre Bertrand, console-toi,
La vie est faite de pilules
Que l'on avale malgré soi,
En coudoyant les ridicules.
Du reste, ce verdict banal,
Que j'affirme anti-littéraire,
Tombant de bas ne peut te faire
A mon avis ni bien ni mal.
Quoi qu'il en soit, je te proclame
Homme d'esprit et de talent,
Puis je te donne, en m'en allant,
Ce bon conseil qui part de l'âme :

. . . .

Garde-toi d'autres camouflets
En d'aussi piètres sérénades :
Si tu redoutes les ruades,
Ne t'approche pas des baudets.

ISAMBART LE TOQUÉ.

MADRIGAUX COMIQUES

Madrigal d'un Charcutier.

En vous présentant ce couteau,
Afin que votre main divine
Veuille bien couper un morceau
De ce pâté de galantine,
Sans crainte à vos attraits vainqueurs
Je crois pouvoir rendre les armes ;
Car si l'on briguait vos faveurs,
Ce couteau percerait les cœurs
Moins cruellement que vos charmes.

Madrigal d'un Cordonnier.

D'être chaussé par saint Crépin
Votre pied mignon serait digne :
Pourquoi cet artisan divin
Ne descend-il pas sur un signe ?
Car enfin, dans le Paradis,
En chaussant les saintes phalanges,
Même parmi les pieds des anges,
Il n'en voit pas d'aussi petits.

Madrigal d'un Charpentier.

Vous êtes si bien charpentée,
Qu'en vous voyant, le charpentier
Vous aborde, l'âme enchantée,
Comme un chef-d'œuvre du métier.
Les pièces de bois qu'on assemble
Pour soutenir un monument
Sont loin de présenter ensemble
L'aspect de votre tout charmant.
Nos deux cœurs n'étant pas de *chêne*,
Faites, ma belle, qu'en ce jour,
Bien *enchevêtrés* par l'amour,
Un bonheur sans fin les enchaîne.

Madrigal d'un Chapelier

Je retrouve dans vos cheveux
Le lustre brillant et soyeux
De mes chapeaux à haute forme.
Hélas !... dois-je en croire mes yeux ?
Près de vos appas merveilleux,
Tout me paraît laid et difforme.
Je veux, en quittant mon chapeau,
Découvrir mon cœur et ma tête,
A deux genoux sur ce carreau

Vous faire entendre ma requête :
Faites que nous soyons liés
A tout jamais de cœur et d'âme ;
Dites non ! j'expire à vos pieds ;
Dites oui ! je deviens, madame,
Le plus heureux des *chapeliers*.

Madrigal d'un plâtrier à une vieille Cocotte.

C'est à vos pieds, rose flétrie,
Dont le parfum s'est envolé,
Qu'un amant dont l'âme est meurtrie
Veut par vous être consolé.
Vous êtes bien ratatinée ;
Bien enrouée est votre voix :
Vainement, ma vue obstinée
Cherche vos charmes d'autrefois.
Vous êtes faite pour déplaire
A l'homme le moins délicat ;
De la débauche hideux ulcère,
Vous n'êtes qu'un vieux reliquat.
Mais, à mon esprit qui s'évade,
Il faut un puissant réactif,
Et je vous prends, pauvre malade,
Comme l'on prend un vomitif.
Acceptez donc, ma toute *laide*,
Le plâtrier, cet animal,
Qui ne craint pas que le remède
Soit pour lui pire que le mal.

Madrigal d'un Pâtissier

Sur ces produits *délicieux*,
Si frêles qu'à peine on les touche,

Veuillez arrêter vos grands yeux,
Ouvrir votre petite bouche.
Ah !... vous aimez moins les *gâteaux*
Que le pâtissier ne vous aime !...
Si vous étiez tarte à la *crême*,
De vos grâces, à l'instant même,
Il ne ferait que deux morceaux :
L'un pour le cœur, l'autre pour l'âme ;
Et quand ces deux foyers ardents
Brûlent pour vous d'égale flamme,
Par vos refus, à belles dents,
Iriez-vous les mordre, Madame ?...
Non... A vos pieds le *pâtissier*
S'aplatit comme une *galette*,
Afin que vous compatissiez
A sa douleur vive et discrète.
Votre cœur cause le dégât
De ce pauvre esprit qui s'égare ;
S'il n'est dur comme du *nougat*
Il est juste qu'il le répare.
Allons ! pour le rendre content,
Ayez pitié de ce malade,
Si vous ne voulez, à l'instant,
Le voir réduit en marmelade !

**

Madrigal d'un Vidangeur

Madame, du fond de ces lieux
Que je couvre de plusieurs voiles,
Je vois le ciel dans vos beaux yeux
Sous la forme de deux étoiles.
Et, pour obtenir votre main,
Bien que nous soyons en décembre,

J'irais volontiers prendre un bain
Dans un ruisseau parfumé d'ambre.
Je suis prêt encore, pour vous,
A sacrifier la matière,
Pour vous adorer à genoux,
Comme on adore la lumière.
Gardez-vous qu'un refus cruel,
S'échappant de vos lèvres d'ange,
Ne me fasse, en quittant le ciel,
Retomber mort dans la vidange.

Madrigal d'un Maître d'Armes

Lorsqu'à t'adorer je *m'escrime*
Jusqu'au point de me *fendre à fond*,
Oses-tu bien me faire un crime
D'éprouver cet amour profond ?
Ne va pas, belle cantinière,
Quand vers toi, *fleuret* en avant,
Je m'avance, *rompre en arrière*
Comme une feuille sous le vent.
Si ton mari, tambour, sans gêne
Bat le rappel sur mon bonheur,
Je lui percerai la bedaine,
Aussi vrai, charmante sirène,
Que tes yeux m'ont percé le cœur !

Madrigal d'un Coiffeur à ses clients

Dussiez-vous me traiter d'*infrisable perruque* ;
Dussé-je être privé de *peigner* votre *nuque*,
Excusez mon *toupet* ; je prétends, en ce jour,
Vous obliger, messieurs, à *démêler* le *tour*
De ces vers *embrouillés* ; car ma muse indiscrète,

Qui peut faire la *barbe* à plus d'un bon poète,
Rima ce compliment, *tiré* par les *cheveux*,
Pour *raser* la critique et vous offrir ses vœux.
Je consens que mon nez soit mis en *papillotte*,
Que mon rasoir s'ébrèche au linge où je le frotte,
Que le plus doux *savon*, de Chine ou du Congo,
Sans *ramollir* le *poil* se sèche sur la peau,
Que mon corps soit fondu pour cette gasconnade,
Comme on voit au soleil se fondre la pommade,
Si mes vœux de bonheur et de prospérité
N'exhalent le parfum de la sincérité.

Vœux d'un Serrurier à sa cliente

Puissiez-vous, exempte de peines,
Puissiez-vous en toute saison,
Ne trouver dans votre maison
En fait de chagrins, que mes pênes.

Madrigal d'un Entrepreneur-Maçon à une demoiselle de qualité

Le plus humble de vos valets
Voudrait pouvoir, Mademoiselle,
Par la vertu de sa *truelle*,
Vous édifier un palais
Dont vous seriez la souveraine
De par les droits de la beauté,
Si vous ne deviez être reine
Par les grâces et la bonté !
Au fond de mon cœur qui se brise,
Que je meure si je vous mens,
Mon amour pour vous a *fait prise*
Comme le meilleur des *ciments*.

Quand à vous plaire je m'applique,
Je n'ai pas d'autre ambition
Que de voir jeter *pierre* et *brique*
Sur *mortier de chaux hydraulique*
Pour bien fonder notre union.
Mon intention est honnête,
Si tous mes propos sont diffus,
Ne me jetez pas sur la tête
Les *tuiles* d'un cruel refus,
Car si pareil malheur m'arrive,
J'irai, du faîte d'une tour,
Me précipiter, fou d'amour,
Nu comme un ver, dans la chaux vive.

Madrigal d'un Usurier

Pour vous, je le dis sans détour,
Mon amour n'a pas de mesure ;
Si vous m'aimez, à votre tour,
Je vous le rends avec usure.
L'or me paraît bien précieux,
Mais vous l'êtes bien plus encore.
Je vois sous l'éclat de vos yeux
Pâlir ce métal que j'adore.
Vous passez avant mes écus,
Heureux de subir votre empire,
Si mes accents sont entendus,
Souffrez qu'un esclave en délire,
Epris de toutes vos vertus,
Brise à vos pieds sa tire-lire.

ISAMBART LE TOQUÉ.

EPITAPHES

Le Ferrailleur.

Celui qui gît ici fut un des ferrailleurs
    De l'espèce la plus brutale ;
Quand la mort vint un jour l'aviser sans scandale
Qu'il devait s'en aller croiser son fer ailleurs,
Il tira son épée et, suprême bravade,
Il voulut au trépas disputer son départ ;
Mais il fut, cette fois, trop lent à la parade
Et tomba chez Pluton percé de part en part.

*
* *

Au Carnaval.

Dors en paix, carnaval, le *jeûne* à face blême,
Que la misère impose à tant de malheureux,
N'avait pas attendu les ordres du carême,
Moins honteux que jamais de sa maigreur extrême,
Pour battre le rappel sur les estomacs creux.

*
* *

L'Homme paresseux.

Ennemi du travail, vivant il se berça
Dans le hamac soyeux d'une douce mollesse ;
Lorsque de ce hamac la mort le renversa,
Il avait entrevu, sans joie et sans tristesse,
Dans l'éternel repos l'éternelle paresse !

*
* *

L'Homme improbe.

Ici gît un mortel qui trompa tout son monde,
Qui mourut à trente ans n'emportant qu'un remords :
Celui qui vint s'unir à sa douleur profonde,
    De n'avoir pu tromper la Mort.

Le Philosophe.

Il ne fut pas de ceux qui redoutent la mort,
Il ne fut pas de ceux qui redoutent la vie,
Parmi les plus heureux il vécut sans envie,
Et son heure venue il mourut sans remords.
Pour ne pas tourmenter sa fragile existence,
De dettes et de femme il s'abstint prudemment.
Pour éviter l'amour il aima la science ;
Pour fuir tout créancier il acquitta d'avance
    Les frais de son enterrement.

Le faux dévot.

Ci-gît le plus grand hypocrite
Qui jamais sur terre ait vécu,
Car l'étroit cercueil qui l'abrite
S'indigne de l'avoir reçu.
Grand ami de la bonne chère,
Des bigotes et du bon vin,
Il s'enivra du jus divin,
Au bénitier laissant l'eau claire,
C'est avec le double pouvoir
De pécher en cachant ses vices
Sous les vapeurs de l'encensoir
Qu'il vécut de ses artifices ;
Lorsqu'enfin la mort l'emporta,
Dernière et suprême disgrâce,
Au bon curé qui l'exhorta
Il fit une affreuse grimace.
Trop fourbe pour le paradis,
Pour l'enfer trop peu sociable,
Il reste parmi les maudits
Fuis par Dieu, chassés par le diable.

**

*A mon ami Alexis Blanchard, doyen d'âge de
l'Athénée des Troubadours.*

Ce cher Blanchard vécut aussi doux qu'un mouton,
Mais il fut pour le moins aussi naïf, dit-on ;
De ses nombreux écrits on a perdu le titre.
S'il est vrai qu'il ne fut ici-bas qu'un bélître,
Grâce à sa mort, qui laisse un vide à Charenton,
    On va pouvoir manger une huître
      Dans le royaume de Pluton.

**

Le Vagabond philosophe.

Sous ce gazon gît la carcasse
D'un vagabond sans feu ni lieu
Dont l'âme couverte de crasse
Flotte, sans trouver une place,
Entre le diable et le bon Dieu.
Ici-bas personne ne pleure
Cet *ex*-bohémien *sans souci*
Qui n'eut jamais d'autre demeure
Que celle qu'il occupe *ici*.

**

L'Assassin.

Ci-gît un fieffé scélérat,
Assassin de sac et de corde,
Qu'on pendit sans miséricorde.
Quand le bourreau s'en empara,
Prêt à rendre son âme au diable,
Au Seigneur il vociféra,
Avec un accent formidable,
Cette prière abominable :

— S'il vous faut de nouveaux élus,
Vous ne saurez plus où les prendre,
Si vous n'admettez, doux Jésus,
Au ciel, avec tous les pendus,
Tous les coquins qu'on devrait pendre.

L'Irascible.

Ci-gît l'écorce misérable
D'un mortel que l'enfer dota
D'un caractère abominable.
Il mourut et l'on constata
Qu'il s'emportait contre le diable
Lorsque le diable l'emporta.

A un Commis-voyageur.

De devenir patron ignorant la manière,
Il voyagea trente ans pour le compte d'autrui ;
Et son voyage au cimetière
Est le seul qu'il ait fait pour lui.

Isambart le Toqué

PILULES PHILOSOPHIQUES

Patience et longueur de temps.

Le sac muni de victuaille,
L'adjudant gascon Laferraille,
Prétextant qu'un vent le travaille,
Dans un fossé large et profond
Héroïquement se morfond,
Jusqu'à la fin de la bataille.

Lors fuyant d'un pas triomphal,
Armé d'un sabre virginal
Qu'il brandit, hardi comme un lièvre,
Laferraille, en proie à la fièvre,
Se réfugie à l'hôpital ;
Là, rêvant à des jours prospères
Il attend de l'avancement
Et reçoit entre deux clystères
Son brevet de sous-lieutenant,
Bien mérité par son courage
Et ses exploits terrifiants.

. . . .

Patience et longueur de temps
Font plus que force ni que rage.

*
* *

Recette contre le duel.

Songe, avant que mal en advienne,
Que ce loustic, qui fait le beau,
Compte, sans exposer sa peau,
De part en part trouer la tienne.
Songe aussi que ce spadassin,
Qui ne sait qu'insulter et boire,
Va mettre à te vaincre sans gloire
La science d'un assassin.
Jamais à de fortes épées
Il ne se heurte imprudemment ;
Mais il provoque impudemment
Les lames qu'il sait mal trempées.
Si tu ne t'es jamais battu,
Songe à modérer ton courage :
La prudence est une vertu ;
Et si le ferrailleur t'outrage,
Garde toi bien de répliquer,

De crainte qu'entre autres promesses
Il n'aille jusqu'à t'appliquer
Un coup de pied entre les fesses,
Mais, t'emparant d'un lourd bâton,
Tape dur sur le dos du drôle :
Tu le verras, changeant de rôle,
De tigre devenir mouton.
C'est avec des coups de cravache
Que l'on doit poursuivre aujourd'hui
Ce type insolent de bravache
Qui voit du haut de sa moustache
Les poltrons trembler devant lui !

La belle-mère.

Si la colique, un jour, résistant au clystère,
De ses vives douleurs t'inflige le tourment,
Songe qu'un mal pareil *larde* ta belle-mère,
Et tu ressentiras un grand soulagement !

Les déboires.

Comme *avocat,* pas de *pratique ;*
Comme *écrivain,* pas de *lecteurs ;*
Comme candidat politique,
Beaucoup de bruit, peu *d'électeurs ;*
Comme *rimeur,* pas de *génie,*
Beaucoup de *blague* et peu *d'esprit ;*
Des vers dépourvus *d'harmonie*
Comme ceux qu'Isambart écrit ;
Comme *orateur* pas *d'auditoire ;*
Comme grand *conférencier,*
Les grandes vestes du déboire
Qu'endossent les dos à scier.

Alors, sans trop se *méconnaître*,
Le *vaniteux* devrait *surtout*
Se résoudre à ne plus rien être,
Pour n'avoir rien été du tout.

Des maux le moindre.

Sachons, à la fortune ingrate,
Sans marchander, solder ses droits.
Lorsqu'un chien se casse une patte,
Ne marche-t-il pas avec trois ?

Le pour et le contre.

Sous quelque aspect qu'un différend se montre
Ne te pose jamais en conciliateur,
A moins que tu ne puisses, en habile menteur,
Défendre le pour et le contre.

Contre la Haine.

Heureux celui qui sait parfois désobéir
Aux mauvais sentiments dont il se sent capable,
Et qui sondant son cœur apprend à se haïr
Pour n'avoir plus le droit de haïr son semblable.

Trop de rigueur.

Chargé de punir en enfer
Un criminel plus qu'ordinaire,
On vit aussitôt Lucifer
Placer le malheureux près de sa belle-mère,
....
La sentence du juge est parfois trop sévère.

Secret à trois.

Tant que tu peux dire : *je crois*
Que mon épouse est infidèle,
Des maris reste le modèle ;
N'imite pas ces fronts étroits
Qui vont colportant la nouvelle
D'un secret de polichinelle
Que l'on garde si bien à trois.

*
* *

Abus de travail.

Si, pour toi du travail la charge est trop complète
Ce fardeau pesât-il quatre mille kilos,
Laisse le bravement retomber sur la tête
De tous les fainéants qui l'ont mis sur ton dos.

*
* *

Repentir tardif.

N'imitez pas ces gens dont la vie exécrable,
N'ayant jamais du mal fui le triste milieu,
Au moment d'expirer osent offrir à Dieu
　　Une âme faite pour le diable.

*
* *

Prudence.

Entre deux *maux* choisir le moindre
Est d'un usage trop commun ;
Mieux vaut, dès qu'on les a vu poindre,
Prudemment n'en choisir aucun.

*
* *

L'Ere des bons payeurs.

Ah ! qu'il est loin ce temps où l'on voyait en France
Un débiteur courant, pour solder sa créance,

Tomber sur le pavé, pouvant du même coup
Se casser une jambe ou se rompre le cou,
Aujourd'hui, moins pressé, le débiteur, tranquille,
Attend du créancier la visite incivile,
Et, sans perdre de temps en propos superflus,
Lui dit : « J'emprunte encor, mais je ne paye plus ! »

Infidélité.

Lecteur, vous répondrez si l'on vous le demande
Que d'une femme encline à l'infidélité,
Il vaut mieux supporter l'amour de contrebande
Et rougir douze fois de son indignité
Que de perdre trois dents en cassant une amende.

ISAMBART LE TOQUÉ

PENSÉES CHARIVARIQUES

SELON LES TEMPÉRAMENTS ET LES PROFESSIONS

Le Tailleur

— Dites-moi pourquoi, lorsqu'ils sont évincés par leurs électeurs, les candidats à la députation se transforment immédiatement en tailleurs inhabiles ?

— Parce que, de leur paletot, ils n'ont su faire qu'une veste...

* *

Il est moins lucratif et plus dangereux de tailler sa coupe dans les eaux que dans les étoffes.

* *

Opposant ses ciseaux aux ciseaux d'*Atropos*, le tailleur est naturellement belliqueux : lorsqu'il a *taillé* et mis en *pièces*, s'il tombe sur le *carreau*, il ne fuit pas le *feu* ! il se redresse, au contraire, les mains armées du *fer* dont il se sert, bravement, pour *presser* et *battre* à plate *couture*.

Une chose me vexe !... C'est de n'avoir pas été consulté par l'inventeur du *fusil* à *aiguille*.

Le Cordonnier

Les va-nu-pieds ne trouveront jamais un gouvernement qui les chausse.

* *

L'universel mouvement social se produit sur les bases posées par la cordonnerie et sans cesse renouvelées pour les uns au préjudice des autres.

※

La vertu peut chanceler sur des souliers éculés, mais elle ne tombera jamais que dans le vide de son porte-monnaie.

Le Charpentier

Les pompiers prétendent que, sans les charpentes, les maisons seraient incombustibles, sans songer que, dans ce cas, ils seraient tous licenciés.

En résumé, on voit partout les charpentes, lorsqu'on ne voit pas les charpentiers ; tout le monde, *sans exception*, étant charpentier ou charpenté, doit crier : Vive la charpente !

Le Charcutier philosophe

Je vois, dans le hachis, l'image du gâchis politique, à l'aide duquel nos grands charcutiers feront leur saucisse tellement épicée qu'elle emportera leur palais.

※

Je ne vois guère de *gens bons* que parmi ceux qui les mangent.

※

L'homme compte ses plus cruels ennemis parmi ceux qui ont *mangé son bien* ; je *déteste* les gens qui font maigre le *vendredi* parce qu'ils ne mangent pas le mien.

L'Usurier

Pratiquer l'usure, c'est imiter le temps, qui l'exerce sans pudeur, ici-bas, sur la matière *inerte* aussi bien que sur la matière *animée*.

※

Les hommes subissent, le plus souvent, sans murmurer, les atteintes de l'usure naturelle, qui finit par dévorer l'âme et le corps, et trouvent digne de la corde celle qui se borne à alléger leur porte-monnaie.

Les usuriers sont des écumeurs de mer qui s'enrichissent des épaves des naufragés de la fortune, dont le navire a sombré sur l'océan de l'inconduite.

Si l'usurier n'avait le sentiment de sa haute valeur, se ferait-il payer si cher ?

L'usurier est aux désespérés qui sollicitent ses services ce qu'est la branche fragile au noyé, avec cette différence que le noyé se cramponne à la branche, tandis que l'usurier se cramponne aux désespérés.

Le Chapelier

Ce n'est pas sans raison que je suis fier de mes produits !.. Ne les vois-je pas suivre en tous lieux le mouvement de l'esprit humain et le dépasser toujours ?

Le chapeau joue, dans la vie, différents rôles : est-il à larges bords, le *bravache* le façonne de manière à se composer une tête à la d'Artagnan ; le menteur le rabat sur ses yeux pour en dissimuler l'hypocrite expression ; le timide qui risque en tremblant une demande d'argent peut, grâce à lui, cacher la rougeur qui couvre son visage enfin l'audacieux peut, en le relevant, en faire une sorte d'auréole à son effronterie.

Le Chapeau Haute Forme

La bonne ou mauvaise opinion que chacun peut avoir de son prochain se forme sur la forme du chapeau et surtout sur la façon dont il le pose sur son chef.

Porté sur l'oreille droite, il dénonce un lovelace effréné, grand coureur d'aventures galantes, esprit léger avec lequel toute transaction sérieuse devient impossible.

Exagérément porté sur l'oreille gauche, il accuse les goûts vulgaires et les appétits grossiers du rôdeur de *bastringues*, de *tripots* et d'*estaminets*.

Porté correctement, il devient l'affirmation d'un caractère sérieux et droit, ce qui rend difficile à expliquer pourquoi certains *personnages marquants*, totalement dépourvus de ces deux qualités, le portent de cette façon.

***

Que deviendraient *les vieux beaux*, à tête chauve, si, à défaut de cheveux absents, ils ne sentaient sous leur main la pelure soyeuse du vrai *lapin*, c'est-à-dire, non... du vrai *castor ?*

Le Coiffeur.

Si la barbe ne fait pas le coiffeur, le coiffeur fait la barbe ; la dénomination de barbier ayant paru trop prosaïque aux modernes émules de Figaro, il fut décidé qu'on n'établirait plus de distinction entre les artistes capillaires qui rasent et ceux qui ne rasent pas.

Donc, tous les coiffeurs se disant barbiers, il n'y avait plus de raison qui s'opposât à ce que tous les barbiers se prétendissent coiffeurs.

***

L'autorité du barbier *frise* l'autocratie ; dès que je tiens un client sous la lame étincelante de mon rasoir, je le considère comme une matière brute que je dois façonner et polir avant de la livrer à la circulation.

***

Mon client, c'est ma chose, mon objet ; à partir du moment où il s'installe dans mon fauteuil, il doit faire abnégation de toute velléité d'indépendance et de fierté ; je m'empare de lui comme l'exécuteur s'empare du patient, je lui enroule autour du cou une serviette que je suis libre de serrer de mes mains distraites jusqu'à la strangulation.

*
* *

Je n'admets pas que mon client prenne, vis-à-vis de moi, des airs suffisants ; s'il s'oublie jusqu'à ne pas me permettre de lui taper familièrement sur le ventre, j'exerce aussitôt contre sa personne de petites vengeances qui me procurent d'ineffables satisfactions.

*
* *

Les supplices inoffensifs que je puis lui infliger sont nombreux ; je ne citerai que les plus usités : durant le barbouillage du visage au *savon mousseux*, je lui promène, comme par inadvertance, mon pinceau surabondamment chargé d'écume neigeuse, tantôt sur la bouche, tantôt sous les narines, sans préjudice de quelques éclaboussures adroitement ménagées pour les yeux.

*
* *

Je puis, chacun le sait, trancher la tête de mon client au risque de perdre la mienne. Il est vrai que, perdre la tête d'un coiffeur, ça ne tire pas à conséquence. Il est rare cependant que je pousse la vengeance jusque là ; je me borne généralement à de légères entailles que je pratique si délicatement que le client que je tiens par le bout du nez et dont je promène la tête de droite à gauche et de gauche à droite s'en aperçoit à peine.

Il est des gens assez mal avisés pour prétendre que les coiffeurs sont, pour la plupart, de parfaits imbéciles ; je ne me suis jamais ému de cette opinion, qui trouve, du reste, peu de contradicteurs, en songeant que, puisque rien n'est parfait ici-bas, il vaut encore mieux être un imbécile parfait que de n'être simplement qu'un imbécile.

Est-ce notre faute, après tout, si l'immortel Jasmin s'est composé le génie d'un poète avec l'esprit de tous ses confrères passés, présents et à venir ?

Quoi qu'il en soit, il faut que chacun compte avec son *bar-*

bier, qui, de ses mains sales ou propres, doit périodiquement lui patiner le visage ; le vaniteux qui ne peut se raser lui-même doit humblement se soumettre aux licencieuses libertés accordées au barbier depuis un temps immémorial.

Cette familiarité, entre raseur et rasé, ne tend qu'à s'accroître de jour en jour ; elle va si loin que, tout récemment, un barbier, profondément dégoûté de son métier, s'écriait, à la barbe d'un philosophe qu'il était en train de savonner : Il est des moments où je me sens pris de l'envie de vomir sur le travail.

Tête du client !!!

Le Maçon.

Jadis, les *sculpteurs architectes* de la force des Puget et des Bachelier s'intitulaient modestement *maçons* ; par contre, aujourd'hui tous les *maçons* se disent *architectes*, en dépit de la pléiade des faiseurs de devis et de projets de construction qui ont seuls la prétention de l'être.

Architectes et maçons s'estiment beaucoup, mais s'aiment peu ; cela tient à ce qu'ils contrôlent mutuellement leur mauvaise besogne ; car, de la bonne, ni les uns ni les autres ne disent rien.

*
* *

Si le travail ne m'élève pas toujours vers la fortune, il ne manque jamais de m'élever vers le ciel.

C'est au pied du mur qu'on voit le maçon, dit un proverbe populaire qui date de la fondation des Pyramides d'Egypte ; chacun est de cet avis, hors toutefois les architectes entêtés et grincheux qui prétendent que ce n'est pas au pied, mais bien au haut du mur qu'il faut le voir.

En posant une vieille brique, payée comme neuve, sur une assise de cailloux, où je laissais exister, par ordre de l'entrepreneur, un grand éparpillage de vides, j'ai découvert que l'animosité entre architectes et maçons provenait de ce que le maçon travaille beaucoup pour gagner peu, tandis que l'architecte travaille peu pour gagner beaucoup.

Aussi est-ce avec une grande satisfaction que l'esclave du chantier dit à son compagnon de truelle, en voyant s'avancer l'architecte :

— *Arribo le cerquo rougnos, le beses ?*

— *O le bezi, laysso-le beni, et fout-mi un pabat sur la trouncho !*

⁎ ⁎ ⁎

Il existe, entre les maçons et les architectes, des similitudes professionnelles qui blessent profondément ces derniers ; les maçons sont des gâcheurs de mortier, comme les architectes sont des gâcheurs de plans, avec cette différence que le maçon est obligé de gâcher pour bien faire, tandis que l'architecte fait toujours mal en gâchant.

⁎ ⁎ ⁎

Sans le *fil à plomb*, le *ciseau* et la *truelle* du maçon, que deviendraient les perpendiculaires de l'architecte ?

⁎ ⁎ ⁎

Certains architectes de ma connaissance feraient beaucoup mieux de se borner à tracer des *horizontales sur leur plan*, que d'en entretenir qui ne manqueront pas de les ficher en plan.

⁎ ⁎ ⁎

La truelle est l'emblème de la liberté en plein soleil ; le maçon la manie avec une grâce qui n'a d'égale que les pittoresques expressions dont il sait accompagner chacun de ses mouvements. Il est surtout majestueux lorsque, du haut de son échafaudage, il jette à son manœuvre ces quelques tronçons de phrases patoises :

Drolle, porto le mourtiè... Ebe, fegnant, attendes la beneditciou de l'archebesque ?... Arribos ou te f... un riplou sur la çoujo! Ane, couito-te, roussaillo, se bos leca la padeno à la festo del ramel, etc.. etc.....

L'habitude qu'a contractée le maçon de s'élever au-dessus de lui-même lui donne un air d'insolente fierté fort appréciée dans son milieu.

Les petites chutes humilient le maçon, qui préfère, par amour-propre professionnel, tomber du haut d'un clocher que de tomber de sa hauteur.

Le Plâtrier.

On peut dire que le maçon est au plâtrier ce que la petite bourgeoisie est à l'aristocratie qui la dédaigne.

Les arts s'imposent, en dépit des jaloux, aussi bien que les artistes ; j'en fais chaque jour l'heureuse expérience.

Si je circule sur les trottoirs, en tenue de travail, je deviens aussitôt, de la part des passants, l'objet d'une déférence marquée : chacun, pour me livrer passage, s'écarte avec un empressement des plus flatteurs.

Lorsque je marche en compagnie de plusieurs meuniers, on peut crier à l'observateur le plus perspicace : Cherchez le plâtrier !

Si j'exécute des travaux d'appropriation dans une maison habitée, on me reproche de laisser des traces ineffaçables de mon passage ; peut-on élever plus haut une profession que d'avouer qu'elle laisse partout, après elle, des vestiges de sa grandeur ?

J'ai toujours ambitionné *l'entreprise générale* du plâtrage des vieilles horizontales, qui s'évertuent à exécuter sur elles-mêmes *des travaux* qui me reviennent de droit.

Le Soldat.

La gloire est, pour le simple soldat, une vaste blague dépourvue de tabac.

※

Je me disais, à la corvée de quartier, *section des water-closets* : — Si j'avais l'étoffe d'un général, comme je me taillerais vite un costume de pékin....

※

L'heure du congé couvre toujours la voix de la gloire.

※

La discipline attache plus de soldats à la gloire que l'amour qu'elle sait leur inspirer.

※

La gloire exige trop pour le peu qu'elle donne.

※

J'entrevois la gloire dans un avenir lointain, avec son cortège de décorations, de profondes blessures et de rhumatismes incurables.

※

Si les soldats n'étaient contraints de s'y rendre, ils manqueraient souvent à l'appel de cette farceuse que l'on nomme la gloire.

L'Avare.

Ouvrir la bouche pour faire d'amples promesses d'argent et fermer le porte-monnaie pour les mieux tenir : — Les promesses ? Non, les porte-monnaie.

※

Donner libéralement, en toutes circonstances, d'excellents conseils d'abord, de bonnes poignées de main ensuite.

※

Couper court aux importunités des mendiants, en leur demandant l'aumône.

Pour user de politesse, sans user son chapeau, s'incliner souvent, ne se découvrir jamais.

L'ivrogne

Je respecte la Renommée aux cent voix, parce qu'elle a cent gosiers à étancher.

Ce qui prouve que *le boire* est une satisfaction, c'est que le déboire est une affliction.

On peut contester l'esprit d'un homme, on ne niera jamais celui du bon vin.

Depuis que ma femme a vieilli, je puis à mon tour lui crier qu'elle est grise.

Diogène remplissait de sa philosophie un tonneau vide; à sa place j'eusse entouré la mienne de tonneaux pleins.

L'étude des sciences m'ayant inspiré l'horreur du vide, je ne cesse jamais *d'être plein.*

La Cocotte

A côté des pigeons que j'élève, je me plais, en babillant comme une pie, à faire siffler les vieux merles et chanter les serins.

J'apprécie moins l'homme que les hommes, ne voyant dans le premier *qu'un porte-monnaie* et dans les suivants des *porte-monnaie.*

Je déteste l'amour, qui est fait de notes sentimentales avec lesquelles on acquitte mal celles des créanciers.

⁂

L'amour est un conte à *dormir debout*, et je suis, avant tout, une horizontale.

⁂

C'est en raison de leur légèreté que je digère les mauvais sentiments.

⁂

La pièce d'or *résonne*, l'amour divague.

⁂

Si la morale s'offense de mon inconduite, je lui répondrai que la plupart de mes courtisans se recrutent surtout parmi ceux qui, par leur naissance, leur position et leur fortune, se posent en moralisateurs.

⁂

Cherchez la débauchée au milieu des débauchés, et, pour corriger la première, supprimez les derniers.

⁂

Je ne cherche pas le pigeon, le pigeon me trouve.

Le Voleur

Je dérobe et je me dérobe.

⁂

Je remplis ma journée avec les vides que je produis dans les poches d'autrui.

⁂

Il est dit : Les grands voleurs pendent les petits !... Quelle calomnie ! Je ne suis pas encore pendu.,. et pourtant, de nos jours, ce ne sont pas les grands voleurs qui manquent.

⁂

Je me suis fait voleur dans le but modeste de ne pas me distinguer de mes semblables.

Les voleurs se divisent et se subdivisent en tant et tant de catégories que, jusqu'ici, on n'a pu classer que les maladroits qui se laissent prendre.

Le Médecin.

Sans l'habileté que le malade effrayé m'attribue, que deviendrait ma science réelle ?

Feindre de tout voir, de tout connaître, n'y voir goutte et ne rien savoir, tel est le rôle qui m'est dévolu de par mon diplôme, et qu'il me faut soutenir avec un imperturbable sang-froid.

Ceux que la nature, dont je suis le faible auxiliaire, a sauvés, m'attribuent leur guérison, et je me défends de la mort des autres, en rejetant sur ma complice la cause de leur trépas.

J'ai une telle défiance de mon savoir que, dès que je me sens malade, j'appelle à mon chevet un collègue, de l'ignorance duquel je reste plus que jamais convaincu dès que je suis rétabli.

Je me venge sur l'homme malade des railleries de l'homme bien portant.

ISAMBART LE TOQUÉ

Échos de ma Conscience

Croquis Philosophiques et Humoristiques des Caractères

RÉCITS INCOMPLETS

LA MORALE PUBLIQUE

Il y a déjà longtemps que cette vieille vertu, que l'on nomme encore par dérision *morale publique*, a jeté son bonnet par-dessus les clochers de toutes les paroisses.

Elle fut jadis une fille aux mœurs honnêtes, simple dans ses goûts, n'ayant d'autre souci que celui de mériter la bonne réputation qu'elle s'était acquise.

Chacun, si je puis m'exprimer ainsi, *s'inspirait* de ses *inspirations* et ne rougissait pas de suivre ses bons exemples.

Sa délicatesse en toutes choses égalait sa probité ; elle rendait toutes les transactions agréables et faciles ; elle entretenait, dans un intérêt commun entre les gens de son entourage, cette douce solidarité qu'affermit si bien l'union des cœurs.

Ele interdisait aux autres les mauvaises actions dont elle se sentait incapable.

Elle idolâtrait un amant, le seul qu'on lui eût jamais connu ; cet amant personnifiait le monde entier, car c'était son prochain.

Elle vouait aux châtiments des lois, sans haine comme sans parti-pris, les esprits égarés qui eussent pu la corrompre ; son âme, vierge de toute souillure, fuyait le contact du mal et parquait comme *des lépreux* les criminels de tous les ordres.

Elle savait fournir aux cœurs chancelants les moyens de s'affermir dans le bien ; nulle mieux qu'elle ne savait aussi, par la charité, étouffer la voix de cette mauvaise conseillère des *ventres affamés*, qui a nom : la misère.

En un mot, encourager le bien, enlever tout prétexte au

mal étaient les deux plus puissants mobiles de son ardente foi.

Cette fille, dont on eût dû toujours respecter les doctrines, comptait ses ennemis par le nombre de ses vertus : c'est dire qu'elle en avait beaucoup ; longtemps on n'osa l'attaquer de front ; mais les âmes licencieuses lui reprochaient tout bas ses susceptibilités soi-disant ridicules, sa façon trop décemment primitive de danser en famille, sa tenue réservée, son langage naturel et toujours circonspect, s'effarouchant d'un mot léger, d'un geste risqué, sa dévotion trop éloignée du tourbillon mondain ; enfin, sa perfectibilité formant un contraste accusateur avec les émancipés de la vie, courant, sur les ailes de l'avenir, à leur déchéance intellectuelle et physique.

Bientôt le nombre des ennemis de la morale publique s'accrut au point que cette dernière dut chercher un refuge parmi quelques groupes d'amis qui lui étaient restés fidèles et que la corruption ne tarda pas à envahir comme les autres.

Alors, entraînée par l'irrésistible tourbillon des mœurs nouvelles, s'imposant par de nouvelles idées, elle subit, en dépit d'elle-même, l'influence pernicieuse du mal ; elle se laissa persuader que tout ce qui avait été respecté devait cesser d'être respectable ; que les *vieilles rengaines du passé* devaient faire place aux extravagantes mascarades de l'avenir ; qu'à l'amour de Dieu, si nécessaire à l'équilibre moral, devait être substitué l'amour de l'or et des plaisirs ; qu'il suffisait d'avoir bien vécu, c'est-à-dire bien joui de la vie, pour n'avoir rien à envier au-delà d'elle.

Aveuglée par les rayons éblouissants du progrès, énervée par le régime enivrant d'un matérialisme raffiné, convaincue par la logique des sens que les satisfactions du moment n'ont que faire de celles que promet là-haut un douteux avenir, la Morale publique rougit bientôt de ses vertus naïves, de ses préjugés honnêtes, dépouilla sa tunique blanche et déclara qu'elle marcherait désormais guidée par l'esprit de son siècle.

Ainsi dénaturée, la Morale publique, vouée à tous les vices, a jeté çà et là des fragments de son antique couronne aux rares consciences qui les gardent encore comme un précieux talisman.

Fière de son indépendance, elle excuse et comprend toutes les libertés; les passions les plus violentes ont dévoré ses plus beaux sentiments; ce qui jadis eût fait sa honte est devenu pour elle un titre d'orgueil.

Comme toutes les prostituées, la Morale publique, vieille et décrépite, vit sans espoir de réhabilitation.

Complice de toutes les iniquités dans cette vie, elle attend la mort sans compter sur la miséricorde d'un Dieu auquel elle paraît même avoir cessé de croire.

Si la Morale publique n'a pas encore rendu le dernier soupir, c'est qu'elle rattache par un fil son existence factice à de sérieux intérêts sociaux.

Le jour où elle aura tout à fait cessé d'être, on l'enterrera secrètement, afin de laisser croire aux gens faciles à persuader qu'elle ne s'est jamais si bien portée.

La Morale publique peut renaître au milieu d'un siècle de régénération et de vrai progrès qui saura ne pas exclure la croyance en Dieu.

Victor Levère.

LA PEINE DE MORT

Chaque fois qu'il m'a été donné d'apprendre que la guillotine allait élever son couperet à la hauteur de ses bras rigides, pour trancher la tête d'un assassin, un frisson d'horreur m'a parcouru.

Tout en faisant la part de la réparation que sont en droit d'attendre de la loi les parents de la victime, je me suis dit que l'assassin laissait le plus souvent, après lui, une famille déshonorée et réduite au désespoir par la pire des flétrissures : celle qu'impose à tout jamais le sceau odieux de l'échafaud.

Alors, oubliant le scélérat et son forfait, pour ne voir que le patient, je n'ai jamais pu me défendre d'un sentiment de profonde pitié pour le misérable voué par la force légale à une mort ignominieuse.

Je me suis vainement efforcé de chasser de mon esprit la vision sinistre du lugubre appareil dont s'entoure l'instrument passif du supplice.

J'ai compté une à une les terribles angoisses du malheureux que l'on réveille dans son cachot, avant le lever du soleil, pour lui annoncer que le chef de l'Etat a rejeté son pourvoi en grâce, c'est-à-dire sa dernière et suprême espérance, et qu'il doit se résoudre à mourir :

« Vous avez eu le courage du crime, lui dit-on, ayez la force d'en supporter l'expiation ! »

Je le vois subissant la fatale toilette, sourd aux exhortations du prêtre et doutant de la miséricorde divine, qui le livre pieds et poings liés à l'inflexible rigueur des hommes ; je le vois, ensuite, marchant à l'échafaud soutenu par les bourreaux, sombres auxiliaires de la mort, comme les vautours soutiennent dans l'air, dans la crainte qu'elle ne leur échappe, la proie qu'ils vont bientôt dévorer.

Je vois sa face livide se contractant à la vue de la guillotine, autour de laquelle on a fait le vide, comme si chacun eût reculé d'horreur à son aspect.

Je le vois, alors, subissant, en moins d'une minute, celle qui précède le coup fatal, les mille tortures d'une atroce agonie.

Et lorsque, enfin, la tête et le corps du patient sont tombés du panier de l'exécuteur sur le marbre glacé d'une salle de dissection, je garde encore longtemps le souvenir pénible des péripéties terrifiantes de ce drame social qui se joue en plein vent et que l'on nomme une exécution capitale.

J'ai toujours considéré l'abolition de la peine de mort comme une nécessité sociale s'imposant au nom de l'humanité outragée.

J'ai, sur ce point, des idées parfaitement arrêtées ; je les ai puisées autant dans l'horreur que m'inspire le crime que dans l'invincible dégoût que j'éprouve à l'aspect du bourreau qui vient frapper le criminel.

Et, d'abord.... les oblitérés du cerveau, qui forment la sanguinaire catégorie des assassins, sont-ils moralement responsables de leurs forfaits ?...

Si la raison d'Etat répond oui, si la foule reste muette à la vue du sang répandu sous des poignards homicides, si la conscience humaine réclame de la loi une suprême réparation, c'est que la raison d'Etat, la foule et la conscience cèdent aveuglément à l'horreur naturelle qu'inspire le crime à ceux qui sont incapables de le commettre, sans se préoccuper des causes qui produisent d'aussi funestes effets.

Si j'empruntais à la phrénologie quelques savantes appréciations des docteurs Gall et Spurzeim sur les penchants naturels physiquement démontrés, je donnerais au sujet que je me borne à traiter en poète un caractère scientifique qui pourrait intéresser le lecteur, mais qui m'entraînerait au-delà des limites que je me suis imposées.

Toutefois, et dans l'intérêt de la cause que j'ai, après tant d'autres, entrepris de défendre, je tiens à citer le plus frappant exemple d'irresponsabilité intellectuelle que jamais criminel ait fourni.

Le nommé Léger qui, en 1823, fut exécuté à Versailles, vivait, poussé par une mélancolie sauvage qui lui était naturelle, au milieu des bois les plus sombres ; il était âgé de 28 ans ; doué des instincts de la bête féroce, il recherchait comme elle la solitude des forêts.

Sa nourriture se composait de gibier qu'il dévorait tout sanglant.

Un jour, il saisit au passage une jeune fille à peine âgée de quinze ans, lui entoura le cou d'un lien solide et l'emporta vers la partie la plus obscure du bois ; là, il assouvit sur ce cadavre, qu'il venait de mutiler, ses désirs effrénés ; puis il fit de sa victime un horrible repas de cannibale, à la suite duquel ce misérable s'endormit durant trois nuits entières d'un sommeil presque léthargique, d'où il ne fut tiré que par les cris des corbeaux qui venaient en foule lui disputer les débris de son horrible festin.

La justice ne tarda pas à s'emparer de ce monstre qui, interpellé sur le mobile qui l'avait poussé au rôle de vampire, fit cette réponse non moins féroce qu'inconsciente : *Si j'ai bu son sang, c'est que j'en avais soif.*

Lorsque la tête de ce supplicié fut présentée à Gall par ses élèves, le savant s'écria :

« Oh ! la vilaine tête !... »

Après cette exclamation de dégoût, il l'examina soigneusement, signala son *front étroit*, la dépression totale de la tête, tous les signes d'une invincible disposition à détruire, etc., etc. ; puis il émit sur Léger une opinion qui peut se résumer ainsi :

Il eût été, sinon impossible, du moins fort difficile de faire de cet homme autre chose qu'un assassin.

Je vois encore l'irresponsabilité du criminel dans la vive curiosité dont il est un moment l'objet, non seulement de la part d'une foule vulgaire, mais aussi de la part de gens qui se posent en observateurs savants.

Jusqu'à sa dernière heure, ses moindres mouvements sont épiés, ses moindres paroles recueillies et interprétées de diverses façons ; les mille échos de la presse portent au loin la nouvelle du tragique événement qui se prépare.

Le scalpel de la science fouille longuement, dans les chairs tièdes encore du supplicié, pour chercher à surprendre le secret de ses instincts sanguinaires.

Si tant de bruit se produit autour d'un assassin, c'est que l'on considère son organisation comme un phénomène monstrueux digne d'attirer l'attention générale.

Est-il le fauteur de ses terribles infirmités ?

Mis hors d'état de nuire, doit-on le considérer autrement que l'on considère un animal sauvage ?

Non, mille fois non !...

Si l'intérêt personnel est le mobile de presque toutes les actions humaines, comment s'expliquer l'assassinat, en dehors de la démence ?

Si, d'un autre côté, on considère le châtiment terrible auquel échappent rarement ceux qui l'ont encouru, on reste convaincu de leur irresponsabilité intellectuelle.

En effet, que penserait-on d'un joueur qui risquerait, sur un coup de dé contre un enjeu insignifiant, sa fortune, son honneur et sa vie ?

Qu'il est fou !

L'assassin l'est-il moins dans ses entreprises criminelles ?

Evidemment, non ; neuf cent quatre-vingt-dix-neuf fois sur mille il expie sur l'échafaud les atroces égarements de sa bestialité native.

Les différentes espèces d'animaux ont chacune des instincts qui leur sont propres : la férocité aussi bien que la douceur des unes et des autres s'accusent par des traits caractéristiques bien définis ; on sait ce qu'a de dangereux la piqûre des insectes et des reptiles venimeux ; on sait la force qu'il convient d'opposer à la fureur indomptable des fauves ; en un mot, on caresse le chien, on se gare du loup.

Seule, l'espèce humaine, dont chaque membre diffère de ses pareils, échappe à toute investigation sérieuse.

L'homme peut dissimuler, sous les apparences physiques les plus trompeuses, les instincts les plus dangereux ; la variété infinie des caractères, les sentiments versatiles qui les constituent, les nombreuses anomalies dont ils sont susceptibles n'ont jamais permis d'établir, entre les humains, des catégories distinctes.

Chaque individualité marche dans la vie, enfouissant dans les profondeurs d'une conscience ténébreuse tout ce qui pourrait nuire à ses projets ; elle seule connaît ce dont elle est capable, elle peut se façonner un caractère agréable à tous, se donner une contenance honnête, et capter la confiance, l'estime et l'affection de celui dont elle a prémédité la mort.

Le lion, c'est-à-dire la bête féroce, dénonce sa présence par des rugissements ; on peut l'affronter ou le fuir, le chasseur intrépide peut l'abattre avant qu'il ne bondisse sur lui.

L'homme, c'est-à-dire la bête civilisée, dont rien ne trahit les menées souterraines : c'est le guet-à-pens dans la nuit, le poignard sans merci, le poison mortel dont chaque goutte est versée avec un sourire, le vol, la calomnie, l'astuce, la cruauté, la haine et l'orgueil.

L'animal, c'est le péril visible et prévu ; l'homme, le danger invisible et permanent.

Pour se former une idée à peu près exacte de la mauvaise opinion que l'homme a de lui-même aussi bien que de ses semblables, il suffit de jeter les yeux sur les lois qui régissent les nations ; elles sont, pour la plupart, basées sur l'impérieuse nécessité d'une mutuelle défiance, elles accusent partout l'obligation de défendre la communauté sociale contre ses propres attentats ; on sent que les législateurs, en s'inspirant de leurs défaillances ont pu se faire injure à eux-mêmes ; mais qu'ils ont rendu justice au plus grand nombre, en le supposant capable de toutes les noirceurs.

Je conviens qu'entre tous les crimes dont l'homme est capable, l'assassinat est celui qui commande le moins d'indulgence et mérite le plus rude châtiment.

La loi ne peut vouloir atteindre et punir que des coupables responsables de leurs actes ; pourtant, c'est, le plus souvent, le contraire qui se produit.

Si le nombre des crimes impunis est si grand, c'est qu'il se compose de criminels qui ont eu l'intelligence de se soustraire au châtiment.

Ce sont là les responsables.

Quant à la catégorie *idiote* des assassins qui frappent pour être immédiatement frappés, je la déclare assez inconsciente pour mériter de ne pas être décapitée.

D'où je ne conclus pas qu'on doive l'absoudre.

La détention perpétuelle, avec son régime pénitentiaire actuel, dans une colonie lointaine, doit suffire pour donner satisfaction aux privilégiés de la nature qu'un heureux hasard a dotés, en naissant, des bons sentiments qui les ont mis à l'abri des sinistres inspirations du crime.

L'abolition de la peine de mort s'impose, surtout, aux consciences les plus pures ; car elles seules peuvent prendre en pitié les difformités morales dont elles sont affranchies.

Envisageons maintenant cette grave question au point de vue des réformes que commandent les généreuses aspirations de la génération nouvelle.

En suivant la marche ascendante du progrès de notre patrie à travers les siècles, que voyons-nous ?

La civilisation, honteuse des erreurs du passé, arracher un à un, des mains de la loi, pour les briser à ses pieds, les instruments de supplice dont elle regrettait que l'on eût fait un usage si barbare à des époques où son influence ne s'était pas encore fait sentir.

C'est ainsi que les divers appareils qui servaient à l'application sauvage des questions ordinaires ou extraordinaires, l'écartèlement, la roue, la pendaison, la marque et le pilori, furent successivement répudiés, comme des moyens de répression indignes désormais d'un peuple civilisé.

Reste la *Guillotine*, lugubre apparition qui surgissait jadis à midi, en plein soleil, pour dévorer sa proie, aux applaudissements scandaleux d'une foule stupide.

Aujourd'hui, cette goule aux appétits sinistres laisse ignorer à tous l'heure à laquelle elle doit se repaître de sang ; elle se dérobe sournoisement à la curiosité publique en s'enveloppant dans l'ombre crépusculaire de l'aube matinale.

Bientôt, semblable à la sorcière du Sabbat, elle attendra l'heure de minuit pour se produire, comme les anciens gibets de Montfaucon, au milieu des chats-huants et des orfraies.

Puisqu'elle rougit d'elle-même, ne la rougissez plus de sang.

C'est à la République, qui en fit jadis un si fatal usage,

qu'appartient l'honneur de proscrire à tout jamais cette trop célèbre criminelle.

Législateurs républicains, inspirez-vous de la clémence, si souvent combattue et pourtant si digne d'éloges, de celui qui fut notre président.

En usant du droit de grâce, M. Grévy s'affirmait contre la peine de mort.

Je m'appuie de cette autorité, qui en vaut bien une autre, pour vous crier : Débarrassez-nous bientôt, c'est la civilisation et l'humanité qui vous l'ordonnent, de cette ignoble faucheuse de têtes que l'on nomme la GUILLOTINE.

VICTOR LEVÈRE.

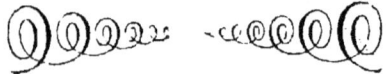

NI RELIGION, NI DIEU !

Sous ce titre, tout fulgurant d'infernales flammes : *Ni religion, ni Dieu!* M. Ollivier de la Tour d'Aïgues, publiciste distingué, — on le serait à moins, — nous adresse, de la paisible cité provençale où régnait jadis le bon roi René, de sympathique mémoire, une brochure qui, sous sa matière éloquente, semble vouloir ensevelir toute croyance en Dieu.

Nous avons lu cet audacieux opuscule avec l'intérêt que devait nous inspirer l'amitié que nous portons à son auteur et qu'il nous rend bien certainement ; nous y avons trouvé réunis tous les engins dont se sert l'athéisme pour entrer en guerre contre son *invincible ennemi*; cet arsenal, restauré pour la circonstance, est en grande partie composé de mitrailleuses endiablées dont les multiples canons sont bourrés jusqu'à la gueule de cette mitraille impie qui se pique d'être de la logique ; ces agents destructeurs de la morale religieuse détonnent bruyamment, frappent à tort et à travers, considérant comme une victoire d'avoir tué l'âme qui ne meurt pas et épouvanté l'esprit qui survit à la mort.

Nous n'irons pas plus loin sans affirmer notre croyance en Dieu ; toutefois, nous inspirant de tout ce que le doute peut jeter de trouble dans les consciences, animé de l'idée généreuse de prévenir la contagion du mal en exposant à la vue ses plaies les plus hideuses, nous allons parler à notre jeune confrère, absolument comme il pourrait se parler à lui-même, c'est-à-dire en véritable athée.

« Nous posons donc en principe qu'il n'est pas d'intelligence d'élite, si fortes que soient les chaînes de considérations qu'elle porte dans le monde, qui ne soit, par le raisonnement, conduite à la négation absolue de Dieu.

L'athéisme, en effet, s'impose aux esprits judicieux à

l'aide d'arguments matériels et moraux d'une telle force, qu'il devient impossible de ne pas considérer comme autant d'hypocrites mensonges les doctrines diverses enfantées par le génie humain pour convaincre les masses de l'existence d'une autorité divine ; toutefois, si les athées qui se sont affirmés comme nous osons le faire sont nombreux, ceux qui dérobent leur scepticisme désespérant au plus profond de leur conscience le sont encore davantage ; reste à désigner, entre ces deux catégories d'individus, celle qui agit le mieux dans l'intérêt de la morale publique, c'est-à-dire du sens commun. Eh bien, ne vous en déplaise, c'est à celle qui se tait qu'il convient de donner raison.

La croyance en Dieu est un aliment indispensable à certaines conceptions ; les en priver c'est commettre, sans profit pour soi, un acte d'inqualifiable cruauté.

Ce qui nous amène à vous dire que vous avez délayé votre sujet dans des flots d'argumentations au-dessus desquels surnage trop impérativement votre opinion personnelle.

Pour nier logiquement l'existence de toute puissance divine, un seul argument doit suffire : *Le mal qui m'apparaît de tous côtés, sous tant de formes hideuses, saurait-il exister avec Dieu ?*

Vous différez peu, sur cette matière délicate, de l'opinion de certaines gens réputés esprits forts ; vous avez eu, ce dont nous ne pouvons nous résoudre à vous féliciter, plus de hardiesse que la plupart d'entr'eux, voilà tout.

Vous n'avez rien appris aux athées ; quant aux déistes, ils ont, n'en doutez pas, confondu l'œuvre et son auteur dans le même mépris, vous n'avez pourtant commis d'autre faute que celle d'exprimer publiquement, et à la face de tous, une opinion objet de la réprobation générale.

Né intelligent et riche, vous avez senti doublement tous les charmes de l'existence ; la vie étant votre paradis, il ne vous est pas venu à la pensée de le chercher ailleurs que sur cette terre œuvre du hasard. Si vous étiez né inintelligent et pauvre, vous eussiez comme bien d'autres, cherché une compensation à vos misères dans la pensée obscure, mais consolante, d'une résurrection réparatrice dans un monde meilleur.

La divinité, déclarée responsable par les croyants et irresponsable par les esprits forts de tous les temps, s'est imposée partout sous mille aspects différents : la pluralité des cultes est donc une preuve éclatante de la nécessité de Dieu.

Si nous supprimons Dieu, la religion semble n'avoir plus sa raison d'être : erreur profonde, il la faut au doute invétéré dans les cœurs comme il faut le soleil aux plantes languissantes.

Le temps, qui modère toutes les ardeurs, vous dira bientôt peut-être que votre œuvre serait malhonnête si elle n'était le résultat irréfléchi d'une volonté volcanique trop avide de vérité. Hélas ! parmi les cruelles vérités qu'il convient de taire, celles que vous avez osé exprimer devraient toujours se noyer au fond de leur puits.

En résumé votre brochure a pu vous valoir un succès de scandale, mais qu'a-t-elle ajouté à votre réputation de poète ? Rien de bon.

Vous avez arraché un lambeau du drapeau écarlate de la Renommée pour le clouer misérablement au poteau de l'opinion publique, qui l'a insulté en passant, nous en sommes certain.

N'allez pas, cher confrère, exciter votre mauvaise humeur aux aspérités de quelques-unes de nos expressions ; en déclarant malhonnête l'homme qui ne peut se résoudre à renfermer en lui-même des théories susceptibles de troubler les esprits, nous avons reconnu à l'athée, à tort peut-être, la force géniale de concevoir la nécessité de Dieu et par conséquent celle de ne jamais nier ouvertement son existence.

Nous ne différons guère, vous le voyez, cher confrère, sur cette grave question de Dieu, qu'en ce que vous osez le nier à la face de tous, tandis qu'humilié de notre infirmité morale nous osons à peine nous avouer à voix basse que nous avons le malheur de ne pas croire en lui.

Sachez que le démon de l'athéisme nous a mordu au cœur dès notre enfance ; il y a cinquante ans que nous cherchons à croire en Dieu sans pouvoir y parvenir.

Eh bien ! notre âme vieillie et tourmentée sacrifierait les quelques années d'existence qui peuvent encore lui être dévolues, pour être dotée de l'inconscience fanatique des pauvres d'esprit.

Donc si Dieu n'était une fiction, il serait un bienfait.

L'athée a parlé, cher confrère, permettez au croyant de parler à son tour.

Nous voyons Dieu dans le besoin impérieux qu'éprouve toute créature d'élever sa pensée vers lui, nous voyons sa puissance dans les mystères inconcevables dont elle est enveloppée, sa grandeur dans les immensités infinies peuplées de mondes inconnus.

Nous voyons Dieu dans les manifestations naturelles qu'il provoque dans les cœurs les plus endurcis et les plus éloignés de lui.

Que fait le rude marin, blasphémateur par habitude, dont les formidables jurons retentissent à tout propos entre la mer et l'infini, lorsque rien ne paraît devoir mettre ses jours en danger ?

A l'heure où le navire désemparé court à la dérive sous l'ouragan déchaîné ; à l'heure où, vaincu par les éléments furieux, il menace de sombrer : cet homme de sac et de corde qui, un instant auparavant, se flattait de ne croire ni à Dieu ni à diable, tombe à genoux, adressant à ce même Dieu des prières depuis longtemps oubliées, appelant à grands cris, dans la crainte de ne pas être assez tôt entendu, le ciel et les saints à son aide !

Dieu se laisse toujours pressentir à ceux qui ne savent pas le voir.

Les retours vers Dieu sont si nombreux, si naturels, que nous n'avons jamais pu nous résoudre à considérer comme incurables les pauvres estropiés que l'athéisme traîne à sa suite.

S'Il nous est permis de dire de Dieu : existe-t-il ? n'existe-t-il pas ? C'est que s'il nous a donné une étincelle de son génie pour le comprendre, il nous en a donné deux pour le voir tel qu'il se présente à nous, c'est-à-dire dans les nobles sentiments qu'il inspire et dans les merveilleuses beautés de la nature, il est aussi visible que le soleil; mais plus éblouissant que lui, il aveugle ceux dont la vue morale est dévorée par le ver rongeur du scepticisme.

Cherchons Dieu partout où il se révèle, nous devinerons toujours son âme divine là où nous serons impuissants à lui donner un corps ; détournons nos regards de toutes les monstruosités humaines qui projettent leur ombre sur les œuvres célestes.

Toutes les lois relevant de Dieu, celles des contrastes lui appartiennent aussi bien que les autres ; ne cherchons pas à pénétrer dans quel but il en a fait l'application, des efforts de cette nature n'étant pas plus à votre portée qu'à la nôtre.

Reste le charmant écrivain doublé, s'il faut l'en croire, de l'irréconciliable athée. Nous avons déjà témoigné nos sympathies au premier dans une correspondance amicale, où nous ne lui avons pas ménagé les éloges que comporte sa valeur littéraire, nous n'y ajouterons rien en disant que sa brochure, dont aucun trait vraiment original ne vient éclairer le triste sujet, est fort bien écrite ; au second, nous venons de dire, sans grand espoir de le convaincre, tout ce que la logique du bon sens a pu nous inspirer à défaut d'éloquence.

Notre tâche est terminée.

Nous tenons M. Ollivier de la Tour d'Aïgues pour un homme d'esprit ; il en a peut-être même trop acquis de celui qu'il ne faut pas, au préjudice de celui qu'il faut.

Qui sait, après tout, si les esprits soi-disant forts ne seront pas ces esprits faibles devant lesquels, selon les paroles du Maître, la porte du paradis doit, un jour, s'ouvrir à deux battants.

S'il en est ainsi et que nous soyons à notre tour appelé au séjour des élus, nous ne manquerons pas, d'aussi loin que nous apercevrons notre confrère, de lui crier à la face des anges : Eh bien ! comment vous trouvez-vous ici ?

Victor Levère

LES MARIS COMPLAISANTS

Ils sont nombreux, ici et ailleurs, *les maris complaisants*, dont l'abdomen s'arrondit sous l'influence d'un régime alimentaire que l'on prépare si bien à trois ; ils sont nombreux ceux qui peuvent se dire à toute heure du jour :

> Bien que les quolibets poursuivent
> Nos fronts sous le joug conjugal,
> Personne ne meurt de ce mal
> Et bien de gens en vivent.

Le mariage est une galère qui navigue sur une foule d'obligations ; le gouvernail de cette embarcation est livré aux mains du mari, dont le rôle se borne alors à la bien diriger, c'est-à-dire à bien tourner, aidé par sa femme, les écueils ou plutôt les ennuis qui se dressent devant elle ; or, il advient trop souvent que, pilote inhabile, inconscient ou paresseux, le mari laisse aller à la dérive la barque conjugale qui, sans les prompts secours d'un, nous n'osons dire ou de plusieurs amis sincères, viendrait échouer contre les rocailleuses aspérités de la misère.

Donc, le mari complaisant est généralement un être *fainéant jusqu'à l'apathie, ami de la bonne chère, bas d'esprit, de cœur et d'âme,* qui n'a même pas à faire le sacrifice d'une dignité dont il ne s'est jamais senti possédé, pour faire à l'amant de sa femme la cession illégale d'une partie de ses prérogatives ; l'épouse, en ce cas, est presque toujours le bouc émissaire de la lâcheté de son mari qui l'oblige à signer un traité d'*infamie* dont il exigera les premiers bénéfices.

A défaut d'honneur réel, le mari complaisant s'ingénie à se composer un honneur fictif dans le but louable de sauver les apparences ; il n'a pas de meilleur ami que l'amant de sa femme ; quant à cette dernière, il n'est pas de prodige de vertu qui lui soit comparable. Lorsque ce genre d'époux est bien entretenu, il devient susceptible de toutes les bassesses ; c'est le chien engraissé que l'on pousse du pied hors du logis, où sa présence gêne ; c'est l'importun dont on se débarrasse sans façon sous le plus futile prétexte ; le *mendiant suspect* sur le nez duquel on ferme la porte ; l'*imbécile coquin* à qui, sans se déranger, on dit ce qu'on *pense* ; l'*intrus* que l'on toise de la tête aux pieds avec un sourire de mépris ; nulle avanie n'est capable de le faire se départir de son rôle ; il le possède sur le bout du doigt et le remplit d'autant mieux qu'il lui rapporte davantage.

Pourtant, cet être si ignominieusement pacifique est parfois sujet à des colères apoplectiques, auxquelles il se livre contre sa femme, toutes les fois que les ressources du ménage s'avisent de ne pas dépasser, en hauteur, le niveau de ses infortunes ; il se souvient alors de ses droits de mari : il a tout vu, tout entendu ; il surprendra le couple criminel en flagrant délit d'adultère ; il fera ceci, il fera cela et mille autres choses ; survienne un nouveau pourvoyeur et le proxénète gredin, le sourire aux lèvres, lui jettera sa moitié dans les jambes, en échange de la bourse qui lui sera, à titre d'arrhes, jetée dans les mains.

Pour se permettre d'exercer ce joli métier, il faut, d'une part, être possédé de bien laids sentiments, et, d'autre part, être en possession d'une jolie femme.

Il existe plusieurs catégories de maris complaisants ; il vient d'être question de la plus intéressée et, par contre, de la moins intéressante ; nous allons maintenant dire quelques mots de celles qui sont aussi peu intéressantes qu'intéressées.

L'incompatibilité d'humeur est, de toutes les causes de discorde dans le mariage, celle qui se produit le plus fréquemment ; le domicile conjugal, transformé en enfer *par deux volontés qui ne peuvent,* comme nous l'avons exprimé dans une de nos pensées, *se résoudre à n'en former qu'une,* devient le foyer d'intolérables souffrances ; avant de recourir à une séparation légale, les martyrs d'une union mal assortie prennent le temps de la réflexion et s'infligent, en attendant, de mutuelles tortures. On recule, en effet, devant les scandaleux débats qui, après les enquêtes contradictoires, livrent à la clameur publique les secrets les plus intimes de la vie privée des couples qui cherchent à affirmer, par le divorce, qu'ils s'étaient trompés en se croyant faits pour vivre en bonne intelligence.

Entre deux maux, dit-on, il faut choisir le moindre. S'inspirant de ce principe philosophique, bon nombre de couples mal assortis savent, par de réciproques tolérances, faire un paradis de leur enfer.

Allez où vous voudrez, dit le mari ; faites ce que bon vous semblera, répond la femme ; et ces conditions de paix, une fois stipulées, sont rarement transgressées ; le bonheur, d'où qu'il nous arrive, n'est-il pas toujours le bonheur ? C'est de cette situation ou de situations analogues que se forment la plupart des catégories de maris complaisants qui, loin de vivre de leur infortune, savent lui payer un tribut d'abnégation, afin de la rendre moins amère.

Au premier aspect, ce genre d'accommodement paraît immoral ; vu de plus près, il paraît préférable à la ridicule et interminable comédie que jouent sur les tréteaux de la vie conjugale les dupes irréconciliables d'une union mal assortie.

Heureux sont *les complaisants maris* qui peuvent se dispenser d'être des maris *complaisants.*

Victor Levère.

LA CARTE FORCÉE

En dehors de l'intérêt personnel, qui est le mobile de presque toutes nos actions, je ne vois guère d'influence capable de les diriger vers le bien, si ce n'est toutefois celle qui résulte de la mise en pratique de ce moyen extrême vulgairement nommé *la carte forcée*.

Il est tant de consciences réfractaires aux inspirations de l'honnêteté et du droit commun que l'on ne saurait trouver mauvais tout ce qui est de nature à atténuer cas fâcheuses tendances.

La loi qui, avec son escorte terrifiante d'argousins, de gendarmes et de geôliers, se dresse menaçante devant ceux qui seraient capables de tous les forfaits s'ils ne se sentaient défaillir à la pensée du châtiment qu'ils auraient encouru, ne devient-elle pas la *carte forcée* à l'aide de laquelle elle décide bon nombre de gredins à se donner toutes les apparences de la probité.

« Il faudra bien, *bon gré malgré*, que tu te décides à faire ton devoir, » dit le pédagogue à son élève, dont l'insurmontable paresse finit par être vaincue par la crainte d'un surcroît de travail.

Le *bon gré malgré* s'applique tous les jours, avec succès, aux hommes indécis qui ne vieillissent jamais assez pour cesser d'être de grands enfants.

Un de nos amis nous disait, un jour, à propos de la *carte forcée :* Ma femme était une honnête et laborieuse ouvrière ; fille enjouée, rieuse autant que sage ; je fis sa connaissance un dimanche, au sortir de la messe ; sa beauté me séduisit si bien que je me crus obligé de la séduire, pour l'abandonner quelques mois plus tard, ce que je fis sans le moindre scrupule. Malheureusement j'avais compté, pour commettre cette *grande infamie*, sans l'intervention ultérieure du frère aîné de la délaissée, un forgeron-mécanicien taillé en hercule et surnommé : *Trempe d'acier*, à cause de la dureté de ses biceps ; *ce fier à bras* m'aborda, par une sombre nuit d'automne, au milieu d'une rue aussi déserte de passants que ma conscience l'était de bonnes intentions et, sans préambule, *appuya* des quelques mots suivants le canon du révolver qu'il m'avait préalablement *appuyé* sur la gorge :

— Vous vous êtes déshonoré, me dit-il, en déshonorant ma sœur ; je ne veux pas subir le contre-coup de ce déshonneur que je n'ai pas mérité ; vous allez donc rendre, sur l'heure, votre vilaine âme au diable, à moins que vous ne préfériez rendre l'honneur à celle qui ne m'a, pas plus que vous, consulté pour le perdre.

Il me parut impossible de résister à de pareils arguments. A quelques jours de là, j'épousais, contre ma volonté, la sœur de ce brave garçon. Eh bien ! il n'est pas d'heure dans ma vie où je ne me réjouisse d'avoir cédé à l'autorité brutale qui, en m'obligeant à me conduire en honnête homme, m'a rendu le plus heureux des époux.

Un grand capitaine disait : — On m'a fait une réputation de bravoure que je suis loin de mériter : né poltron, le courage est devenu pour moi une obligation professionnelle, dont je ne puis éluder les impérieuses exigence ; si *l'amour-propre et l'orgueil* (*cartes forcées*) ne me contraignaient à faire des prodiges de valeur en me poussant, en dépit de moi-même, au plus fort de la mêlée, je crois que je perdrais contenance devant l'ennemi.

En résumé si la *carte forcée* oblige souvent à de mauvaises choses, elle pousse également vers les bonnes : lorsqu'on considère à l'aide de quelles ficelles on fait mouvoir la plupart des pantins humains, on reste tout à fait convaincu de la nécessité de les laisser aux mains de ceux qui savent en tirer le meilleur parti.

Victor Levère.

DE LA FRANCHISE

Comment s'empêcher de crier avec tout le monde : « *La franchise me plaît et j'aime la franchise ?* »

Hélas ! semblable au viel ormeau dont les feuilles desséchées tombent une à une sous le vent d'automne, la nature humaine se dépouille insensiblement de ses qualités les plus précieuses, avec cette différence que le printemps rend invariablement à l'arbre le feuillage qu'il a perdu tandis qu'aucune des quatre saisons ne songe à rendre au cœur ses qualités disparues.

En disant ce que l'on pense on s'expose à se heurter violemment à ce que les autres ne pensent pas ; ces collisions entre deux opinions contraires sont toujours fécondes en funestes conséquences.

Personne n'a vu la franchise ; tout le monde la connaît de réputation, la trouve belle, feint de la posséder en secret, commente ses instincts généreux, applaudit aux heureux effets de son influence, mais nul ne peut lui donner un corps encore moins une âme, et la désigner vivante à l'admiration qu'elle pourrait inspirer.

Les sceptiques, que la dégénérescence morale a conduits, par degré, jusqu'à la négation des plus nobles sentiments, affirment que la franchise n'a jamais existé ; moins désespérants, les philosophes observateurs ne la nient pas ; ils la cherchent toujours sans jamais la trouver ; les sages disent qu'elle se dérobe par modestie ; les fous, qu'elle s'est enfuie dans les contrées sauvages pour y cacher les mutilations affreuses qu'elle a subies à travers les mondes civilisés.

Nous, qui ne sommes ni sceptique, ni philosophe, ni sage, ni fou, nous pensons, qu'étant d'essence divine, la franchise, bannie de tous les cœurs impuissants à la contenir, méconnue, honnie, conspuée par les menteurs de haut et de bas étage, dont se composent les quatre-vingt-dix-neuf centièmes de l'engeance humaine, a dû, profondément dégoûtée de la terre, s'en retourner au ciel avec le dernier des martyrs de la foi.

Victor Levère.

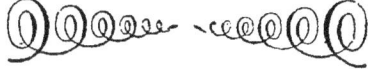

LES GENS COMME IL FAUT

Ils sont nombreux les gens réputés comme il faut par rapport à l'infime minorité des gens comme il les faudrait ; et cela n'a rien d'étonnant : les gens comme il faut se recrutent généralement parmi les favorisés du rang et de la fortune ; ils forment, dans la société, une classe bien distincte ne dérogeant jamais de ses principes.

Les gens comme il faut ont des habitudes qui leur sont propres, des manières magistrales mesurées par des gestes étudiés, une tenue d'une correction excentriquement irréprochable, une marche lente et guindée, un langage *brillamment superficiel* s'exerçant le plus souvent sur des sujets dont la banalité offre un champ facile à ceux qui, à défaut de l'esprit qui ne s'acquiert pas, possèdent ce vernis qui s'acquiert par l'instruction, l'éducation et l'usage.

Esclave de lui-même, l'homme comme il faut s'évertue à mériter de plus en plus le degré de considération que lui accordent ses pareils, et de moins en moins celui qu'il devrait s'attacher à mériter de ses inférieurs ; il ne voit rien au-delà du cercle dans lequel s'agite l'existence routinière des égoïstes du monde au milieu duquel il est né.

Il est de ceux qui pensent qu'il suffit que les *gueux s'aiment entre eux* pour être les gens les moins dignes d'intérêt qu'il soit au monde ; aussi est-ce avec une profonde indifférence qu'il voit défiler la misère enguenillée sous les croisées de sa somptueuse demeure.

Les gens comme il faut sont donc ceux qui, pouvant se passer des autres, n'ont à se préoccuper que d'eux-mêmes, ce qu'ils font, du reste, avec une scrupuleuse sollicitude.

Ne vous semble-t-il pas étrange que ces gens qui jouissent

de presque tous les avantages de la vie soient précisément ceux qui se montrent les moins empressés à contribuer au bien-être de la communauté sociale ? — Accablés des faveurs de la fortune, en possession de tous les moyens à l'aide desquels on peut l'augmenter, ils accumulent, en dépit des revendications *chimériques des peuples*, privilèges sur privilèges pour se bâtir un piédestal sur les ruines des misères émancipées et des protestations étouffées.

Mais, allez-vous nous dire, cette peinture fantaisiste ne convient nullement aux gens comme il faut ; car, s'ils étaient ainsi faits, ils devraient être autrement qualifiés ?

Nous répondrons à cette objection que l'opinion publique, si facile à égarer, ne s'est jamais donné la peine de reconnaître ses erreurs ; qu'impuissante à découvrir le vrai mérite, disséminé dans toutes les classes de la société, elle s'est bornée à l'attribuer à la classe la mieux favorisée.

Il est certain que l'on ne devrait admettre, dans la catégorie des gens comme il faut, sans distinction de rang et de fortune, que les âmes d'élite accessibles aux nobles sentiments de l'humanité, le titre d'homme comme il faut devant être le couronnement d'une carrière exclusivement consacrée au soulagement de toutes les infortunes, à la défense des intérêts des classes déshéritées ; l'homme comme il faut devrait être l'exemple vivant de toutes les vertus civiques, le modèle type offert aux esprits chancelants en quête de la vérité, l'homme envié, l'homme enviable, le mortel vénéré dont chaque pas dans la vie est marqué par un bienfait, dont la mort est un deuil public et dont la mémoire se perpétue dans tous les cœurs.

Le titre dérisoire d'*homme comme il faut*, appliqué si mal à propos par les foules aveugles, à celui qui possède l'indépendance des écus, n'a jamais été pris au sérieux par les esprits assez maîtres d'eux-mêmes pour ne pas subir la contagion d'une basse servilité.

Que l'on dise d'un homme qu'il a de belles manières, l'air aristocratique ou magistral ; qu'il est noble, riche, bien élevé : rien de mieux ; mais que l'on ajoute, en parlant de ce même individu : C'est *un homme comme il faut*, voilà ce qu'*il ne faut pas*.

Les gens comme il faut ne sont pas où le vulgaire les suppose.

Artistes, peintres, musiciens et poètes, quel que soit le degré de célébrité que vous ayez acquis par votre talent, vous n'arriverez jamais à vous faire admettre au rang des gens comme il faut ; vous serez répudiés comme appartenant à la bohême inspirée de l'art qui séduit, mais qui a le tort inqualifiable de se loger dans le cerveau du dernier des roturiers aussi bien que dans celui d'un gentilhomme.

Victor Levère.

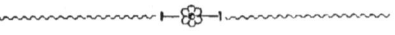

MOI ET LUI, LUI ET MOI

Moi et Lui, Lui et Moi marchons côte à côte sur le même chemin, celui de la misère ; issus l'un et l'autre de l'invisible poussière des générations passées, accumulées, sans qu'il y paraisse, dans les gouffres de l'oubli, nous sommes animés d'une étincelle de vie qui se dégage de ce pâle foyer intellectuel qui se donne le nom de génération nouvelle, aujourd'hui rayon, demain pourriture.

Lui et Moi avons remplacé dans notre esprit le sentiment de notre faiblesse morale par une pensée d'orgueil qui nous donne le change sur notre mutuelle nullité.

Donc, privés l'un et l'autre de cette dose de génie qui porte l'homme à se dire qu'il n'est absolument rien, *Lui et Moi* devons forcément croire être beaucoup.

Moi et Lui existons, il est vrai, mais c'est en dépit de notre volonté réciproque. Nous cherchons à nous annihiler par la comparaison ; si nous nous aidons à vivre, c'est sans nous nous en douter et comme entraînés par des besoins communs vers une solidarité conventionnelle, fondée sur les éléments d'un intérêt particulier.

Lui et Moi possédons à peu près tous les vices auxquels notre pauvre espèce est sujette. Quant aux rares qualités dont elle peut être douée, *Lui* prétend les posséder exclusivement, *Moi* je soutiens que les ayant toutes, il ne peut en avoir aucune.

Chacun de nous représente une catégorie d'individus qui diffère peu en égoïsme et en méchanceté de toutes celles dont se composent les fourmilières humaines.

Moi et Lui suffisons à donner, par le triste spectacle de nos dissidences, une idée exacte de ce qu'ont valu, de ce que valent et de ce que vaudront les membres de notre misérable race.

Lui et Moi vivons à couteau tiré de la main droite pendant que nous nous tendons la main gauche en signe d'amitié ; dans les fréquents naufrages de nos relations familières, on voit parfois les apparences s'accrocher en désespérées aux bouées de sauvetage qui ne les sauvent pas toujours.

Sans cette pensée fatale que chacun de nous est supérieur à l'autre, *Moi et Lui* serions capables de concevoir et d'exécuter de bien belles choses.

Lui a de *Moi* la plus mauvaise opinion du monde et de *Lui* la meilleure qu'on puisse avoir ; *Moi* je mets tout mon esprit à prouver que *Lui* n'en a pas.

Moi, toujours *moi*, rien que *moi*, que puis-je voir en dehors de *Moi* qui me vaille *à Moi*. Quel serait le cœur capable de contenir les beaux sentiments dont je suis animé ? dans quelle imagination prodigieuse pourraient éclore les sublimes pensées qui se heurtent dans mon cerveau ? à quel Antinoüs moderne pourrais-je comparer les agréments de ma personne ? qui résisterait au charme de ma parole ? que n'ai-je pu du même coup embrasser les professions les plus difficiles, j'eusse excellé dans toutes.

Je ne vois que des orateurs sans éloquence, des poètes enflés de vanité dans le vide des inspirations, des peintres dont les barbouillages prétentieux semblent absolument étrangers au sentiment des couleurs, des musiciens sans âme croquant méthodiquement les notes comme les perroquets pourraient croquer les noix, des acteurs mûs par de savantes et innombrables ficelles, parmi lesquelles ne s'en trouve pas une sur mille qui se rattache à un vrai tempérament ; eh bien, toute cette population d'artistes, pâle reflet du vieux soleil de l'art dont les rayons dispersés l'éclairent à peine, en est arrivée, de dégénérescence en dégénérescence, à dénaturer les plus beaux modèles au point de les rendre méconnaissables.

Lui se prétend supérieur aux grands maîtres de l'antiquité. Le progrès, assure-t-il, l'a élevé au-dessus des plus belles conceptions de l'esprit humain. *Moi* j'affirme qu'il faudrait remonter bien haut dans les siècles passés pour retrouver la trace des vrais génies créateurs aux dépens desquels nous avons vécu jusqu'ici et auxquels j'ose me comparer.

Tel est le *Moi* dont j'ai bien voulu accepter tous les travers à la condition que *Lui*, c'est-à-dire vous, en prendriez la part la plus lourde..

Le Moi appartient à *Lui*, appartient à tous ; il nourrit notre vanité des plus enivrantes illusions, nous absout de nos plus lourdes bévues ; grâce à cet hôte servile de notre pensée, les comparaisons tournent toujours à notre avantage, les contrastes laissent nos qualités s'étaler à la lumière et nos moindres défauts se dissimuler dans l'ombre.

Le Moi, si insipide aux oreilles des autres, si agréable aux nôtres, nous accorde tous les privilèges ; il nous admire jusque dans nos ridicules, trouve nos médisances pétillantes d'esprit, nos sottises charmantes et lorsqu'il nous a rendus odieux et insupportables pour tous, il nous laisse le droit de rechercher la solitude, d'y cuire lentement dans le jus de notre génie, d'y maudire l'humanité qui l'a méconnu et de recourir à ses inépuisables complaisances pour adoucir l'amertume de nos derniers jours.

En résumé, la modestie aura beau vouloir s'imposer aux grands caractères comme une qualité essentielle, *Moi et Lui*, *Lui et Moi* serons toujours là pour tenter de la corrompre.

Victor LEVÈRE

PAS D'ENNEMI

Ce n'est pas, comme on pourrait le croire, dans le domaine des concessions mutuelles qu'il faut chercher le moyen de n'avoir pas d'ennemis, càr il y a cent à parier contre un que, si vous faisiez quatre pas vers votre prochain, il n'en ferait que deux vers vous, estimant que vos avances sont tout simplement un hommage rendu à sa supériorité, et qu'au lieu de quatre pas vous auriez dû en faire vingt.

Si le secret de plaire à tout le monde n'en est un pour personne, il n'en est pas de même de son application qui est d'autant plus difficile qu'elle relève du bon vouloir de chacun.

Fontenelle, le spirituel auteur de la *Pluralité des mondes*, devenu centenaire, affirmait n'avoir jamais eu d'ennemis ; comme on lui demandait à l'aide de quel moyen il avait obtenu un si beau résultat, il répondit : *Tout est possible et tout le monde a raison.*

Cette pensée, interprétée et appliquée dans le sens absolu que lui prêtait son auteur, ne laisserait aucune place à la contradiction et ouvrirait de trop larges voies à la conscience humaine dont l'élasticité ne cède que trop aux pressions de l'immoralité.

N'ayant pas les hautes conceptions de Fontenelle, je me bornerai à puiser les conseils que le titre de mon article laisse pressentir dans l'étude des faiblesses d'autrui et surtout dans celle de mes propres faiblesses

Donc, pour n'avoir pas d'ennemis, il s'agit de se faire l'admirateur et le propagateur de tout ce qui nous paraît susceptible d'être admiré et propagé.

Chaque chose a, dit-on, son bon côté : laissons-en le mauvais se dérober à nos investigations indiscrètes, ne soyons jamais les premiers à le dénoncer ; s'il fuit l'éclat du jour, c'est qu'il rougit déjà de lui-même ; l'obliger à exposer sa laideur, c'est éveiller sa haine contre le beau dont il s'éloigne instinctivement pour ne pas être écrasé par le contraste.

Notre méthode sur l'art de n'avoir pas d'ennemis se résume en deux mots : *Dites, ne dites pas*. Nous n'avons pas la prétention de prêter à ces deux mots un sens impératif, ils n'expriment dans notre pensée qu'un : prenez garde à vous, que chacun est libre de considérer comme ne signalant que des dangers imaginaires.

Ne dites pas au peuple qu'il s'est trop éloigné des saines traditions du passé qui lui procuraient la paix du cœur pour se nourrir des doctrines subversives qui ont écarté de son esprit la pensée de Dieu pour faire place à d'éphémères idées d'indépendance, à l'aide desquelles il se donne le change sur les misères irrémédiables qu'on lui prépare avec le pire des esclavages, celui qui l'attache à des semblants de liberté, exaltant sans cesse sa dignité d'homme sans jamais lui fournir les moyens de faire un bon repas.

Dites-lui qu'il agit au mieux de ses intérêts en ne les comprenant pas, qu'il a raison, mille fois raison, de se bourrer d'utopies et de pain dur en interrogeant du regard les horizons de la politique, d'où ne manquera pas de surgir l'ère de prospérité depuis si longtemps attendue ; *dites-lui* qu'il aurait grand tort de ne pas compter sur les fallacieuses promesses des politiciens qu'il paie si bien pour le représenter si mal.

Ne lui dites pas que ses mandataires aident à le berner, à le pressurer, n'ayant d'autre souci de ses peines que celui de savoir tout ce qu'il pourra rendre en numéraire avant de rendre son âme, non à Dieu, mais au néant, d'où on l'assure qu'elle est sortie par hasard pour y être réintégrée de même.

Dites aux avocats qu'en s'érigeant en défenseurs du juste et de l'injuste, ils maintiennent, par un système ingénieux de compensation, leur conscience dans un équilibre moral des plus louables.

Ne leur dites pas que l'honnêteté réelle est un sentiment avec lequel un cœur bien placé ne transige jamais ; que le triomphe d'une mauvaise cause obtenu par le fait d'une bonne plaidoirie ne peut flatter leur amour-propre sans compromettre leur dignité.

Dites au médecin, qui purge son malade lorsqu'il devrait le saigner et qui le saigne lorsqu'il devrait le purger, qu'à partir du jour où il est sacré docteur, il a, de par son diplôme, le droit de se dispenser de justifier par de nouvelles études un titre qui lui donne dans le monde bénéfice et notoriété.

Ne lui dites pas qu'en médecine l'ignorance est une empoisonneuse d'autant plus coupable que la loi ne l'atteint pas, et qu'en chirurgie, lorsqu'elle arme son bras du scalpel, elle remplit l'office de bourreau sur des patients qu'aucune condamnation ne lui a livrés.

Dites au général mauvais stratégiste que si son plan de bataille eût été scrupuleusement suivi, il l'eût gagnée au lieu de la perdre ; que, mal secondé par des soldats indisciplinés et des chefs incapables, il devait fatalement, lui le brave des braves, encourir l'humiliation d'une retraite précipitée.

Ne lui dites pas que, sachant bien devoir son épaulette étoilée à des intrigues de cour, il n'eût jamais dû accepter d'autre commandement que celui d'une compagnie en qualité de capitaine, son incapacité notoire ne lui permettant pas de prétendre à un plus haut grade.

Faites de telle sorte qu'un bossu, dont vous aurez vanté l'esprit, ne soit jamais obligé de vous tourner le dos.

Ne joignez jamais vos mains en guise de porte-voix pour vous faire entendre d'un sourd, qui, le fût-il comme deux bécasses, a souvent la prétention de n'être qu'un peu dur d'oreille.

Dites au mari trompé qu'il se trompe ; à l'épouse infidèle que le cœur doit s'abandonner à ses élans naturels, agir selon son bon plaisir et nager dans les eaux nouvelles de la décadence des mœurs.

Dites aux voleurs que happent les gendarmes que, s'ils étaient réduits à n'exercer leur industrie qu'au préjudice des gens honnêtes, ils n'auraient pas de l'eau à boire. Assurez-les qu'un jour viendra où les petits voleurs pendront les grands, qu'alors bien des sièges enviés deviendront vacants, et qu'ils pourront les occuper avec avantage.

Après cela, offrez des bonbons aux enfants, des consciences de rechange aux dispensateurs des faveurs de la politique, de la politesse aux bureaucrates, de la discrétion aux concierges, de la modestie aux poètes, aux peintres et aux musiciens, des nouvelles exactes aux journalistes, de l'argent à tous ceux qui vous en demanderont, de l'esprit à tous ceux qui en manquent, et je vous réponds que vous n'aurez jamais d'ennemis...

Je me trompe, il vous en restera un : vous-même, et celui-là n'est pas le moins difficile à vaincre.

Il vous oblige à boire sans soif, à manger sans faim ; sous prétexte de vous aider à vivre, il vous livre à ses implacables auxiliaires, les passions, qu'il faut avoir la force morale d'étouffer avant qu'elles ne vous dévorent.

Ainsi donc, lorsque, grâce aux moyens que je viens d'indiquer, nous n'aurons plus d'ennemis à redouter, il ne nous restera qu'à nous mettre en garde contre nos mauvais instincts.

Victor Levère

LA FRANCE ET L'ALLEMAGNE

Un jour, un poète originaire des Pyrénées-Orientales me tint ce propos anti-patriotique : — « Nous avons commis de telles fautes que j'en suis venu à rougir d'être Français. » — Ajoutez, lui répondis-je avec indignation, que si tous les Français raisonnaient comme vous venez de le faire, il n'en existerait plus qui fussent dignes de l'être : une nation, ajoutai-je, est bien ou mal dirigée ; si elle l'est bien, les citoyens qui la composent ont le droit de s'en glorifier ; si elle l'est mal, ils n'ont pas le droit de s'en plaindre, puisqu'ils ont élu des mandataires insuffisants.

La patrie confie à ses enfants ses gloires héréditaires ; c'est à eux qu'incombe l'honneur de défendre ce dépôt sacré au prix de tout leur sang ; renier sa patrie, c'est-à-dire sa mère, dans des jours de malheur, c'est se montrer indigne d'occuper une place au soleil.

Ne médisons pas de la patrie ; c'est l'arche sainte qu'il faut vénérer et dont le drapeau glorieux doit toujours flotter comme un signal de suprême ralliement au-dessus de toutes nos adversités.

Malheureusement, les intérêts de notre mère commune paraissent aussi mal compris que mal défendus par bon nombre de ses enfants ; il existe de cette pénible vérité un exemple si grand que l'univers suffit à peine à le contenir : il s'agit de la grande presse politique, dont les rédacteurs, à quelques exceptions près, semblent prendre à tâche de donner à l'ogre allemand les proportions d'un Gargantua capable de tout engloutir. Ne vaudrait-il pas mieux, dût notre amour-propre national en être profondément blessé, se faire une loi de rappeler sans cesse les conditions déplorables dans lesquelles éclata la guerre de 1870 ? Le poète a dit :

A vaincre sans péril on triomphe sans gloire !

Eh bien ! que ce triomphe-là soit le seul que nous ne contestions pas à nos adversaires ; avouons-nous vaincus pour nous être battus à armes inégales ; avouons-nous vaincus pour avoir eu à lutter cinq contre dix ; faisons surtout l'aveu des fautes commises ; racontons que, lorsque l'Allemagne, bardée de fer, se laissait entrevoir escortée de ses innombrables légions, un passé glorieux semblait nous interdire le droit de compter nos ennemis, et à plus forte raison celui de nous préoccuper des forces que nous aurions à leur opposer en cas de guerre.

Convenons en toute humilité que, hors d'état d'accepter un combat qui ne nous était pas offert, nous fîmes mieux que de le refuser : nous le provocâmes, et qu'alors, si prodigieux qu'il fût, notre courage se trouva réduit à l'impuissance de triompher de l'impossible ; ajoutons qu'au lieu de racheter notre imprudence, en ne poursuivant pas une guerre insensée, nous donnâmes tête baissée dans les pièges grossiers tendus à notre orgueil national, offrant bientôt aux nations impassibles le spectacle navrant d'une vaillante armée en désarroi, poursuivant la série de ses défaites avec plus d'acharnement que n'en mettaient ses ennemis à poursuivre celle de leurs trop faciles succès.

Aujourd'hui, l'Allemagne, fière de sa récente couronne impériale, agrandie de nos deux provinces, engraissée de nos cinq milliards, est à peine revenue, après dix-huit ans, de la surprise que lui cause sa stupéfiante victoire. Et si elle se drape aussi orgueilleusement dans le souvenir de son triomphe que pourrait le faire un guerrier valeureux qui aurait, à armes égales, loyalement vaincu son adversaire, c'est qu'elle a été grisée par l'encens de la servilité qui enveloppe toujours le char des vainqueurs ; sûre d'elle-même, celle qui fut notre ennemie nous laisse, non sans nous poursuivre de ses traits ironiques, digérer péniblement la honte de notre impuissance et ne manque jamais, à l'occasion, de tourner le poignard dans la plaie toujours saignante de notre douleur indignée.

Si nous avons fait jusqu'ici le jeu de nos adversaires, jeu terrible qui nous a coûté tant de larmes et de sang, retirons prudemment nos enjeux jusqu'à l'heure où les mises seront égales et les chances équilibrées.

Alors, au lieu de prendre maladroitement l'initiative de cette partie qu'on nomme la guerre, partie toujours funeste, jusque dans ses succès, nous attendrons, cette fois, laissant notre invincible épée au fourreau et tenant en main le rameau symbolique de la paix, qu'elle nous soit offerte.

Ne soyons pas scandalisés en voyant se produire cet engouement anti-fraternel qui pousse, au mépris de toute justice, les peuples les plus faibles à se rallier au parti des peuples les plus forts ; laissons à l'Allemagne ses adulateurs d'aujourd'hui qui seront, peut-être, ses ennemis de demain ; mais, de grâce, ne mêlons pas à ces concerts de louanges, dictées par la pussillanimité, des récriminations d'où semblent découler sans cesse l'apologie des forces de nos envahisseurs d'outre-Rhin et nos appréhensions d'avoir un jour à les combattre.

Si l'Allemagne exaltait la puissance de notre armement et la bravoure de nos soldats, pour se défendre de la facilité avec laquelle elle nous prit jadis dans le guet-à-pens d'une inégalité flagrante, nous applaudirions à la finesse de cette logique, et nous aurions raison ; mais nous convient-il d'enchérir sur la puissance de nos anciens ennemis ? Ne suffit-il pas que les circonstances les aient favorisés pour que personne, si ce n'est nous, ne songe à leur contester la part de gloire qu'ils prétendent avoir acquise ?

Disons-nous modestement, entre Français, que l'Allemagne n'était pas grande, lorsque nous lui présentâmes la bataille, mais que nous étions petits, si bien qu'elle n'eut, pour nous vaincre, qu'à se laisser tomber sur nous de tout le poids de son formidable armement. Affirmons que nous n'ignorons pas qu'elle grandit alors, non-seulement de l'infériorité morale et matérielle de nos moyens de défense, mais encore de tout le prestige de notre passé.

Allons, Messieurs de la grande presse, n'oubliez pas que nous avons déjà beaucoup trop fait pour ceux qui furent nos ennemis, pour qu'il soit nécessaire que nous fassions plus encore ; songez qu'il a suffi d'un combat livré vingt ans trop tôt, ou vingt ans trop tard, pour faire du roi de Prusse un empereur, d'un vieux maréchal depuis longtemps oisif un héros, et d'un politicien habile le maître de la diplomatie universelle.

Soyons prudents : les intérêts de notre politique internationale nous imposent la plus grande circonspection ; nous sommes d'autant plus redoutés qu'ayant été vaincus on nous suppose dévorés par le désir de vaincre ; les cours européennes voient dans le régime républicain, adopté par la majorité des Français, comme un ferment contagieux de discordes civiles entraînant l'émancipation des peuples et la ruine des monarchies ; les agissements de notre diplomatie doivent donc tendre absolument à détruire cette mauvaise impression dans l'esprit des rois, et la presse patriotique doit la seconder de son mieux dans l'accomplissement de cette tâche difficile.

Ne nous le dissimulons pas : si jamais, ayant égalisé les chances du combat, nous entrions en lutte avec l'Allemagne, cette dernière ne manquerait pas de se faire, auprès des autres puissances, une arme terrible de ce qu'elle appellerait nos tendances révolutionnaires : c'est là qu'est l'écueil ; tâchons de l'éviter, car pour se sentir réellement maître chez soi, il ne faut redouter ni la torche des incendiaires ni la pioche des démolisseurs.

Ayons de la diplomatie allemande la bonne opinion que nous n'avons pas su l'obliger à avoir de la nôtre ; ne lui laissons pas croire que nous donnons, aussi facilement qu'autrefois, dans les pièges tendus à notre bonhomie, en supposant qu'une nouvelle guerre pourrait surgir d'un incident qu'elle aurait ouvertement fait naître. Non, on l'accuserait de trop exiger ; son rôle est, aujourd'hui, d'attendre qu'on lui offre ce qu'elle désire en échange de ce qu'elle a peut-être déjà offert.

Semblable aux combattants d'une ville assiégée qui négligent le danger réel pour diriger leurs moyens de défense vers de fausses attaques, notre politique est circonvenue et entraînée loin de la vérité.

C'est cette vérité qu'il importe de rechercher, non sur les points visibles vers lesquels on attire systématiquement notre attention, mais dans les menées ténébreuses d'une diplomatie à triple face.

Je ne vois la guerre nulle part, j'en entends la menace partout ; je m'efforce de ne pas y croire : elle est si odieuse !.. Ne craignons pas de la voir s'abattre sur nous d'un côté plutôt que d'un autre ; faisons autour de notre camp des rondes de jour et des rondes de nuit. Veillons l'arme au bras ; espérons que l'ogresse ne viendra jamais nous visiter, mais agissons comme si elle était prête à forcer nos portes ; si la malveillance en habit noir nous fixe d'un œil louche, c'est qu'elle peut préméditer un mauvais coup.

La malveillance, voilà l'ennemi de tous les instants, celui qui vit de tous les régimes et ne désarme jamais, celui qu'on ne peut combattre qu'en lui opposant de nombreuses sympathies, celui que nous devons, nous, Français, le plus redouter.

En dehors de cet adversaire, qui nous sape à notre insu, je n'en vois guère, pour le moment, qui soit prêt à tomber en garde.

La sentinelle qui veille à la porte du bon sens a reçu de l'opinion publique ce mot d'ordre facile à retenir :

Attendre, observer et se taire autant que possible !

Mécontents d'un passé à peine disparu, incertains d'un présent qui paraît n'avoir rien de positif, il ne nous reste plus qu'à nous laisser aller avec confiance au courant des éventualités de l'avenir.

> L'avenir !... c'est la vie ; il sourit à la France ;
> C'est l'immense horizon où plane l'Espérance,
> Dans un ciel bleu peuplé de destins inconnus.
> Si nous fûmes chétifs, pour devenir des hommes
> Sachons, par la pensée, évoquer les fantômes
> Des grands héros qui ne sont plus.

Victor Levère.

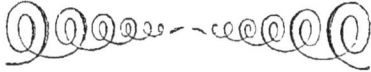

LES FEUILLES DE CHOU

Les autocrates de la grande presse politique de Paris et de la province ont depuis longtemps contracté l'habitude anti-fraternelle de traiter de feuilles de chou toutes celles qui végètent et se dessèchent tristement au soleil de l'insuccès et qui, par ce fait, sont déclarées indignes de nourrir les plus vulgaires lecteurs, c'est-à-dire les plus vulgaires lapins.

Cette façon peu intelligente de comprendre la solidarité littéraire nous étonne, surtout de la part des écrivains dont la plume largement salariée s'évertue chaque jour à assurer le triomphe des idées les plus libérales.

Si nous élevons aujourd'hui notre faible voix contre l'épithète malsonnante dont on gratifie si fréquemment les feuilles que le vent de l'indifférence jette en toutes saisons parmi les feuilles mortes, c'est moins pour défendre l'*Echo des Trouvères*, que nous avons créé viable en 1866, que pour jeter une pierre à la tête de cet écart de langage que rien ne justifie.

Et d'abord, qu'entend-on par *feuilles de chou*? Il y a cent à parier contre un que la plupart des raffinés de la presse parisienne vous répondront : On entend, d'abord, par feuilles de chou celles que nous et nos amis pourrions rédiger, mais que nous ne rédigeons pas, et qui, privées de notre savante collaboration, boitent affreusement dans le domaine des dissertations politiques et littéraires ; puis, toutes les publications périodiques que l'aube voit éclore et le couchant mourir, feuilles innombrables qui cessent d'être dans une courte période pour n'avoir pu fournir à l'opinion publique des éclaircissements sur la cause ou la nécessité de leur existence.

Eh bien, non, il n'y a pas de feuilles de chou, ou plutôt, s'il y en a, il faut les chercher dans la catégorie des feuilles contaminées à l'aide desquelles on empoisonne les lecteurs dont l'esprit *tourne au lapin.*

Il n'y a pas de feuilles de chou ; le petit prédicateur des campagnes a son utilité morale aussi bien que les orateurs des grandes cités ; les jappements du petit roquet dénoncent la présence du voleur aussi bien que ceux du gros bouledogue.

Que les collets montés de la grande presse se pénètrent bien de cette vérité qu'il n'est pas mal de têtes géniales qu'abrite un simple bonnet de coton, de même qu'il est bon nombre d'écrivains de la petite presse littéraire, dont nous pourrions citer les noms, qui seraient dignes de prendre rang parmi les plus grandes notoriétés du monde des lettres.

Allons, messieurs les athlètes des grandes polémiques sociales, soyez indulgents pour vos petits confrères ; daignez ôter, en passant devant eux, la calotte de votre renommée, souvent trop grande pour vos petites têtes ; souvenez-vous que vos premiers débuts, souvent *malencontreux*, ont été faits dans les *petites feuilles* auxquelles vous voudriez bien pouvoir venir reprendre aujourd'hui les illusions égarées de votre jeunesse.

Toutes les voix concourent au grand concert de la nature ; jamais les merles qui sifflent ne se sont plaints du voisinage des insectes qui bourdonnent.

Sifflez donc, messieurs les merles ; sifflez les airs de circonstance dont les *serinettes* de l'actualité politique vous ont bourré l'esprit, et laissez-nous bourdonner au soleil nos petits refrains sans échos ; épargnez-nous surtout *l'épithète de feuilles de chou, qui n'est pas la vraie*, et que nous vous renvoyons pour la dévorer, convaincus que vous êtes tous de *fameux lapins.*

Victor Levère.

DEMAIN

Demain !... Voilà le grand mot lâché ! Et pourquoi pas tout de suite ?

Méfiez-vous de ce mot qui s'échappe à tous propos de la bouche des faiseurs de mensongères promesses, de ce mot à l'aide duquel le mauvais vouloir recule, de jour en jour, les limites des espérances qu'il sait ne devoir jamais se réaliser.

C'est avec ce mot, qu'ils jettent à satiété, à défaut de pain, aux estomacs vides des affamés de réformes sociales, que les politiciens enserrent la misère publique dans le cercle de fer forgé par l'égoïsme et l'intransigeance des repus.

Ce mot qui promet d'acquitter à courte échéance toutes les dettes de la veille, n'est, le plus souvent, qu'un débiteur de mauvaise foi qui ajourne indéfiniment ses nombreux créanciers.

Demain, c'est le spectre fantastique qui revêt toutes les formes que lui prête notre imagination tourmentée. Pour les déshérités de la vie, ce sera un nouveau jour de torture qui viendra s'ajouter à ceux déjà si tristement écoulés.

Pour les favorisés de la fortune, que la satiété n'a pas conduits au dégoût de toutes choses, ce sera le signal de nouveaux plaisirs. Pour les ambitieux, ce sera, peut-être, l'écueil où viendront se briser leurs rêves de grandeur. Pour quelques-uns, ce sera la joie délayée dans un bonheur de courte durée. Enfin pour le plus grand nombre, les projets avortés, les déceptions amères.

C'est à l'aide de ce mot que le sollicité éconduit poliment le solliciteur. Demain : c'est l'interminable chaîne dont nul mortel ne verra la fin ; c'est le bonheur promis, l'espérance déçue, le tourment inattendu, la continuation du mal, le mépris du bien, la contagion progressive des fausses idées sur toutes choses l'invasion grandissante des sentiments égoïstes, la proscription de toutes les vertus qui assurent la paix du cœur. Demain, c'est encore l'ogresse sanguinaire qui armera, les uns contre les autres, les peuples qui devraient vivre en frères. Demain, c'est le mensonge, reculant pas à pas devant la vérité qui l'effraie ; c'est la route sans fin sur laquelle s'ouvrent les gouffres béants de l'éternité où viennent s'engloutir les fourmilières humaines.

Les esprits insouciants et légers, les fainéants improbes, les énervés de l'apathique mollesse, les hypocrites intéressés, forment, avec les menteurs de toutes les catégories, le nombre contingent des partisans du mot : Demain.

Victor Levère

CE QUE L'ON VOIT TROP ET CE QU'ON NE VOIT PAS ASSEZ DANS LA VIE

Arrivés à la fin de leur carrière, tous les hommes déplorent de ne pouvoir recommencer la vie afin de la mieux remplir.

Semblable à l'odalisque jalouse de sa beauté, l'existence, disent les uns, nous laisse juste le temps de l'entrevoir en passant; on naît, on vit, on meurt, presque sans s'en douter; la vie, disent les autres, ne vaut vraiment pas la peine qu'on lui construise un abri; c'est une farceuse qui nous tire du néant par la tête pour nous y replonger aussitôt par les pieds. Quelle mystification que la vie ! s'exclame le plus grand nombre; si les moralistes la considèrent comme un bienfait, c'est qu'ils n'en ont pas éprouvé le côté fâcheux.

A toute ces déclamations contre le *Moi* qui constitue *la fibre vitale de chacun,* un philosophe désintéressé pourrait opposer bon nombre de solides arguments, appuyés des questions suivantes :

Avez-vous acquis assez d'expérience dans la vie pour avoir le droit de la mépriser et de lui préférer la mort ?

· Avez-vous su tirer parti de tous les avantages qu'elle est susceptible d'offrir ?

Avez-vous eu la force morale de tourner les écueils qu'elle a semés sous vos pas.

En un mot, avez-vous bien commencé, pour mieux continuer, et surtout saurez-vous bien finir ?

De toutes les sciences, celle de savoir vivre est la plus difficile; il est des choses dans la vie que l'on voit trop, d'autres que l'on ne voit pas assez; il est rare que la vue humaine perçoive exactement les multiples images que la vie se plaît à dérouler devant elle; l'imagination leur fait subir autant de métamorphoses qu'il en faut pour les rendre propres à flatter ses caprices, ses goûts et ses passions.

Le bonheur dans la vie dépend surtout de celui *qui vit* ; les *tribulations naturelles* dont elle peut être traversée sont peu nombreuses et bien connues ; il en est même dans le nombre qu'il est aisé d'éviter.

C'est donc à tort que ceux qui ont le fâcheux travers de ne pas savoir vivre, attribuent sottement à l'existence les tourments affreux qu'ils s'infligent *eux-mêmes*.

Il y a dans la vie deux choses qui affectent la *vue morale* : les brouillards de l'ignorance et les brillants mirages de l'orgueil ; il ne faut pas chercher ailleurs les causes déterminantes de la plupart de nos maux ; nous souffrons pour avoir trop vu certaines choses et n'avoir pas assez vu certaines autres. Nous pourrions, à ce sujet, agrémenter notre causerie d'une foule de citations dans le goût de celles-ci :

Se marie-t-on, on voit trop la dot de sa future à la clarté de la *lune de miel* et on ne voit pas assez les charges à venir qu'éclaire au loin la *lune rousse*.

Veut-on être soldat contre la volonté d'un père qui a porté le sac, on voit trop en perspective le chapeau empanaché de *général*, tandis qu'on ne voit pas assez la volonté tyrannique du *caporal* qui, avant qu'on ne soit devenu son égal, a largement le temps de vous faire passer l'envie de devenir sergent.

Est-on affligé de la passion du jeu, on voit trop les chances de gain qu'il peut offrir, jamais assez celles de la ruine et du déshonneur qu'il entraîne à sa suite.

Se risque-t-on dans des entreprises commerciales, on voit trop la fortune à acquérir, rarement assez la défection complète qui peut aussi en être la conséquence.

Veut-on se faire *prêtre, avocat, médecin,* ou embrasser toute autre carrière qui exige, outre des aptitudes spéciales, une vocation réelle, on voit trop les bénéfices du métier et pas assez les désenchantements et les ennuis qu'il ne manque pas de préparer aux *insuffisants prétentieux* qui l'exercent mal.

Veut-on se consacrer aux arts difficiles à l'aide desquels le mérite le moins contestable s'achemine lentement vers la gloire, on voit trop les lauriers qu'elle dispense, *jamais assez les déceptions qu'elle prépare.*

Veut-on se poser en détracteur de la femme, on voit trop celles qui ne sont plus dignes d'être vues, tandis qu'on détourne les yeux de celles qu'on est soi-même indigne de voir.

Se blesse-t-on à la chasse, on déplore son accident, jamais sa maladresse.

On peut dire que la vie est peuplée de visions et de visionnaires ; tous les objets se transforment, se modifient s'allongent, se raccourcissent, selon les dispositions de l'esprit et l'état des tempéraments.

Le chasseur peut voir un lièvre dans un lapin ; le mari un modèle de fidélité dans la femme qui le trompe ; l'acteur, l'expression d'une satisfaction générale dans les applaudissements convenus *d'une claque* salariée ; le prêtre, la foi la plus ardente dans les démonstrations hypocrites des bigotes qui entourent son confessionnal, etc., etc.

Ainsi oblitérée par ce que nous appellerons le dévergondage de ses passions, la *vue humaine* accepte de la vie tout ce qui la flatte en lui nuisant et repousse comme mauvais tout ce qu'elle lui montre d'avantages réels.

A l'encontre des sceptiques qui ne veulent à aucun prix absoudre le grand mystificateur qui eût pu, disent-ils, borner sa gloire à constituer l'existence sans la semer d'infernales vicissitudes, nous prétendons, d'accord avec quelques esprits conciliants, que la vie a de *bons, d'excellents côtés* ; il est vrai qu'ils défilent devant nous en compagnie des mauvais, avec une rapidité telle qu'il faut les savoir saisir au passage. *En voici les moyens :*

Sachons envisager comme il convient les hommes et les choses ; ne nous exagérons pas plus le bien que le mal ; ne taxons pas nos légères contrariétés de souffrances, nos tourments de malheurs, et nos malheurs de catastrophes. Considérons comme très attachés à la vie ceux qui affirment du bout des lèvres en être absolument dégoûtés.

De même que l'homme sensé, loin d'ébruiter ses mésaventures conjugales, sait limiter ses rancunes à une discrète séparation, l'homme pour qui la vie est devenue intolérable sait froidement s'en affranchir par le suicide.

Placé entre la vie qui le tourmente et la mort qui s'offre à le délivrer, le désespéré n'a qu'à accorder la préférence à la sinistre libératrice de tous nos maux.

C'est là un moyen extrême que j'indique, mais que je ne conseille à personne d'adopter.

Il y a mieux que la mort pour guérir des ennuis de la vie, c'est la raison, qui peut en faire accepter philosophiquement jusqu'à la fin tous les agréments et en écarter presque toutes les vicissitudes.

Apprenons de la vie comment on doit vivre et nous ne maudirons pas l'existence.

Victor Levère.

PARLER POUR NE RIEN DIRE

Si je disposais du pouvoir autocratique des *sultans* ou d'une influence politique analogue à celle que les intrigants exercent sur les imbéciles de tous les partis, je ferais décréter d'office qu'une récompense civique sera à l'avenir décernée à tout Français atteint et convaincu d'avoir :

BEAUCOUP PARLÉ POUR NE RIEN DIRE.

En effet, on ne saurait assez encourager cette catégorie non moins nombreuse qu'inoffensive de gens qui, sans se mettre en frais d'éloquence, échangent des propos oiseux sur des sujets insignifiants et trouvent un charme indicible à s'exprimer dans un langage qui, pour être dépourvu d'esprit, n'est pas toujours sans à-propos.

Quiconque parle pour *ne rien dire*, eût-il la langue envenimée comme *les crocs* d'une vipère, ne peut à son prochain faire ni bien ni mal.

On ne s'arrête pas plus aux extravagantes divagations d'un idiot qu'on ne tient compte des discours sans conséquence dont le bruit s'efface et se renouvelle sans cesse au milieu de la foule tumultueuse des *gobe-mouches*.

Mais, à côté de celles qui parlent pour ne rien dire, on voit s'agiter, dans le domaine de la médisance et de la calomnie, des milliers de langues qui, s'autorisant de l'esprit d'infernale méchanceté qui les anime, s'arrogent le droit de *beaucoup trop dire* en parlant peu.

Malheureusement la malignité de l'esprit des médisants s'allie rarement au bon sens qui pourrait en modérer la *verve empoisonnée* ; de même que d'après le *poète* : « *Un sot trouve toujours un plus sot qui l'admire,* » les médisants trouvent toujours des oreilles complaisantes prêtes à les écouter et des langues toujours disposées à se faire l'écho de leurs méchants propos.

Un homme peut avoir assez d'esprit pour laisser croire que s'il le voulait il pourrait en avoir davantage, mais il est le plus souvent dépourvu de celui qui, en éclairant sa raison, saurait l'obliger à se tenir en garde contre de fâcheux écarts de conscience.

On peut dire du médisant à qui la nature a dévolu une forte dose de responsabilité intellectuelle : Pour avoir plus d'esprit en est-il moins coupable ?

On déplore, non sans raison, que la foule des naïfs qui *parlent pour ne rien dire* ne s'augmente pas de tous les *gredins* qui n'ouvrent la bouche que pour expectorer des infamies.

Les agissements occultes de la calomnie s'exercent, à l'abri de tout châtiment, contre l'honnêteté réduite à l'impuissance de se défendre ; les coups terribles qu'elle porte dans l'ombre ont toujours des résultats funestes ; c'est le *guet-à-pens*, issu de sourdes menées, que l'on ne peut ni prévoir ni éviter.

Les réputations les plus solidement établies sortent émiettées des engrenages de la calomnie ; les calomniateurs commencent l'œuvre de destruction morale, les détracteurs et les jaloux la terminent. C'est en vain que la victime à qui l'on reproche tant de choses ne trouve rien à se reprocher à elle-même ; c'est en vain qu'elle oppose le bien qu'elle a fait au mal qu'on lui impute : peine inutile, on peut se justifier d'un assassinat que l'on n'a pas commis ; en exigeant l'exhibition du cadavre de l'assassiné, on peut réduire à néant toute fausse accusation directe avec d'autant plus de facilité qu'elle aurait trait à des délits plus graves ; mais on ne détruit pas les présomptions qui prennent bientôt, dans les cerveaux étroits accessibles à la calomnie, les proportions affirmatives de la certitude.

Un homme peut donc s'endormir, convaincu de sa parfaite *honorabilité*, et se réveiller déshonoré au bruit calomniateur propagé par mille échos malsains.

Si l'on procède par comparaison, à quel degré d'estime n'élèvera-t-on pas les gens qui *parlent beaucoup pour ne rien dire* ?

Détracteurs, diffamateurs et calomniateurs forment la *trilogie* funeste sous le poids de laquelle gémit la vérité.

Le char de l'intérêt personnel, suivi et précédé de la foule des intrigants et des menteurs, roule, sous le vent de l'ambition, à travers la multitude idiote, brisant sur son passage tout obstacle moral qui tenterait d'enrayer sa marche.

Les ambitieux qui parlent *pour dire quelque chose* n'hésitent pas à s'entre-déchirer pour assurer le triomphe de leurs projets.

La Bruyère a dit : *L'égoïste brûlerait la maison de son voisin pour se faire cuire un œuf* ; il eût pu ajouter que les menteurs ambitieux démoliraient une capitale pour se construire un palais.

Autour du langage criminel de la calomnie distillant ses noires perfidies, gravitent comme autant de satellites les bavardages qui, n'ayant que la prétention d'être méchants, s'agitent constamment dans l'impuissance de nuire ; de ce nombre sont les menus cancans du voisinage qui dénoncent, par la voix de ceux qui n'ont jamais pu se résoudre à s'occuper de leurs propres affaires, vos moindres actions ; qui supputent le nombre de vos créanciers, établissent une balance entre vos recettes et vos dépenses ; qui découvrent que votre femme, par d'extravagantes toilettes et d'onéreuses fantaisies, doit fatalement vous conduire par le bout du nez à votre ruine complète ; qui critiquent vos opinions politiques, votre tenue, vos gestes, votre langage, et ne vous lâchent enfin qu'après avoir flairé, tourné et retourné votre personnalité autant de temps qu'il leur en faut pour se convaincre qu'il ne leur reste plus rien à en dire.

Près des bavardages se placent les causeries familières de l'esprit, toujours fécondes en malins propos et dont la verve piquante s'exerce avec succès sur les hommes et sur les choses ; cette dernière catégorie de *parleurs pour bien parler* est à l'amour-propre de chacun ce que les puces sont aux mollets de la femme chatouilleuse.

Il n'y a guère, à mon sens, que les *candides,* qui *parlent* généralement *pour ne rien dire,* qui puissent en certains cas se permettre de dire beaucoup sans porter atteinte à la réputation de leur prochain.

Victor Levêre

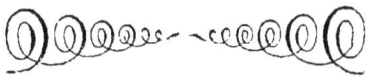

GRIMACES ET GRIMACIERS

De toutes les monnaies ayant cours, celle dite vulgairement *monnaie de singe*, frappée à un nombre illimité, aux multiples effigies de la grimace, est à coup sûr la plus répandue ; elle circule, bien que réputée illégale, en dépit de la loi et des gendarmes qui ont pour mission de la faire respecter.

L'émission frauduleuse de cette monnaie accuse une catégorie de faux-monnayeurs peu dangereux en apparence, mais fort nuisibles en réalité.

Payer en monnaie de singe est d'un usage si familier que chacun de nous a pris la mauvaise habitude de s'affranchir, par ce moyen fictif, de bon nombre d'obligations réelles.

La grimace a beau être à la réalité ce que le mirage trompeur du désert est à l'eau qu'elle figure si bien, le voyageur altéré aime mieux encore poursuivre cette fantastique vision que de renoncer à l'espoir d'étancher sa soif ardente.

Les grimaces, ou les semblants, tiennent l'espérance en éveil et, tant que l'homme espère, il est moins malheureux. C'est donc par de mutuelles grimaces que la foule nombreuse des grimaciers se console de l'absence du vrai.

Grimaces savantes ou grimaces idiotes, grimaces étudiées ou grimaces spontanées, toutes se confondent dans un réciproque élan d'intérêt personnel.

« J'ai fait une grimace à ma voisine, se dit l'amoureux ; elle me l'a rendue, donc elle va se prendre au piège que je lui tends. »

La voisine, de son côté, se dit : « J'ai rendu sa grimace à mon voisin, qui ne peut manquer de tomber dans mon traquenard. »

Il n'est d'innocentes grimaces que parmi celles que l'on fait souvent sans s'en douter.

La douleur, la joie et l'hypocrisie sont les trois causes déterminantes de nos grimaces.

La douleur grimace ses souffrances devant la docte médecine qui, à son tour, lui grimace ses promesses de guérison ; les afflictions morales sont souvent adoucies par les *grimaces* intéressées d'une feinte amitié ; on exprime par des *grimaces* tout ce que l'on pense et, mieux encore, tout ce que l'on ne pense pas. Il serait donc difficile à l'homme de traduire ses sentiments, bons ou mauvais, autrement que par des grimaces.

Les espèces sonnantes ne sont qu'à la portée de quelques-uns ; la monnaie de singe est à la portée de tous ; c'est pour ce motif que, faute de mieux, les grimaces se sont glissées dans toutes nos transactions sociales.

Dans les hautes sphères de la politique, où s'agitent les plus graves questions diplomatiques, fait-on autre chose que d'habiles grimaces ?

Depuis les bébés, qui font des grimaces à leurs bonnes, jusqu'aux potentats, qui font des grimaces à leurs sujets, tout cède à l'entraînement général de la grimace.

L'acteur traduit l'auteur par des grimaces ; l'avocat, le marchand, le rentier, le journaliste, le soldat, l'honnête femme et la catin grimacent ici-bas leur rôle avec plus ou moins d'habileté.

Les grimaciers de l'amour sont à coup sûr les plus nombreux ; cela tient à ce que le petit dieu malin a su rallier toutes les religions autour de son autel.

Sans la grimace, l'existence devient un non-sens, une paralysie générale, un ciel sans lumière ; avec elle tout s'anime, s'éclaire et se meut.

Acceptons donc les grimaces, de quelque part qu'elles

nous arrivent, rendons-les avec usure, et puisque, de par la volonté suprême, nous appartenons à la grande famille des grimaciers, exerçons-nous à ne faire que de bonnes grimaces, car la bonne grimace est celle qui nous valut d'être créés à l'image de Dieu, tandis que, par la mauvaise, nous empruntons le masque du diable.

Victor LEVÈRE

PEUT-ÊTRE !!!

Un jour je suivais le convoi funèbre d'un républicain selon Dieu, c'est-à-dire d'un homme qui, durant sa longue carrière politique, n'avait eu qu'une pensée, le bien de ses semblables.

Généreux, désintéressé, partisan de toutes les libertés avouables, il rêvait une république humanitaire, conciliatrice, capable de rallier par de beaux exemples de justice et de fraternelle sollicitude les esprits les plus réfractaires à ses aspirations libérales.

Né très riche, il s'était senti mal à l'aise parmi les rares favorisés de la destinée ; il avait rougi de bonne heure de son excès de bien-être en le comparant à l'extrême misère du plus grand nombre. Alors il était sorti du rang des opulents égoïstes oublieux de toutes les infortunes pour prendre place au milieu des misérables.

Là il avait en quelques années distribué les neuf dixièmes de son patrimoine. Devenu pauvre pour avoir trop donné, il disait souvent aux personnes qui lui reprochaient ses libéralités excessives :

« Comme homme privé, j'obéis aux inspirations de ma conscience, à la sensibilité naturelle de mon cœur ; comme homme politique, je remplis, en me vouant au soulagement des malheureux et à la défense de leurs droits toujours remis en question, toujours débattus, toujours méconnus, un devoir dans l'accomplissement duquel je puise la force morale de m'avouer bien imparfait encore en matière de républicanisme.

Nul n'est fondé à se dire démocrate, ajoutait ce brave citoyen, s'il n'est doué des nobles sentiments qui détachent de l'intérêt général les intérêts particuliers qui le gênent ; j'ai toujours considéré comme nuisible toute liberté affamée, contrainte de regretter le pain qu'elle mangeait dans l'esclavage, je n'ai jamais pu voir sans indignation s'accroître par l'abolition des tyrans le nombre des tyrannisés, pas plus que je n'ai pu supporter sans m'élever contre elles les déclamations anti-religieuses ayant pour but d'arracher à l'âme les ailes de l'espérance.

Je n'ai jamais vu dans la pluralité des cultes que les différentes manières d'envisager les rayonnements sublimes de ce soleil unique qu'on nomme la Divinité. Elevé dans la religion du divin crucifié, je l'ai aimée parce qu'elle était belle et lui suis resté fidèle.

J'ai trouvé tout résolu dans les préceptes évangéliques le grand problème de l'égalité humaine. S'il n'eût pas été là, je l'eusse découvert dans le néant absolu de la vie. Je suis resté républicain, non pour ce que vaut la République, mais pour ce qu'elle aurait pu valoir, sans les faux apôtres qui l'ont, en tous temps et en tous pays, envahie, dépouillée et rongée jusqu'aux os.

J'ai toujours considéré comme le pire des despotismes celui qui, dans une licencieuse indépendance, attache les peuples à des libertés éphémères sans profit pour leur avenir. J'ai souvent jeté à la face des vaniteux hypocrites, qui sourient à la République qui leur donne un os à ronger et qui lui tirent la langue dès qu'elle leur a tourné le dos, ces vers du poète :

> Nous avons aboli notre ancienne noblesse,
> Nous avons tout changé jusqu'à notre drapeau,
> Pour qu'un sot parvenu que l'égalité blesse,
> Passe sans ôter son chapeau.

Tel etait le langage que tenait de son vivant celui qui avait dû se résoudre à mourir, sans voir se réaliser, sous une ère républicaine, ses rêves de moralisation salutaire et de progrès réel.

Le cortège funèbre venait d'entrer dans l'église. Seul un groupe de libres-penseurs s'en détacha pour attendre au milieu de la rue la fin de la cérémonie. Ces hommes fuyaient Dieu comme si c'eût été le diable !

— Pourquoi n'entrez-vous pas dans l'église ? leur demanda un ami du défunt, républicain convaincu. — « C'est, répondit l'un d'eux au nom de tous les autres, que nous pensons librement ne pas devoir chercher Dieu où vous pensez qu'il attend le trépassé pour le bénir, puisque dans notre pensée il n'existe peut-être ni là ni ailleurs. »

— Peut-être ! voilà le grand mot lâché, s'exclama le démocrate déiste, et ce mot, qui exprime si bien le doute dont votre esprit est tourmenté, vous osez le prononcer comme une négation absolue du ciel que vous voyez le soir resplendissant d'étoiles, de l'inexplicable phénomène qui vous oblige à vous dire : j'existe, des mille voix de la nature portant jusqu'à votre oreille leurs murmures confus ; peut-être avez-vous dit, arrêtez votre âme sur ce mot, il dissipera dans le vide affreux de votre néant le délire de votre esprit, les vertiges de votre conscience, en leur laissant entrevoir Dieu au-delà de la vie.

Ce peut-être, barrière infranchissable contre laquelle sont venues se buter, avec toutes les fanfaronnades des sceptiques à courte vue, toutes les argumentations audacieuses des esprits forts, vous sauvera de l'invasion pernicieuse de l'athéisme comme l'arche sainte sauva jadis l'humanité du déluge universel.

A cette partie du discours de l'ami du républicain selon Dieu, un sourire sarcastique se dessina sur la physionomie railleuse de celui qui avait répondu pour les autres et pour lui :

— « Vous prêchez admirablement, mon cher, dit-il à son

interlocuteur, mais vous prêchez dans le désert des irréconciliables qui n'a d'autre écho pour tous que la libre-pensée de chacun ; quant au peut-être, il n'est pour nous qu'une façon d'adoucir l'expression brutale d'une opinion qui blesse celle de l'immense majorité des pauvres esprits qui, comme vous, acceptent la divinité de quelque part qu'elle arrive. Croyez-moi, si Dieu n'a pas cru devoir nous convaincre lui-même de son existence, vous seriez mal venu à vouloir prendre, pour obtenir ce résultat, une peine qu'il n'a pas voulu se donner.

Ce fut tout : le convoi funèbre sortit de l'église dont les libres-penseurs avaient refusé de franchir le seuil et le cortège s'achemina vers le cimetière.

Au moment où le corps était déposé dans la fosse, l'âme du républicain selon l'Evangile heurta à la porte du Paradis, saint Pierre la lui ouvrit à deux battants, examina la nouvelle venue à l'aide d'un rayon de soleil et, après lui avoir posé deux ailes, lui dit d'une voix solennelle : « Dieu vous a bénie, passez ! »

L'âme voleta longtemps dans l'azur semé de milliers d'étincelles multicolores et de rayonnements empourprés.

Que cherchait-elle ? — Elle cherchait, pour en faire sa compagnie là-haut, les âmes des bons républicains vierges de sang versé. Elle finit par rassembler celles des rares apôtres du républicanisme qui avaient toujours été dévoués au bien public et dans la poche desquels on n'avait pas trouvé de quoi solder les frais de leur enterrement.

Victor Levère.

L'OPINION GÉNÉRALE

L'expérience a suffisamment démontré aux plus incrédules que l'opinion de quelques-uns devrait, en certains cas, prévaloir sur celle du plus grand nombre.

L'opinion générale se prononce sur des faits accomplis, des projets réalisés, des œuvres conçues dans le domaine de la politique et des arts.

Pourvoyeuse infatigable de ce colosse affamé de créations nouvelles qui a nom l'esprit public, on la voit se développer à son contact, s'inspirer de ses sentiments, vivre de sa pensée et recueillir ses moindres paroles pour les jeter à tous les échos.

Auxiliaire de la gloire aussi bien que de l'infamie, elle se forme un corps et une âme avec les divers éléments qui font de notre société moderne la plus hideuse comme la plus sublime des créations.

Les mains armées des verges de Némésis, elle fustige les vices dont elle se sent elle-même affligée, prodigue des encouragements à des semblants de vertu, à défaut de vertus réelles, cède d'abord à toutes les impulsions, sauf à revenir sur ses pas, et n'a de valeur positive que lorsqu'elle a été consacrée par le temps.

Si le parti-pris et la vanité n'avaient réduit l'opinion générale au rôle de courtisane, en lui présentant, trop souvent, le mensonge sous le masque de la vérité, on eût pu la considérer comme une équitable dispensatrice des bonnes et des mauvaises réputations.

Mais, telle qu'elle est, ou plutôt telle qu'on l'a faite, on ne doit voir en elle qu'une médaille à deux faces, dont l'une constitue un très fâcheux revers.

Abordons-en d'abord le bon côté :

A qui devons-nous les saines traditions morales du passé, aussi peu respectées qu'elles sont respectables ?

A l'opinion générale.

A qui devons-nous le sublime héritage des chefs-d'œuvre littéraires des poètes et des écrivains de tous les temps et de tous les pays ?

A l'opinion générale.

A qui devons-nous, pour en avoir signalé l'obligation sacrée, la conservation, à travers les siècles jusqu'à nos jours, des plus beaux monuments de l'antiquité, modèles impérissables où nos artistes modernes, sculpteurs, peintres, architectes, puisent leurs plus belles inspirations ?

A l'opinion générale.

Qui a pressenti le besoin que nous aurions, pour nous aider à vivre, de tout ce que le passé a créé dans l'intérêt des arts, du commerce et de l'industrie ?

L'opinion générale.

Nous n'en finirons pas, si nous entreprenions l'énumération des bienfaits sociaux dus à l'opinion générale ; mais ce serait une tâche autrement difficile que de prétendre compter les erreurs résultant de ses égarements.

Citons-en quelques-unes.

A qui devons-nous le *sinistre travers* qui nous porte à considérer comme glorieuse, en dépit de ses désastreuses conséquences, une campagne sanglante qui laisse sur des champs de carnage tant de milliers de soldats ?

A l'opinion générale.

Qui nous pousse, cherchant dans un bien assuré un mieux douteux, à tous les excès révolutionnaires ?

L'opinion générale.

Qui mesure, tout en ayant l'air de s'en défendre, la considération à la fortune ?

L'opinion générale.

A qui devons-nous la loi monstrueuse qui, en ordonnant l'application de la peine de mort, décrète la guillotine d'utilité publique, greffant ainsi sur un meurtre un assassinat social ?...

A l'opinion générale.

Qui, faisant du progrès une interprétation odieusement fantaisiste, nous éloigne de la pensée consolante de Dieu, pour égarer notre esprit à travers les ronces du scepticisme, où nous laissons chaque jour un lambeau de notre quiétude morale ?...

Hélas ! toujours l'opinion générale.

Qui brûle, enfin, ce qu'on appelle les vieux oripeaux du passé aux ardentes flammes des idées nouvelles ; qui applaudit, aux casinos, les chants obscènes, les gestes cyniquement indécents; qui pousse la jeunesse à l'oubli des plus nobles sentiments, en lui montrant les vices sous les aspects les plus riants ?

C'est encore, c'est toujours l'opinion générale.

Et savez-vous enfin ce qu'est l'opinion générale?

C'est l'imbécillité opposant, par le nombre, une résistance invincible au génie bienfaisant qui voudrait la diriger.

Nous devons à son aveuglement d'irréparables malheurs. Dieu sait ceux qu'elle nous prépare encore.

Il faudrait, pour la ramener dans le droit chemin, toute la force obstinée dont elle dispose pour aller constamment de travers.

Formez un bataillon sacré avec le contingent exclusif du génie, de l'esprit et de l'intelligence, lancez-le bravement contre la foule des sots, et vous le verrez bientôt revenir humilié et vaincu de cette lutte inégale.

Victor LEVÈRE.

STATUTS

DE

L'ATHÉNÉE DES TROUBADOURS

ATHÉNÉE DES TROUBADOURS

Autorisé par arrêté préfectoral du 29 janvier 1889

ORGANISATEUR

DE DEUX GRANDS CONCOURS ANNUELS INTERNATIONAUX

(Angleterre, Italie, Espagne, Belgique)

Le premier de Prose et de Poésie française,
le second de Poésie en langue d'oc

FONDÉ A TOULOUSE PAR UN GROUPE DE DIX TROUBADOURS OU TROUVÈRES

Sous la Direction de M. Victor LEVÈRE

Rédacteur en chef de l'*Echo des Trouvères*, journal fondé en 1866, ancien membre correspondant de l'Académie des Poètes, à Paris, lauréat de l'Académie des Jeux-Floraux

Avec le concours de M. Léon VALÉRY, maître ès-jeux floraux.

DISPOSITIONS RÉGLEMENTAIRES

ET PROGRAMME DES CONCOURS

ARTICLE PREMIER. — Dans le but de concourir à l'œuvre moralisatrice à laquelle se dévouent les gens de bien, l'*Athénée* s'est donné pour mission d'encourager de son mieux la culture de la poésie et des belles-lettres.

ART. 2. — L'*Athénée* fait appel à tous les littérateurs ; il se fera un devoir d'accueillir avec bienveillance les *poètes de talent* aussi bien que ceux dont les essais seraient susceptibles d'être modifiés ou corrigés, estimant qu'en matière de *poésie la moindre manifestation* doit être encouragée ; les hommes de mérite qu'il aura groupés autour de lui seront, à cet effet, offerts comme autant de modèles à suivre à l'intéressante pléiade des débutants.

L'*Athénée* donnera la plus grande publicité possible aux pièces qui lui paraîtront devoir être répandues ; il engage les jeunes à ne pas se laisser décourager par un premier insuccès qui, le plus souvent, stimule le zèle poétique et met en jeu les cordes de l'amour-propre.

Art. 3. — L'*Athénée* se compose des quatre groupes suivants :

1ᵉʳ *Groupe des Dix Trouvères ou Troubadours et de leurs 15 suppléants* ;

2ᵉ *Groupe des Troubadours sociétaires* en nombre illimité ;

3ᵉ *Groupe des Protecteurs et Amis des Lettres* ;

4ᵉ *Groupe des Cinq mis hors Concours.*

Art. 4. — Le titre de *Membre des Dix*, nombre qui ne pourra être dépassé, sera accordé aux concourants qui s'en seront rendus dignes par leur talent littéraire ; les poètes méritants qui ne pourraient y trouver place attendront, dans le deuxième groupe, que des vacances se soient produites parmi les *Dix*.

Art. 5. — Pour être admis à faire partie du deuxième groupe des Troubadours, il suffira d'adresser au directeur de l'*Athénée* une pièce (prose ou poésie), qu'il soumettra à l'examen du Comité du groupe des *Dix*, lequel statuera sur l'admission ou le rejet du candidat.

Art. 6. — Dans le troisième *groupe des Protecteurs et Amis des Lettres* seront admises de droit toutes les personnes qui auront encouragé l'Œuvre, *soit par des dons effectifs, soit par une propagande justifiée.*

Art. 7. — Après l'obtention de trois premiers prix, les concourants sont mis hors concours et passent dans le quatrième groupe des *Cinq*.

Art. 8. — L'*Athénée* sera représenté, autant que possible, en France et à l'étranger, par des poètes qui prendront le titre de *Troubadours Correspondants*. Ils recevront, à cet effet, un diplôme spécial.

Art. 9. — *Deux grands Concours de poésie* seront ouverts chaque année : l'un, pour le français, du *premier décembre au dix mars suivant* ; l'autre, pour le patois ou langue d'oc, du *quinze avril au quinze juillet suivant*. Les résultats de ces concours seront publiés à bref délai.

Art. 10. — L'*Athénée* laisse libres toutes les inspirations en prose ou en vers ; il admet tous les sujets, *sans distinction de genre*, à l'exception toutefois de ceux qui, dans l'intérêt d'une coterie quelconque, auraient trait à la politique ou à la religion. L'*Athénée* admet les pièces couronnées dans d'autres concours, estimant que l'auteur d'une poésie a le droit d'exiger d'elle tout ce qu'elle peut lui procurer de satisfaction en échange de la peine qu'il s'est donnée pour la composer, et que ce serait rabaisser le Pégase olympien que de ne pas lui accorder un privilège égal à celui dont jouissent nos terrestres coursiers, qui ont le droit de se présenter à tous les concours hippiques et d'y remporter autant de prix que leur agilité leur permet d'en obtenir.

Art. 11. — Nulle limite n'est imposée aux auteurs pour le développement de leurs sujets. Chaque composition sera classée, après examen, selon la valeur qui lui aura été attribuée par le *Comité des Dix*.

Art. 12. — Les prix consisteront en *médailles d'or, d'argent et de bronze*, auxquelles s'ajouteront des *diplômes de divers degrés*, ainsi que les *Prix* qui auront été fondés par des amis de la poésie.

Indépendamment de ces récompenses, diverses mentions, appuyées d'une attestation en forme de diplôme, pourront être décernées aux concourants ; de plus, certaines compositions jouiront du bénéfice de l'insertion dans le journal l'*Echo des Trouvères*, organe de l'*Athénée des Troubadours*.

Art. 13. — Une magnifique couronne de vermeil est offerte par une personne qui se voile modestement sous le pseudonyme d'*Evelina*, muse de la Loire, au poète qui, sur un sujet de son choix, aura produit la meilleure élégie.

Art. 14. — Une médaille d'argent, offerte par un anonyme, sera décernée à l'auteur de la meilleure composition en vers ou en prose, n'excédant pas 70 lignes sur ce sujet : *Sanglots et éclats-de-rire*. La volonté du donateur est que ce prix soit surtout décerné au concourant qui aura su donner le plus de relief à l'antithèse, c'est-à-dire dont la pièce paraîtra la plus susceptible de provoquer l'hilarité après les larmes.

Art. 15. — Le porte-plume et porte-crayon à calendrier perpétuel, en argent massif, offert comme prix par *M. Etienne Peyre, orfèvre à Milhau (Aveyron)*, sera décerné chaque année à l'auteur de la meilleure poésie sur un sujet imposé.

Art. 16. — Des soirées littéraires, où seront lus les ouvrages des lauréats, seront organisées par les soins du *groupe des Dix et de leurs suppléants*.

Art. 17. — **Conditions des deux Concours.** — Adresser, *du 1er décembre au 1er mars suivant, les pièces lisiblement écrites sur le recto de chaque page, et accompagnées de la signature et de l'adresse de l'envoyeur*, à M. le directeur de l'*Athénée des Troubadours*, à Toulouse.

Art. 18. — Chaque manuscrit comporte l'envoi de *un franc* pour droit de concours.

Ce versement est justifié, dépassé même, par les frais de correspondance et le service gratuit à chaque concourant de l'*Echo des Trouvères*, journal organe de l'Athénée des Troubadours, durant toute la période des grands concours, c'est-à-dire pendant plus de trois mois.

Art. 19. — Les manuscrits ne seront pas rendus ; toutefois, on exceptera de cette mesure les ouvrages *de longue haleine* qui auraient été remis sous condition de renvoi aux frais de leurs auteurs ; il est expressément recommandé de joindre un timbre d'affranchissement aux lettres comportant une réponse. Toutefois, si cette formalité était négligée, l'Athénée ne se croirait pas moins obligé envers son correspondant.

Art. 20. — Sous ce titre : *Trouvères et Troubadours,* pourraient être publiées en un volume collectif, imprimé sur papier de luxe, les pièces couronnées ou mentionnées dans le concours ; ce projet sera chaque année l'objet d'une demande aux intéressés, qui décideront de sa réalisation ou de son ajournement.

Art. 21. — **Cotisations**. — Le groupe des *Dix* s'impose une cotisation annuelle de 20 francs ; celle des dix suppléants est facultative.

Celle du *groupe des Titulaires* reste fixée à 12 francs.

La cotisation du *groupe des Protecteurs et Amis des lettres,* est, comme celle des *suppléants,* facultative.

Le groupe des *Cinq* n'est obligé à aucun versement.

Art. 22. — Chaque adhérent à l'*Athénée des Troubadours* recevra sans retard le *diplôme* se rattachant au titre qui lui aura été attribué.

Art. 23. — Afin de donner de l'émulation aux jeunes, l'*Echo des Trouvères,* organe de l'*Athénée des Troubadours,* ouvrira des concours trimestriels à partir du 1er janvier 1889, soit dans la première quinzaine de chaque trimestre.

Les manuscrits destinés à ces concours devront être accompagnés d'un droit de 1 fr.

Des médailles d'argent et de bronze, ainsi que de petits diplômes ou certificats, seront délivrés aux lauréats : un abonnement à l'*Echo des Trouvères* dispensera les concourants de toute cotisation.

Art. 24. — L'*Athénée* délivrera des diplômes d'honneur à tous les journalistes qui lui auront consacré un ou plusieurs articles spéciaux dans le but de propager et d'encourager son action décentralisatrice.

Art. 25. — L'*Athénée des Troubadours* s'interdit formellement le droit de solliciter des adhérents avant la distribution des récompenses, de même qu'il s'engage à accueillir fraternellement les poètes malheureux, à les dispenser de toutes cotisations et droits de concours et à leur venir en aide, soit directement soit indirectement, en cas d'indigence justifiée.

Art. 26. — L'*Athénée des Troubadours* n'accepte de ses protecteurs que des dons en nature ou en espèces ayant une destination bien définie d'encouragement aux divers genres de poésie *française* ou *en langue d'oc*.

Art. 27. — **Séances.** Les séances du comité d'examen chargé de statuer sur la valeur des diverses pièces des concours auront lieu dans le salon de rédaction, actuellement situé au deuxième étage de l'hôtel Pujol, rue Bayard, 70.

Le comité ne pourra fonctionner s'il n'est composé de cinq membres présents et il ne pourra excéder le nombre de dix.

Art. 28. — Des membres suppléants seront appelés, si besoin est, à remplacer ceux du groupe des Dix qui, en raison de leur éloignement de Toulouse, ou pour toute autre cause, ne pourraient se rendre aux réunions du comité d'examen.

Art. 29. — En dehors des réunions extraordinaires qui pourraient être ultérieurement organisées à l'occasion de la distribution publique des prix à décerner aux lauréats, tout ce qui aura trait aux intérêts littéraires de l'*Athénée des Troubadours* sera réglé dans le cours des séances ordinaires du groupe des Dix qui auront lieu tous les mois.

Art. 30. — En cas d'absence accidentelle de membres suppléants, des membres du deuxième groupe résidant à Toulouse pourraient être appelés à siéger à leur place.

Art. 31. — Tout cérémonial sera banni des réunions exclusivement littéraires de l'Athénée qui devront prendre un caractère de confraternelle intimité et ne jamais s'égarer hors du domaine de cet esprit de bon aloi qui sait, en ménageant toutes les susceptibilités, se créer de nombreuses sympathies.

Art. 32. — Considerant que les insignes affectant la forme de décorations officielles sont de nature à laisser entrevoir un but d'exploitation préméditée de la crédulité naïve de quelques-uns et de la ridicule vanité du plus grand nombre; considérant surtout le côté grotesque de toute exhibition de croix et de rubans n'ayant qu'un caractère purement fantaisiste, l'Athénée des Troubabours, au nom du respect que lui inspire la poésie, ne décernera à ses lauréats que des médailles sans bélière et sans rubans.

S'il est ultérieurement délivré à chaque membre un signe distinctif, il sera constitué par une simple médaille en métal blanc, sur laquelle seront gravés le nom et les prénoms du titulaire.

Art. 33. — Les mineurs ne pourront faire partie de l'Association qu'avec l'autorisation de leurs parents ou tuteurs.

Art. 34. — Les jeux d'argent et de hasard sont formellement interdits.

Art. 35. — La composition du comité d'examen ou bureau reste fixée, comme il est dit à l'article 27 des présents statuts, les fonctions de ses membres seront d'une durée illimitée.

Art. 36. — En cas de dissolution, l'actif social sera partagé entre tous les membres.

Art. 37. — Toute modification aux présents statuts sera soumise à l'approbation de l'autorité compétente.

Le Directeur-Fondateur de l'Athénée des Troubadours,
Victor Levère.

Tableau Nominatif

Des Poètes composant les quatre Groupes de

L'Athénée des Troubadours

TABLEAU NOMINATIF
des Poètes composant les quatre groupes de
L'ATHÉNÉE DES TROUBADOURS
Société littéraire
autorisée à Toulouse par arrêté préfectoral du 29 janvier 1889
(trente-huit départements représentés).

Victor LEVÈRE, rédacteur en chef de l'*Echo des Trouvères*, fondateur président.

Léon VALÉRY, maître ès Jeux-Floraux, président du Comité d'examen.

Alexis BLANCHARD, *doyen d'âge*, publiciste, ancien directeur des Jeux Poétiques, vice-président du Comité d'examen.

I⁽ᵉʳ⁾ GROUPE DES DIX TROUBADOURS

Mmes Adèle CHALENDARD (Loire).

Louise LECOINTRE (Luigi SPES) (Basses-Pyrénées).

Veuve THÉRY (Seine).

MM. Samuel NOUALY (Drôme).

Albert BUREAU (Gironde).

Etienne PEYRE (Aveyron).

Léon BERTRAND (Hérault).

Georges BOURET (Paris).

Robert POIRIER de NARÇAY (Eure).

Edmond SIVIEUDE (Allier).

M. GRATEROLLE, publiciste (Gironde).

I⁽ᵉʳ⁾ GROPE DES DIX TROUBADOURS SUPPLÉANTS, RÉSIDANT A TOULOUSE, CONSTITUANT LE COMITÉ D'EXAMEN

MM. Victor LEVÈRE, directeur fondateur, président de l'Athénée des Troubadours.

Léon VALÉRY, maître ès Jeux-Floraux, président du Comité d'examen.

Alexis BLANCHARD, vice-président du Comité d'examen.

Léon HILAIRE, publiciste, Toulouse.

PLA Jacques, inspecteur de l'Université en retraite, pour Mme veuve THÉRY.

Mlle Mathilde CONTE, pour Mme Adèle CHALENDARD.

MM. A. RIVET, professeur de l'Université, ancien professeur de déclamation au Conservatoire, pour M. Georges BOURET.

Francette LITTRY, publiciste.

DELPLA, professeur de littérature latine et grecque, pour M. Edmond SIVIEUDE.

LAFOURCADE Auguste, directeur de l'Ecole primaire supérieure, pour M. Albert BUREAU.

Louis-Ariste PASSERIEU, avocat, directeur de la *Causerie Judiciaire,* pour Luigi SPES.

HIRSCHLER Raoul, ministre officiant du culte israélite, pour M. Robert POIRIER de NARÇAY.

RAFAELLO Giovanni, professeur et fondateur du cours municipal de langue italienne, traducteur juré, pour M. Samuel NOUALY.

ROUCAYROL Louis, félibre provençal, professeur d'anglais, pour M. Léon BERTRAND.

BONNEAU Gabriel, publiciste, pour M. Etienne PEYRE

Joseph DUPUY, directeur du *Midi artistique,* secrétaire régisseur.

Alphonse SIBRA, secrétaire particulier de M. Levère (Haute-Garonne).

2e GROUPE

Mmes Joséphine REGNIER (Loiret).

Marie LARGETEAU (Gironde).

Maria VERGÉ (Ariège).

L. CONTENET de SAPINCOURT (Haute-Saône).

H. LACOSTE (Gironde).

Sabine MANCEL (Loir-et-Cher).

MM. De MEUNYNCK (Nord).

Casimir MORENAS (Vaucluse).

EPIN-JOHN (Vienne).

Walter GOFFIN, Troubadour correspondant (Belgique).

Lucien BRUN (Allier).

Aristide ESTIENNE (Aube).

Armand DOT, Troubadour secrétaire (Toulouse).

MM. Joseph DAVID, Troubadour correspondant (Hérault).
Arsène PENOT, Troubadour correspondant (Charente-Inf.).
Louis MESTRE (Hérault).
Fernand BALDENWECK (Paris).
Louis DURAND (Toulouse).
Maurice PELLOUTIER (Loire).
Louis MESURE, homme de lettres à Paris.
François ESCAICH, félibre (Ariège).
E. LAMOURÈRE (Haute-Garonne).
Gérard RAYNAUD, félibre (Dordogne).
Justin CUQ, félibre toulousain.
Marcel JOUFFRAU, laboureur, félibre (Lot).
Jacques CAZAUX, félibre (Haute-Garonne).
Antonin MAFFRE, félibre biterrois (Hérault).
Bernard BRESSOLLES, de Toulouse.
Elisée BRUNEL (Vaucluse).
P.-P. PALUT (Dordogne)
Arnaud PHILÉMON (Var).
J.-H. CARRIÉ (Dordogne).
Paul TARANDON (Loire).
J.-B. ROUQUET (Lot).
F. GIRERD (Charente).
Jules MOUSSE (Marne).
Gabriel SEGUY (Corrèze).
Théophile-Victor LEJEUNE (Nord).
Paul KERLOR (Ille-et-Vilaine).
Jean BOUVIÉ, géomètre (Gers).
Théodore ADELINE, homme de lettres (Paris).
Jacques de LUCE, publiciste (Puy-de-Dôme).
Victor VOGEL, publiciste (Aube).
Pierre DESCAMPS, publiciste (Pas-de-Calais).
Laurentin FORGUES, publiciste (Gers).
J. BRIEU, publiciste (Tarn).
Louis BOIVIN, publiciste (Côtes-du-Nord).

3ᵉ GROUPE D'HONNEUR : MEMBRES PROTECTEURS ET AMIS DES LETTRES

Mmes veuve Henriette ANCELIN (Vienne).
   veuve Cléontine FITTE (Lot-et-Garonne).
MM. OLLIVIER (de la Tour d'Aïgues), public. à Aix (B.-du-R.)
   Emile BARRIÉ, docteur en médecine (Toulouse).
   L'abbé de TAMISIER (Bouches-du-Rhône).
   L'abbé LABAIG-LANGLADE (Basses-Pyrénées).
   L'abbé Paul BLANC (Tarn).
   L'abbé RAUZY (Ariège).
   L'abbé MARTIAL de SÉRÉ (Ariège).
   L'abbé J. CABIBEL (Ariège).
   Louis MARTEL (Rhône).
   Edmond MAGUIER (Charente-Inférieure).
   Edouard de LARCOURT (Nièvre).
   CARCENAC de BOURRAN (Tarn).
   Firmin BOISSIN, rédr en chef du *Messager de Toulouse*.
   Xavier de PLANET,   —   des *Nouvelles*.
   Victor THIÉRY, publiciste, officier de la Légion d'honn.
   Louis BRAUD, rédacteur de *la Dépêche*, Toulouse.
   Maurice LAVILLE, — de *la Souveraineté*, Toulouse.
   Elie MONTAGNÉ, rédacteur du *Petit Républicain*, Toulouse.
   Genty MAGRE, ex-rédact. du *Progrès libéral*, Toulouse.
   Firmin ESTELLÉ   —   de *la Marseillaise*, Toulouse.
   Jean COUDERC   —   de *la Marseillaise*, Toulouse.
   Xavier PEYRE, publiciste, ancien maire de Bédarieux.
   Jules MONTELS, publiciste, rédacteur en chef de *Tunis-Journal*.
   Georges D'OLNE, directeur de l'Académie littéraire et musicale de France.

4ᵉ GROUPE D'HONNEUR : MEMBRES HORS CONCOURS

MM. Victor LEVÈRE, président fondateur, rédacteur en chef de l'*Echo des Trouvères*, à Toulouse.

Léon VALÉRY, maître ès Jeux-Floraux, président du Comité d'examen des concours annuels français, à Toulouse.

Alexis BLANCHARD, *doyen d'âge*, publiciste, ancien directeur des Jeux poétiques, vice-président du comité d'examen.

Alfred de MARTONNE, homme de lettres, à Laval (Mayenne).

Louis LAFONT de SENTENAC, directeur du *Moniteur de l'Ariège*, président honoraire du Comité d'examen des concours patois.

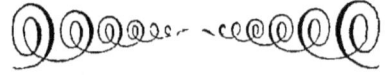

TROUVÈRES ET TROUBADOURS

TABLE PAR ORDRE DES MATIÈRES

I	Le Rideau est levé !.......	Isambart-le-Toqué	
II	L'Aigle et le Ver..........	Victor Levère...	XIV
III	Le Vautour et la Fauvette.	— —	... XIV
IV	Devant la Tombe.........	— —	... XV
V	Les Trois Merles	— —	... XXI
VI	Elégie à mon fils Emile...	— —	... XXII
VII	L'Adultère................	— —	... XXV
VIII	Béziers...................	— —	... XXVII
IX	Le Gueux.................	— —	... XXX
X	Rapport sur le 3me concours de poésie et de prose françaises de l'Athénée des Troubadours.	— —	... 1

PRÉFACE POÉTIQUE

XI	Le Troubadour, Richard de Barbezieux	Edmond Maguier....	53
XII	Le Troubadour............	Mme Vve Théry.....	57

TROUVÈRES ET TROUBADOURS

XIII	Le Lion	Georges Bouret.....	61
XIV	La Tour Eiffel	— —	63
XV	Fleur des Champs	— —	64
XVI	Frisson d'Hiver...........	Edmond Sivieude....	66
XVII	Salut au Drapeau.........	Albert Bureau	69
XVIII	Jeanne d'Arc	Louis Martel........	71
XIX	La Veillée des Morts......	Eug. de Tamisier....	75
XX	L'Inconsolée.............	L. Martel	77
XXI	A propos de Rien.........	A. de Meunynck.....	78
XXII	La Fleur du Souvenir.....	A. de Paleville.....	82
XXIII	La Mort du Chat.........	Albert Bureau	84
XXIV	Dans le Chemin de la Vie.	Jean Labaig-Langlade	86
XXV	Opulence et Misère.......	F. Bailan..........	88
XXVI	A Victor Hugo...........	Ad. Louis Lagarde...	92
XXVII	Victime du Divorce.......	Th. Adéline.........	93

XXVIII	Sonnet à N.-D. du Rosaire.	Paul BLANC	93
XXIX	Les Deux Incompris	E. PEYRE	94
XXX	Sur un Tableau	L. MARTEL	99
XXXI	La Pureté	Joseph DELPLA	101
XXXII	A la Cité de Foix	F. ESCAICH	102
XXXIII	Les Feuilles qui passent	Léon BERTRAND	102
XXXIV	L'Enfant	L. MESURE	104
XXXV	Pensée	— —	105
XXXVI	La Roseille	— —	106
XXXVII	A la Gascogne	Louis MARTINET	107
XXXVIII	Les Trois Anges	A. DE PALEVILLE	108
XXXIX	Nivôse	F. BAILAN	111
XL	La Fleur et Nous	Louis MESTRE	111
XLI	Poète et Printemps	Jules MOUSSE	112
XLII	Hommage à Pasteur	Fernand BALDENWECK	114
XLIII	Les Charmes de la Durolle	J.-H. CARRIÉ	115
XLIV	Repentir	Aristide ESTIENNE	117
XLV	En Défense	Walter GOFFIN	120
XLVI	Le Convoi du Pauvre	Victor LEVÈRE	122
XLVII	Sonnet	Paul BONNEFOY	124
XLVIII	La Chanson du Soldat	— —	125
XLIX	Une Jeune Fille	A. CHAMBARD	126
L	Voici l'Hiver, donnez	Victor LEVÈRE	131
LI	Le Curé des Horties	Joseph DAVID	134
LII	L'Orfévrerie	— —	143
LIII	Souvenir	— —	144
LIV	Souvenir patriotique	— —	145
LV	Agonie Lucide	Victor LEVÈRE	146
LVI	La Nuit et les Revenants	R.-Poirier DE NARÇAY	150
LVII	L'Été de la Saint-Martin	Edmond SIVIEUDE	153
LVIII	Les Petits Barbares et le Crapaud	Victor LEVÈRE	155
LIX	Juana	Adolphe FAGET	158
LX	La Guillotine	OLLIVIER DE LA T.-D'A.	160
LXI	L'Avocat	Victor LEVÈRE	164
LXII	Pages tristes	Samuel NOUALY	168
LXIII	Gibet et Pendu	Victor LEVÈRE	170
LXIV	La Mort	Joseph AYBRAM	172
LXV	La Voile discrète	Casimir MORENAS	175
LXVI	Un bon Parti	Victor LEVÈRE	176
LXVII	Souvenir	Lucien RILDÈS	178
LXVIII	Pensées folles	Gabriel SEGUY	179
LXIX	Le Bon Juge	Victor LEVÈRE	180
LXX	Mes Amertumes	Gabriel SEGUY	183
LXXI	La Peste de Marseille en 1720	Victor LEVÈRE	185
LXXII	A Lamartine	A. CHAMBARD	188
LXXIII	Paris qui s'en va	Georges BOURET	189
LXXIV	Le Club des Moutons	Victor LEVÈRE	193

TOURNOI DES DAMES

LXXV	Les Frimas............	Mmes A. Chalendard.	201
LXXVI	Le Repentir du Forçat.	— — —	203
LXXVII	La Canne de mon Grand-Père	— C Fitte	206
LXXVIII	La Fleur et l'Oiseau, la Femme et l'Enfant...	— Veuve Théry...	210
LXXIX	L'Absent.............	— Luigi Spès.....	211
LXXX	Irène	— Marie Largeteau	212
LXXXI	Souhaits	— Joséph. Régnier	216
LXXXII	A une Feuille de Rose.	— — —	217
LXXXIII	Barcarolle	— — —	217
LXXXIV	Son Nom.............	— — —	218
LXXXV	L'Etoile	Mlle Maria Vergé...	219
LXXXVI	A l'Hirondelle.........	— — —	220
LXXXVII	Elégie	Mmes C. de Sapincourt	221
LXXXVIII	Sonnet..............	— — —	222
LXXXIX	La Conquête du Gladiateur	— J.-E. D. Lemoine	223

PENSÉES

XC	Les Femmes..........	Victor Levère.......	229
XCI	Les Hommes.........	— —	230
XCII	Amour.............	— —	233
XCIII	Esprit..............	— —	236
XCIV	Morale	— —	239
XCV	La Vie	— —	247
XCVI	De la Mort.........	— —	248
XCVII	Conduite	— —	249
XCVIII	Politique...........	— —	255
XCIX	Boutades...........	— —	257

C	Les Tourments de Baptiste...............	Victor Levère.......	265
CI	Les Deux Agréés.....	— —	278

L'ESPRIT D'ISAMBART-LE-TOQUÉ

CII	Les Avocats	Isambart-le-Toqué...	293
CIII	Les Plaideurs	— —	298

FANTAISIES

CIV	Avis aux Jeunes Filles.	Isambart-le-Toqué...	300
CV	Conseils au Diable.....	— —	301
CVI	Il est un Dieu pour les Ivrognes	— —	302
CVII	Devant une Ménagerie.	— —	303

ÉPIGRAMMES

CVIII	Au *Touche-à-Tout*........	Isambart-le-Toqué...	305
CIX	Votre Colère nous fait un drôle d'effet.........	— —	... 305
CX	Au *Stylet*...............	— —	... 305
CXI	A propos de mon ami Bertrand............	— —	... 305

MADRIGAUX COMIQUES

CXII	Madrigal d'un Charcutier................	Isambart-le-Toqué...	306
CXIII	Madrigal d'un Cordonnier................	— —	... 307
CXIV	Madrigal d'un Charpentier................	— —	... 307
CXV	Madrigal d'un Chapelier	— —	... 307
CXVI	Madrigal d'un Plâtrier à à une vieille cocotte..	— —	... 308
CXVII	Madrigal d'un Pâtissier	— —	... 308
CXVIII	Madrigal d'un Vidangeur...............	— —	... 309
CXIX	Madrigal d'un Maître-d'armes	— —	... 310
CXX	Madrigal d'un Coiffeur à ses clients........	— —	... 310
CXXI	Vœux d'un Serrurier à sa cliente...........	— —	... 311
CXXII	Madrigal d'un Entrepreneur-maçon à une demoiselle de qualité...	— —	... 311
CXXIII	Madrigal d'un Usurier.	— —	... 312

ÉPITAPHES

CXXIV	Le Ferrailleur.........	Isambart-le-Toqué...	313
CXXV	Au Carnaval..........	— —	... 313
CXXVI	L'Homme paresseux...	— —	... 313
CXXVII	L'Homme improbe	— —	... 313
CXXVIII	Le Philosophe.........	— —	... 314
CXXIX	Le Faux-Dévot.........	— —	... 314
CXXX	A mon ami Alexis Blanchard	— —	... 315
CXXXI	Le Vagabond philosophe	— —	... 315
CXXXII	L'Assassin	— —	... 315
CXXXIII	L'Irascible	— —	... 316
CXXXIV	A un Commis-Voyageur	— —	... 316

PILULES PHILOSOPHIQUES

CXXXV	Patience et longueur de temps	Isambart-le-Toqué		316
CXXXVI	Recette contre le Duel.	—	—	317
CXXXVII	La Belle-Mère	—	—	318
CXXXVIII	Les Déboires	—	—	318
CXXXIX	Des Maux le moindre	—	—	319
CXL	Le Pour et le Contre	—	—	319
CXLI	Contre la Haine	—	—	319
CXLII	Trop de Rigueur	—	—	319
CXLIII	Secret à Trois	—	—	320
CXLIV	Abus de Travail	—	—	320
CXLV	Repentir tardif	—	—	320
CXLVI	Prudence	—	—	320
CXLVII	L'Ere des bons payeurs	—	—	320
CXLVIII	Infidélité	—	—	321

PENSÉES CHARIVARIQUES

CXLIX	Le Tailleur	Isambart-le-Toqué		322
CL	Le Cordonnier	—	—	322
CLI	Le Charpentier	—	—	323
CLII	Le Charcutier Philosophe	—	—	323
CLIII	L'Usurier	—	—	323
CLIV	Le Chapelier	—	—	324
CLV	Le Chapeau haute-forme	—	—	324
CLVI	Le Coiffeur	—	—	325
CLVII	Le Maçon	—	—	327
CLVIII	Le Plâtrier	—	—	329
CLIX	Le Soldat	—	—	330
CLX	L'Avare	—	—	330
CLXI	L'Ivrogne	—	—	331
CLXII	La Cocotte	—	—	331
CLXIII	Le Voleur	—	—	332
CLXIV	Le Médecin	—	—	333

ECHOS DE MA CONSCIENCE

CLXV	La Morale publique	Victor Levère		337
CLXVI	La Peine de Mort	—	—	340
CLXVII	Ni Religion, ni Dieu	—	—	348
CLXVIII	Les Maris complaisants	—	—	354
CLXIX	La Carte forcée	—	—	357
CLXX	De la Franchise	—	—	359
CLXXI	Les Gens comme il faut	—	—	361
CLXXII	Moi et Lui, Lui et Moi	—	—	364
CLXXIII	Pas d'Ennemis	—	—	367
CLXXIV	La France et l'Allemagne	—	—	371

CLXXV	Les Feuilles de Choux..	Victor Levère		377
CLXXVI	Demain...............	—	-	379
CLXXVII	Ce que l'on voit trop et ce qu'on ne voit pas assez dans la vie.....	—	—	381
CLXXVIII	Parler pour ne rien dire	—	—	385
CLXXIX	Grimaces et Grimaciers	—	—	389
CLXXX	Peut-être.............	—	—	392
CLXXXI	L'Opinion générale	—	—	396

CLXXXII	Statuts de l'Athénée des Troubadours.........	Victor Levère		401
CLXXXIII	Tableau nominatif des Membres de l'Athénée	—	—	409

LISTE ALPHABÉTIQUE DES AUTEURS

ET INDICATIONS DE LEURS PIÈCES

M. Adeline (Théodore).
Victime du Divorce........ 93
M. Aybram (Joseph).
La Mort.................. 172
M. Bailan (F.).
Opulence et Misère........ 88
Nivôse 111
M. Baldenweck (Fernand).
Hommage à Pasteur....... 114
M. Bertrand (Léon).
Les Feuilles qui passent,... 102
M. Blanc (l'Abbé Paul).
Sonnet à N.-D. du Rosaire. 93
M. Bonnefoy (Paul)
Sonnet.................... 124
La Chanson du Soldat..... 125
M. Bouret (Georges).
Le Lion................... 61
La Tour Eiffel............ 63
Fleurs des Champs........ 64
Frisson d'hiver........... 66
M. Bureau (Albert).
Salut au Drapeau......... 69
Mme Chalendard (Adèle).
Les Frimas................ 201
Le Repentir du Forçat..... 203
M. Carrié (J.-H.).
Les Charmes de la Durolle. 115
M. Chambard (A.).
Une Jeune Fille........... 126
A Lamartine.............. 188
Mme Contenet de Sapincourt
Elégie.................... 221
Sonnet 222

M. David (Joseph).
Le Curé des Horties....... 134
L'Orfèvrerie.............. 143
Souvenir 144
Souvenir Patriotique...... 145
M. Delpla (Joseph).
La Pureté................. 101
Mme Desessard-Lemoine (Eug.).
La Conquête du Gladiateur, 223
M. Escaich (François).
A la Cité de Foix......... 102
M. Estienne (Aristide).
Repentir.................. 117
M. Faget (Adolphe).
Juana 158
Mme Fitte (Cléontine).
La Canne de mon Grand'Père 206
M. Goffin (Walter).
En défense 120
M. Isambart-le-Toqué.
Le Rideau est levé........ I
L'esprit d'Isambart-le-Toqué 291
Les Avocats............... 293
Les Plaideurs 298
Fantaisies................ 300
Epigrammes................ 305
Madrigaux comiques....... 306
Epitaphes 313
Pilules philosophiques 316
Pensées charivariques..... 322
M. Labaig-Langlade (l'abbé Jean)
Dans le Chemin de la vie.. 86
M. Lagarde (Adolphe-Louis).
A Victor Hugo 92

Mlle Largeteau (Marie).

Irène 212

M. Levère (Victor).

L'Aigle et le Ver XIV
Le Vautour et la Fauvette XIV
Devant la Tombe XV
Les Trois Merles XXI
Elégie dédiée à mon fils Emile XXII
L'Adultère XXV
Béziers XXVII
Le Gueux XXX
Rapport sur le 3me concours annuel de poésie et de prose françaises de l'Athénée des Troubadours 1
Le Convoi du Pauvre 122
Voici l'Hiver, donnez 131
Agonie lucide 146
Les petits Barbares et le Crapaud 155
L'Avocat 164
Gibet et Pendu 170
Un bon parti 176
Le bon Juge 180
La Peste de Marseille en 1720 185
Le Club des Moutons 193
Pensées 227
Les Tourments de Baptiste. 263
Les Deux Agréés 278
Echos de ma Conscience ... 335

Mme Luigi-Spès.

L'Absent 211

M. Maguier (Edmond).

Richard-de-Barbezieux 53

M. Martel (Louis).

Jeanne d'Arc 71
L'Inconsolée 77
Sur un Tableau 99

M. Martinet (Louis).

A la Gascogne 107

M. Mestre (Louis).

La Fleur et Nous 111

M. Mesure (Louis).

L'Enfant 104
Pensée 105
La Roseille 106

M. Meunynck (Auguste de).

A propos de Rien 78

M. Morenas (Casimir).

La Voile discrète 175

M. Mousse (Jules).

Poète et Printemps 112

M. Noualy (Samuel).

Pages Tristes 168

M. Ollivier (de la Tour d'Aigues).

La Guillotine 160

M. Paleville (A. de).

La Fleur du Souvenir 82
Les Trois Anges 108

M. Peyre (Etienne).

Les Deux Incompris 94

M. Poirier de Narçay (Robert).

La Nuit et les Revenants ... 150

Mme Regnier (Joséphine).

Souhaits 216
A une Feuille de Rose 217
Barcarolle 217
Son Nom 218

M. Rildès (Lucien).

Souvenir 178

M. Seguy (Gabriel).

Pensées Folles 179
Mes Amertumes 183

M. Sivieude (Edmond).

Frisson d'Hiver 66
L'Eté de la Saint-Martin ... 153

M. Tamisier (l'Abbé de).

La Veillée des Morts 75

Mme Théry (Vve).

Le Troubadour 57
La Fleur et l'Oiseau, la Femme et l'Enfant 210

Mlle Vergé (Maria).

L'Etoile 219
A l'Hirondelle 220

TOULOUSE, IMPRIMERIE VIALELLE ET Ce, RUE TRIPIÈRE, 9.

SUITE DES OUVRAGES DE M. LEVÈRE

LE GAI TROUBADOUR
PROSE ET VERS

Fantaisistes, drôlatiques, contenant, en fables et fabulettes, tous les proverbes travestis, épitaphes, épigrammes, pilules philosophiques, énigmes, etc., etc.

SUIVIS

De revues comiques des tribunaux, de souvenirs de la vie militaire, de diverses silhouettes et de bon nombre de petits sujets amusants.
1 fort volume in-18, 579 pages de texte.
L'édition de cet ouvrage, édité par Garnier frères, à Paris, et par Marqueste, Mouran et Cie, à Toulouse, étant épuisée, ce volume, coté 5 francs en librairie, ne peut être vendu à prix réduit.

ROMANS ET ANECDOTES

Contenant : *Boulinet le Bossu*, l'*Aïeul à l'hôpital*, l'*Histoire d'une paire de chaussettes*, la *Journée d'un fiacre*, le *Réveil d'une sentinelle*, etc.
Paris, Garnier frères ; Toulouse, Marqueste, Mouran et Cie, libraires éditeurs.
1 volume in-12, 384 pages de texte.
Prix, en librairie : 3 fr. 50 ; pour nos abonnés et nos lecteurs : 2 fr.

ÉCHOS PERDUS D'UN PHILOSOPHE AMI DES MUSES

Avec une préface de M. Léon Valéry.
1 volume in-12, 200 pages de texte.
Prix, en librairie : 3 fr.; pour nos abonnés et nos lecteurs : 1 fr. 50.

SOUS LES DRAPEAUX
LOISIRS POÉTIQUES

Bayonne, 1862, André, libraire-éditeur.— Edition à peu près épuisée.
Prix : 1 fr. 50.

Les trois âges de la Grisette. Bayonne, André, 1857, édition épuisée.

La Chambre d'amour. Bayonne, André, 1858, édition épuisée.

Souvenirs de l'Exposition Toulousaine. 1865.

FLOUS DEL MIETJOUN

Amassados dins naou departomens, per dex felibres de l'Atheneò des Troubaires, foundat et dirijat à Toulouso per M. Bitor Lebero.
Paris, Garnier frères ; Toulouse, Marqueste et Salis, libraires éditeurs.
1 volume, in-12, 230 pages de texte.
Prix : 2 fr. 50.

Pour paraître prochainement :
Le Diable Ermite, fabuliste moralisateur.

www.ingramcontent.com/pod-product-compliance
Lightning Source LLC
Chambersburg PA
CBHW070211240426
43671CB00007B/617